小学校 教科書単元別

到達目標と評価規準

社会 日文 3-6年

INDEX

はじめに　田中耕治	3
本書の特長	4
新学習指導要領のポイント	6
学習指導要領　社会改訂のポイント	8
指導要録改訂のポイント	10
各教科の評価の観点と領域	12
単元一覧表	14
到達目標と評価規準	17

はじめに

子どもたちに「生きる力」を保障するために

佛教大学教育学部教授，京都大学名誉教授　**田中　耕治**

2017年3月に新しい学習指導要領が告示され，小学校では2020年度から，中学校では2021年度から全面実施される。また2019年1月には，中央教育審議会初等中等教育分科会教育課程部会より「児童生徒の学習評価の在り方について（報告）」が公表され，指導要録改訂の方針が示された。

新しい学習指導要領では，「生きる力」を育成するために，「何を学ぶのか」に加えて「何ができるようになるか」「どのように学ぶか」が重視され，知識・技能の習得に加えて，子どもたちが自ら考え，判断して表現する力と主体的に学習に取り組む態度を身に付けさせることが求められている。

各小学校では，来年度からの全面実施に向け，さまざまな準備をしていく必要があるが，子どもたちの学力を保障するためには，「目標」の設定と「目標に準拠した評価」が必須であるということに変わりはない。このことを今一度確認しておきたい。

（1）変わらない「目標に準拠した評価」の意義

「目標に準拠した評価」では，子どもたちに身に付けてほしい学力内容を到達目標として示し，すべての子どもが目標に到達するように授業や教育課程のあり方を検討していく。そして「目標に準拠した評価」を行い，未到達な状況が生まれた場合には，教え方と学び方の両方に反省を加え，改善を行うことができる。まさしく「目標に準拠した評価」こそが，未来を生きる子どもたちに本物の「生きる力」を保障する確固たる方針である。

（2）新しい観点での評価規準の明確化と評価方法の工夫

「目標に準拠した評価」を具体的に展開していくためには，到達目標にもとづく評価規準を明確にする必要がある。評価規準があいまいな場合には，子どもたちが到達目標に達したかどうかの判断が主観的なものになってしまう。したがって，評価規準を明確にすることは「目標に準拠した評価」の成否を決する大切な作業となる。

2020年度からの新しい学習評価では，観点が「知識・技能」「思考・判断・表現」「主体的に学習に取り組む態度」の3観点に統一される。どの観点でも，到達目標の設定と評価規準の明確化に加え，子どもたちが評価規準をパスしたかどうかを評価する方法の工夫が必要となる。そのような評価方法は，子どもたちの学びの過程を映し出したり，子どもが評価活動に参加して，自己表現－自己評価できるものが望ましい。

当然のことながら，それらの評価が「評価のための評価」となってはならない。そのためには，これまで以上に客観的な評価規準を設定することが不可欠となる。

このたび上梓された本書が，「目標に準拠した評価」を実現するための有効な手引書になれば幸いである。

本書の 特長

○新学習指導要領の趣旨を踏まえ，教科書の単元ごとに到達目標と評価規準を，新しい3観点それぞれで設定。また，授業ごとの学習活動も簡潔に提示。新学習指導要領と新観点に沿った指導計画，授業計画の作成に役立ちます。

内容紹介

〔紙面はサンプルです〕

`3年`   教科書：p.14〜33　配当時数：12時間　配当月：4〜6月

1. わたしのまち　みんなのまち

1. 市の様子

`関連する道徳の内容項目` B 相互理解，寛容　C 伝統と文化の尊重，国や郷土を愛する態度

時数，配当月表示

関連する道徳の内容項目

到達目標

≫知識・技能

○都道府県の中の自分たちの市 (区・町・村) の位置についてわかる。
○自分たちの市の地形，土地利用，交通の広がり，市役所など主な公共施設の場所と働き，古くから残る建造物の分布について，見学や資料をもとに調べることができる。
○自分たちの市について調べたことを，白地図などにまとめることができる。
○自分たちの市の様子がわかる。

到達目標
授業の目標が明確にわかり，授業計画のもとになります。

≫思考・判断・表現

○自分たちの市について調べ，場所ごとの様子を比較することができる。
○自分たちの市の場所ごとの様子を比較し，違いを考え，その特色を文などで表現することができる。

≫主体的に学習に取り組む態度　※「主体的に学習に取り組む態度」は方向目標を示しています。

○自分たちの市の地形，土地利用，交通の広がり，市役所など主な公共施設の場所と働き，古くから残る建造物の分布を，工夫して意欲的に調べようとする。
○自分たちの市の様子について調べたことを，わかりやすく表現し，話し合おうとする。
○学習をもとに，自分たちの市の様子について関心をもって調べようとする。

評価規準

≫知識・技能

○都道府県の中の自分たちの市の位置について，資料をもとに調べている。
○市の地形について，資料をもとに調べている。
○市の土地利用の広がりや分布について，資料をもとに調べている。
○市の主な道路や鉄道の名称，主な経路などについて，資料をもとに調べている。
○市の主な公共施設の場所や施設としての働きについて，資料をもとに調べている。
○市に古くから残る建造物の分布や言われについて，資料をもとに調べている。
○市の地形，土地利用，交通の広がり，市役所など主な公共施設の場所と働き，古くか　ちの市の様子について理解している。
○市の様子について調べたことを，白地図などにまとめている。

評価規準
「知識・技能」「思考・判断・表現」
児童が目標に達したかどうかをみとる際の規準です。授業中の様子や児童のノートを確認する際の参考にもなります。

● 対応する

≫思考・判断・表現

○市の様子について，その特色を話し合っている。
○市の様子は，場所によって違いがあることを考えている。
○市の様子について調べたことを，文や白地図で表現している。

● 対応する学習指導要領の項目：(1) イ (ア)

評価規準
「主体的に学習に取り組む態度」
この評価規準を参考に，「主体的に学習に取り組む態度」の評価を行うことができます。

≫主体的に学習に取り組む態度

○市の様子について，工夫して意欲的に観察・調査しようとしている。

○市の様子について調べ，話し合ったことをふり返り，わかったことをまとめようとしている。

○学習をもとに，さらに自分たちの市の様子について調べようとしている。

学習活動

小単元名	時数	学習活動	社会的な見方・考え方の例
1. 市の様子①	1	○市の様子を撮った航空写真を見て，気づいたことを出し合う。	空間
1. 市の様子②	1	○市の場所や様子について話し合い，学習問題をつくる。	空間　相互関係
1. 市の様子③	1	○学習問題をつくり，学習の進め方を確認する。	相互関係
1. 市の様子④	1	○市の土地の高さや広がりについて調べる。	空間　比較・分類
1. 市の様子⑤	1	○市の土地の使われ方について調べる。 ・家，店，田，畑，工場，公園，森林，港，空港，埋め立て地などについて調べる。	空間　比較・分類
1. 市の様子⑥	1	○市の交通について調べる。 ・鉄道，新幹線，高速道路，港，空港などについて調べる。	空間　比較・分類
1. 市の様子⑦	1	○市の公共施設について調べる。 ・市役所，区役所，警察署，消防署，図書館，博物館，その他の施設について調べる。	空間　比較・分類
1. 市の様子⑧	1	○市に古くから残る建物について調べる。 ・神社，寺，城跡などについて調べる。	空間　比較・分類
1. 市の様子⑨	2	○学習問題について，調べたことをまとめる。 ・自分たちの市の特色やよさについて，市の紹介地図にまとめる。	総合　関連付け
1. 市の様子⑩いかす	2	○学習したことをもとに，市の場所による違いを生かして「こんなときどうする」を考え，話し合う。 ・「こんなときどうする」カードをもとに，地図を使いながら自分の考えを伝える。	総合　関連付け

学習活動
授業ごとの学習活動が明確になっているので，新教科書の授業で何をすればよいかがわかります。

新学習指導要領の ポイント

Ⅰ　新学習指導要領の最大のポイント

　新学習指導要領では，全体を通して「何を学ぶか」に加えて「何ができるようになるか」が重視されています。身に付けた知識・技能を日常生活や学習場面で活用できる力を育てるということです。

　また，「なぜ学ぶのか」という学習の意義についても児童に確信を持たせることが必要とされています。それが主体的に学習に取り組む態度，学力につながり，最終的にはこれからの「予測が困難な時代」にも対応可能な「生きる力」を育てることになります。

Ⅱ　資質・能力の育成と主体的・対話的で深い学び

「生きる力」に不可欠な資質・能力の柱として以下の三つが明記されました。
1．知識及び技能
2．思考力，判断力，表現力等
3．学びに向かう力，人間性等

これらの「資質・能力」を育成するために，「主体的・対話的で深い学び」に向けた授業改善が必要とされています。

「主体的」とは児童が意欲をもって学習にあたること，「対話的」とは先生からの一方的な授業ではなく，自分の考えを発表し，ほかの児童の考えを聞いて自分の考えをより深めるなどの活動です。これらを通して，より深い学力，つまり生活の中で活用できる学力を身に付けるようにするということです。

Ⅲ　生活に生かす

　新学習指導要領には「日常生活」「生活に生かす」という言葉が多く出てきます。「なぜ学ぶのか」ということを児童が実感するためにも，学習内容と生活との関連を意識させ，学習への意欲をもつようにさせることが必要になります。「日常生活」や「生活に生かす」というキーワードを意識した授業が求められます。

Ⅳ　言語能力の育成

　「教科横断的な視点に立った資質・能力の育成」という項目の中で，学習の基盤となる資質・能力として「情報活用能力」「問題発見・解決能力等」とあわせて「言語能力」が重視されています。国語ではもちろん，他の教科でも言語能力を育成するということになります。

　各教科内容の理解のためにも，「対話的」な学びを行うためにも，言語能力は必要です。具体的には，自分の考えをほかの人にもわかるように伝えることができるか，ほかの人の意見を理解することができるかを評価し，もし不十分であれば，それを指導，改善していくという授業が考えられます。「言語能力の育成」を意

識して，児童への発問やヒントをどう工夫するか，ということも必要になります。

V　評価の観点

　資質・能力の三つの柱に沿った以下の3観点とその内容で評価を行うことになります。

「知識・技能」　　　　　①個別の知識及び技能の習得

　　　　　　　　　　　②個別の知識及び技能を，既有の知識及び技能と関連付けたり活用する中で，概念等としての理解や技能の習得

「思考・判断・表現」　　①知識及び技能を活用して課題を解決する等のために必要な思考力，判断力，表現力等

「主体的に学習に取り組む態度」①知識及び技能を習得したり，思考力，表現力等を身に付けたりすることに向けた粘り強い取組

　　　　　　　　　　　②粘り強い取組の中での，自らの学習の調整

VI　カリキュラム・マネジメント

　3年と4年に「外国語活動」が，5年と6年には教科として「外国語」が導入され，それぞれ35単位時間増えて，3年と4年は35単位時間，5年と6年は70単位時間になります。また，「主体的・対話的な学び」を推進していくと，必要な授業時数が増えていくことも考えられます。

　このような時間を捻出するために，それぞれの学校で目標とする児童像を確認しながら，「総合的な学習の時間」を核として各教科を有機的につなげた教科横断的なカリキュラムを組むなどの方法が考えられます。このカリキュラムを目標達成の観点から点検，評価しつつ改善を重ねていくカリキュラム・マネジメントが必要になります。

VII　プログラミング学習

　小学校にプログラミング学習が導入されます。プログラミングそのものを学ぶのではなく，プログラミングの体験を通して論理的思考力を身に付けるための学習活動として位置づけられています。プログラミングそのものを学ぶのではありませんから，教師がプログラマーのような高度な知識や技術を持つ必要はありません。プログラミングの体験を通して，どのようにして児童の論理的思考力を育てていくかに注力することが必要です。

学習指導要領 社会改訂の ポイント

(1)社会の教科目標と重視されたこと

新学習指導要領には，以下のように社会の教科目標がまとめられています。

社会の目標

社会的な見方・考え方を働かせ，課題を追及したり，解決したりする活動を通して，グローバル化する国際社会に主体的に生きる平和で民主的な国家及び社会の形成者に必要な公民としての資質・能力の基礎を次のとおり育成することを目指す。

(1)地域や我が国の国土の地理的環境，現代社会の仕組みや働き，地域や我が国の歴史や伝統と文化を通して，社会生活について理解するとともに，様々な資料や調査活動を通して情報を適切に調べまとめる技能を身に付けるようにする。

(2)社会的事象の特色や相互の関連，意味を多角的に考えたり，社会に見られる問題を把握して，その解決に向けて社会への関わり方を選択・判断したりする力，考えたことや選択・判断したことを適切に表現する力を養う。

(3)社会的事象について，よりよい社会を考え主体的に問題解決しようとする態度を養うとともに，多角的な思考や理解を通して，地域社会に対する誇りと愛情，我が国の用来を担う国民としての自覚，世界の国々の人々と共に生きていくことの大切さについての自覚などを養う。

今回の学習指導要領改訂で重視した点として，以下の４つが示されています。

ア　小学校社会において育成を目指す資質・能力を「知識及び技能」「思考力・判断力・表現力等」「学びに向かう力・人間性等」の３つの柱に沿って明確化し，社会的事象の見方・考え方を，資質・能力全体に関わるものとして位置付ける。

イ　各学年の目標も３つの柱に沿った資質・能力として整理・明確化する。その際，３学年と４学年の目標と内容について，系統的，段階的に整理して示す。また，地図帳の使用を３学年からとする。

ウ　社会的事象の見方・考え方を選択・判断したりする際の「視点や方法」として整理し，「位置的や空間的な広がり，時期や時間の経過，事象や人々の相互関係に着目して社会的事象を捉え，比較・分類したり，地域の人々や国民の生活と関連付けたりすること」とした。

エ　内容について，①地理的環境と人々の生活 ②歴史と人々の生活 ③現代社会の仕組みや働きと人々の生活の３つの枠組みに位置付けるとともに，それぞれ範囲や対象を区分して整理する方向で改善を図る。

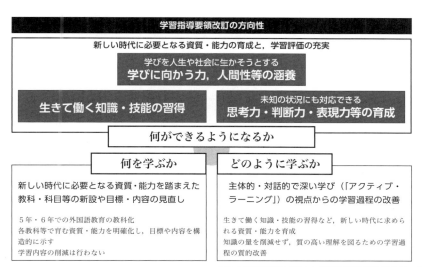

出典：文部科学省『新しい学習指導要領の考え方－中央教育審議会における議論から改訂そして実施へ－』より（一部改変）

(2) 社会的な見方・考え方

　社会的な「見方・考え方」は，社会的事象の意味や意義，特色や相互の関連を考えたり，社会に見られる課題を把握して，その解決に向けて社会への関わり方を選択・判断したりする際の「視点や方法（考え方）」と解説されています。

　「位置や空間的な広がり，時期や時間の経過，事象や人々の相互関係など」が見方（視点），「社会的事象を捉え，比較・分類したり総合したり，地域の人々や国民の生活と関連付けたりすること」が考え方（方法）となります。

(3) 社会の主体的・対話的で深い学び

　社会での主体的・対話的で深い学びは以下のような学習になります。
　①主体的な学び
　　問題を主体的に解決しようと学習に主体的に取り組み，学習したことを生活に生かすことができる学習
　②対話的な学び
　　根拠や理由を明確にして、社会的事象について調べて理解したことや、それに対する自分の考えなどを論理的に説明したり，ほかの児童の考えを聞いて自分の考えを見つめなおしたりすることができる学習
　③深い学び
　　主体的・対話的な学習の中で，内容の理解を深め，学習や生活場面での問題を解決する力をつけていく学習

指導要録改訂の ポイント

Ⅰ　指導要録の主な変更点

①全教科同じ観点に

　「指導に関する記録」部分で，各教科の観点が全教科統一されました。

②評定の記入欄が，「各教科の学習の記録」部分へ

　これまで評定の記入欄は独立していましたが，「評定が観点別学習状況の評価を総括したものであることを示すため」に「各教科の学習の記録」部分へ移動しました。

③外国語（5・6年）が「各教科の学習の記録」部分に追加

④「外国語活動の記録」部分が，5・6年から3・4年に変更

⑤「総合所見及び指導上参考となる諸事項」の記入スペースが小さく

　教師の勤務負担軽減の観点から，「総合所見及び指導上参考となる諸事項」については，要点を箇条書きとするなど，その記載事項を必要最小限にとどめることになったためです。

　また，「通級による指導に関して記載すべき事項が当該指導計画に記載されている場合には，その写しを指導要録の様式に添付することをもって指導要録への記入に変えることも可能」となりました。

⑥条件を満たせば，指導要録の様式を通知表の様式と共通のものにすることが可能

　通知表の記載事項が，指導要録の「指導に関する記録」に記載する事項をすべて満たす場合には，設置者の判断により，指導要録の様式を通知表の様式と共通のものとすることが可能であるとなっています。

Ⅱ　新指導要録記入上の留意点

①教科横断的な視点で育成を目指すこととされた資質・能力の評価

　「言語能力」「情報活用能力」「問題発見・解決能力」などの教科横断的な視点で育成を目指すこととされた資質・能力の評価は，各教科等における観点別学習状況の評価に反映することになります。

②「特別の教科　道徳」の評価（これまでと変更なし）

・数値による評価ではなく，記述式で行う

・個々の内容項目ごとではなく，多くくりなまとまりを踏まえた評価を行う

・他の児童との比較による評価ではなく，児童がいかに成長したかを積極的に受け止めて認め，励ます
　個人内評価とする　　など

③外国語活動（3・4年）の評価

　観点別に設けられていた文章記述欄が簡素化されました。評価の観点に即して，児童の学習状況に顕著な事項がその特徴を記入する等，児童にどのような力が身に付いたかを文章で端的に記述します。

Ⅲ 新小学校児童指導要録（参考様式）の「指導に関する記録」部分

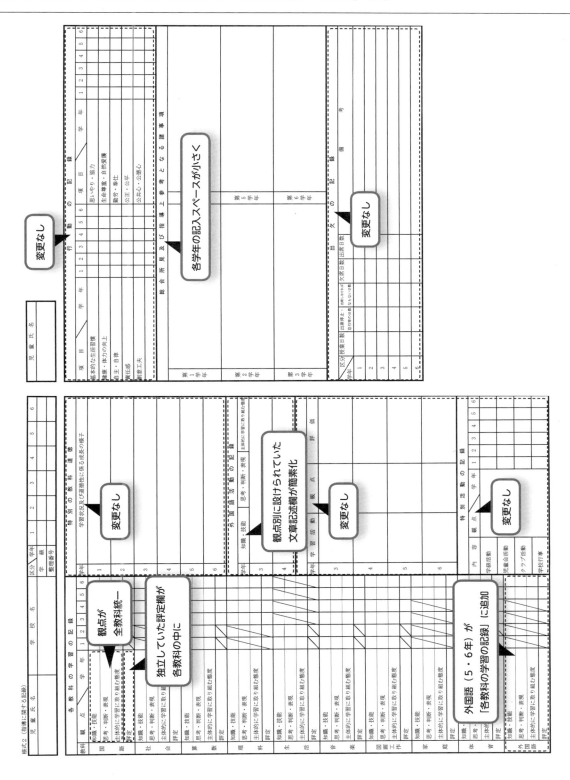

各教科の評価の 観点 と 領域

I　2020年度からの評価の観点

　新学習指導要領では，すべての教科等で教育目標や内容が資質・能力の三つの柱「知識及び技能」「思考力，判断力，表現力等」「学びに向かう力，人間性等」に沿って再整理されました。

　この教育目標や内容の再整理を踏まえて，観点別評価については，すべての教科で「知識・技能」「思考・判断・表現」「主体的に学習に取り組む態度」の3観点で行うことになります。

II　各観点で評価する内容

①知識・技能

・知識及び技能の習得状況

・習得した知識及び技能を既有の知識及び技能と関連付けたり活用したりする中で，他の学習や生活の場面でも活用できる程度に概念等を理解したり，技能を習得したりしているかどうか

②思考・判断・表現

・知識及び技能を活用して課題を解決する等のために必要な思考力，判断力，判断力等を身に付けているかどうか

③主体的に学習に取り組む態度

・知識及び技能を獲得したり，思考力・判断力，表現力等を身に付けたりするために，自らの学習状況を調整しながら，学ぼうとしているかどうかという意志的な側面

III　各観点での評価の方法

①知識・技能

・知識や技能の習得だけを評価するのではなく，概念的な理解ができているかという視点でも評価を行います。

②思考・判断・表現

・ペーパーテストだけではなく，論述やレポートの作成，発表，グループや学級における話し合い，作品の制作や表現等の多様な活動の中での評価，それらを集めたポートフォリオを活用したりするなどの評価方法を工夫する必要があります。

③主体的に学習に取り組む態度

・ノートの記述，授業中の発言や行動，児童による自己評価や相互評価等を，評価の際に考慮する材料の一つとして用いることが考えられます。その際，児童の発達の段階や一人一人の個性を十分に考慮しながら，「知識・技能」や「思考・判断・表現」の観点の状況も踏まえた上で，評価を行う必要があります。

Ⅳ　学習指導要領における内容の表示

　国語と外国語は，観点別，領域別に内容を表示し，算数と理科は領域別に，社会については観点別，領域別に分けず，単純に学年別に内容を表示しています。これらの違いは教科性によるものです。これは，資質・能力の育成を目指して「目標に準拠した評価」をさらに進めるためでもあります。

Ⅴ　各教科の観点と領域

観点

教科	〜 2019年度	2020年度〜
国語	国語への関心・意欲・態度	知識・技能
	話す・聞く能力	思考・判断・表現
	書く能力	主体的に学習に取り組む態度
	読む能力	
	言語についての知識・理解・技能	
算数	算数への関心・意欲・態度	知識・技能
	数学的な考え方	思考・判断・表現
	数量や図形についての技能	主体的に学習に取り組む態度
	数量や図形についての知識・理解	
理科	自然事象への関心・意欲・態度	知識・技能
	科学的な思考・表現	思考・判断・表現
	観察・実験の技能	主体的に学習に取り組む態度
	自然事象についての知識・理解	
社会	社会的事象への関心・意欲・態度	知識・技能
	社会的な思考・判断・表現	思考・判断・表現
	観察・資料活用の技能	主体的に学習に取り組む態度
	社会的事象についての知識・理解	
外国語（英語）		知識・技能
		思考・判断・表現
		主体的に学習に取り組む態度

領域

教科	〜 2019年度	2020年度〜
国語	A　話すこと・聞くこと	A　話すこと・聞くこと
	B　書くこと	B　書くこと
	C　読むこと	C　読むこと
	伝統的な言語文化と国語の特質に関する事項	
算数	A　数と計算	A　数と計算
	B　量と測定	B　図形
	C　図形	C　測定（1〜3年）／変化と関係（4〜6年）
	D　数量関係	D　データの活用
理科	A　物資・エネルギー	A　物質・エネルギー
	B　生命・地球	B　生命・地球
社会		
外国語（英語）		聞くこと
		読むこと
		話すこと（やり取り）
		話すこと（発表）
		書くこと

単元一覧表　日文3年

3学期制	2学期制	月	単元名
1学期	前期	4	1. わたしたちの住んでいるところ 　1. わたしたちの住んでいる市のようす
		5	
		6	2. わたしたちのくらしとまちではたらく人びと 　1. 工場ではたらく人びとの仕事 / 畑ではたらく人びとの仕事（選択）
		7	
2学期		9	2. 店ではたらく人びとの仕事
	後期	10	3. 安全なくらしを守る 　1. 安全なくらしを守る人びとの仕事
		11	
		12	
3学期		1	4. 市のようすとくらしのうつりかわり 　1. うつりかわる市とくらし
		2	
		3	

日文4年（2020年度）

3学期制	2学期制	月	単元名
1学期	前期	4	地図となかよしになろう
		5	7. わたしたちの住んでいる県 　1. わたしたちの県のようす
		6	4. 住みよいくらしをつくる 　1. ごみのしまつと活用
		7	2. 命とくらしをささえる水 / わたしたちのくらしをささえる電気（選択）
2学期		9	自然災害から人々を守る活動 　1. 自然災害から命を守る / 地震による災害 / 津波による災害 / 火山による災害 / 雪による災害（雪害）（選択）
	後期	10	
		11	6. 地いきのはってんにつくした人々 　県内の文化財と年中行事 　1. よみがえらせよう, われらの広村 / 手結港を開いた野中兼山 / 研究と自然を守る運動をつづけた南方熊楠（選択）
		12	
3学期		1	7. わたしたちの住んでいる県 　2. 県の人々のくらし (1) ゆたかな自然を生かす真庭市 / 美しい星空を守る / たいせつな植物を守る / 古い町なみを守る（選択）
		2	2. 県の人々のくらし (2) 伝統的な工業がさかんな町, 備前市
		3	3. 世界に広がる人とのつながり

日文 4 年（2021 年度〜）

3 学期制	2 学期制	月	単元名
1学期	前期	4	1. わたしたちの県 　1. わたしたちの県のようす
		5	2. 健康なくらしを守る仕事 　1. ごみのしょりと活用 / 下水のしょりと再利用（選択）
		6	2. くらしをささえる水 / わたしたちのくらしと電気 / わたしたちのくらしとガス（選択）
		7	
2学期		9	3. 自然災害から人々を守る活動 　1. 自然災害から命を守る / 地震による災害 / 津波による災害 / 火山による災害 / 雪による災害（雪害）（選択）
	後期	10	4. くらしのなかに伝わる願い 　1. わたしたちのまちに残る古い建物 　2. わたしたちのまちに伝わる祭り
		11	5. 地いきの発てんにつくした人々 　1. 原野に水を引く / 産業をゆたかにする / 自然を守る運動 / 村の立て直しにつくす / 医りょうにつくす（選択）
		12	
3学期		1	6. わたしたちの住んでいる県 　1. 伝統的な工業がさかんな地いき
		2	2. 土地の特色を生かした地いき / 伝統的な文化を守る（選択） 　3. 世界とつながる地いき
		3	

日文 5 年

3 学期制	2 学期制	月	単元名
1学期	前期	4	1. 日本の国土と人々のくらし 　1. 世界から見た日本
		5	2. 日本の地形や気候 3. さまざまな土地のくらし [1] あたたかい沖縄県に住む人々のくらし / 寒い土地のくらし - 北海道旭川市 -（選択） [2] 低地に住む岐阜県海津市の人々のくらし / 高い土地のくらし - 群馬県嬬恋村 -（選択）
		6	2. わたしたちの食生活を支える食料生産 　1. 食生活を支える食料の産地 　2. 米作りのさかんな地域
		7	3. 水産業のさかんな地域 / 畜産業のさかんな宮崎県 / くだもの作りのさかんな和歌山県 / 野菜作りのさかんな高知県（選択）
2学期		9	4. これからの食料生産
	後期	10	3. 工業生産とわたしたちのくらし 　1. くらしや産業を支える工業生産 　2. 自動車工業のさかんな地域 / わたしたちのくらしを支える食料品工業 / わたしたちのくらしを支える製鉄業 / わたしたちのくらしを支える石油工業（選択）
		11	3. 日本の貿易とこれからの工業生産 4. 情報社会に生きるわたしたち 　1. 情報をつくり，伝える / 放送局のはたらき（選択）
		12	
3学期		1	2. 情報を生かして発展する産業 / 情報を生かして発展する観光業 / 医療に生かされる情報ネットワーク（選択）
		2	5. 国土の環境を守る 　1. 環境とわたしたちのくらし / 大和川とわたしたちのくらし（選択） 　2. 森林とわたしたちのくらし
		3	3. 自然災害から人々を守る

単元一覧表　日文6年

3学期制	2学期制	月	単元名
1学期	前期	4	1. わが国の政治のはたらき 　1. 憲法と政治のしくみ
		5	2. わたしたちの願いと政治のはたらき / 自然災害からの復旧や復興の取り組み / 経験をむだにしないまちづくり（選択）
			2. 日本のあゆみ 　1. 大昔のくらしとくにの統一
		6	2. 天皇を中心とした政治
		7	3. 貴族が生み出した新しい文化
2学期	後期	9	4. 武士による政治のはじまり
			5. 今に伝わる室町の文化と人々のくらし
		10	6. 戦国の世の統一
			7. 武士による政治の安定
		11	8. 江戸の社会と文化・学問
			9. 明治の新しい国づくり
		12	10. 国力の充実をめざす日本と国際社会
3学期		1	11. アジア・太平洋に広がる戦争
			12. 新しい日本へのあゆみ
		2	3. 世界のなかの日本とわたしたち 　1. つながりの深い国々のくらし
		3	2. 国際連合と日本の役割

小学校 教科書単元別

到達目標と評価規準

社会
日文 3-6年

| 3年 | 日文 |

教科書：p.8〜39　配当時数：17時間　配当月：4〜6月

1. わたしたちの住んでいるところ

1. わたしたちの住んでいる市のようす

関連する道徳の内容項目　B 相互理解，寛容　C 伝統と文化の尊重，国や郷土を愛する態度

到達目標

≫知識・技能

○都道府県の中の自分たちの市（区・町・村）の位置についてわかる。

○学校のまわりの様子を調べ，同じ学校のまわりでも場所によって違いがあることがわかる。

○四方位や主な地図記号についてわかる。

○自分たちの市の地形，土地利用，交通の広がり，市役所など主な公共施設の場所と働き，古くから残る建造物の分布について，見学や資料をもとに調べることができる。

○自分たちの市について調べたことを，白地図などにまとめることができる。

≫思考・判断・表現

○学校のまわりの様子について話し合い，その特色を表現することができる。

○同じ学校のまわりでも，場所によって違いがあることを考えることができる。

○自分たちの市について調べ，場所ごとの様子を比較することができる。

○自分たちの市の場所ごとの様子を比較し，違いを考え，その特色を文などで表現することができる。

≫主体的に学習に取り組む態度　※「主体的に学習に取り組む態度」は方向目標を示しています。

○学校のまわりの様子について，その特色の調べ方を工夫しようとする。

○調べたことを話し合い，わかりやすく表現しようとする。

○自分たちの市の地形，土地利用，交通の広がり，市役所など主な公共施設の場所と働き，古くから残る建造物の分布を，工夫して意欲的に調べようとする。

○自分たちの市の様子について調べたことを，わかりやすく表現し，話し合おうとする。

○学習をもとに，わたしたちの住んでいる市の様子について関心をもって調べようとする。

評価規準

≫知識・技能

○都道府県の中の自分たちの市の位置について，資料をもとに調べている。

○学校のまわりの様子について調べ，ノートにまとめている。

○四方位や主な地図記号について調べ，理解している。

○同じ学校のまわりでも，場所によって違いがあることを理解している。

○市の地形について，資料をもとに調べている。

○市の土地利用の広がりや分布について，資料をもとに調べている。

○市の主な道路や鉄道の名称，主な経路などについて，資料をもとに調べている。

○市の主な公共施設の場所や施設としての働きについて，資料をもとに調べている。

○市に古くから残る建造物の分布や言われについて，資料をもとに調べている。

○市の地形，土地利用，交通の広がり，市役所など主な公共施設の場所と働き，古くから残る建造物の分布を調べ，自分たちの市の様子について理解している。

○市の様子について調べたことを，白地図などにまとめている。

●対応する学習指導要領の項目：(1) ア (ア)(イ)

≫思考・判断・表現

○学校のまわりの様子や市の様子について，その特色を話し合っている。

○学校のまわりの様子について調べたことを表現している。

○同じ学校のまわりでも，場所によって違いがあることを表現している。

○市の様子は，場所によって違いがあることを考えている。

○市の様子について調べたことを，文や白地図で表現している。

●対応する学習指導要領の項目：(1) イ (ア)

≫主体的に学習に取り組む態度

○学校のまわりの様子について，工夫して意欲的に調べようとしている。

○学校のまわりの様子について調べ，話し合ったことをノートにまとめようとしている。

○市の様子について，工夫して意欲的に観察・調査しようとしている。

○市の様子について調べ，話し合ったことをふり返り，わかったことをまとめようとしている。

○学習をもとに，わたしたちの住んでいる市の様子について調べようとしている。

学習活動

小単元名	時数	学習活動	社会的な見方・考え方の例
大単元の導入	1	○わたしたちの市の様子について，写真や地図をもとに調べる。 ・今まで行ったことがあるところを話し合う。 ・市の施設のパンフレット，図書館，地図などで調べる。	空間
1. わたしたちの住んでいる市のようす①	1	○市の様子について調べることを話し合い，学習問題をつくる。 ・学校のまわり，駅のまわり，公共施設，古い町なみ，川に沿ったところなどに着目し，学習計画を立てる。	相互関係
1. わたしたちの住んでいる市のようす②	1	○学校のまわりの様子を調べるための計画を立てる。 ・方位について理解する。	空間
1. わたしたちの住んでいる市のようす③	2	○駅のまわりのコースを探検し，公共施設などを調べ，発見カードにまとめる。 ・土地の様子，人の様子，建物の種類や数，交通の様子などに注目する。	空間
1. わたしたちの住んでいる市のようす④	2	○学校のまわりを探検し，気づいたことを白地図にまとめ，その様子の違いに気づく。	空間
1. わたしたちの住んでいる市のようす⑤	1	○姫路駅のまわりの人々のにぎわいについて調べる。	空間
1. わたしたちの住んでいる市のようす⑥	1	○姫路駅のまわりの交通について調べる。 ・鉄道，バス，タクシーなどについて調べる。	空間
1. わたしたちの住んでいる市のようす⑦	1	○姫路市の公共施設について調べる。 ・学校，市役所，公園，市民センター，水族館，図書館などについて調べる。	空間
1. わたしたちの住んでいる市のようす⑧	1	○姫路市の古い町なみが残っているところについて調べる。 ・姫路城のまわりにある古い町なみについて調べる。	空間　時間
1. わたしたちの住んでいる市のようす⑨	1	○夢前川に沿ったところの土地の使われ方について調べる。 ・上流，中流，下流付近の様子の違いなどについて調べる。	空間
1. わたしたちの住んでいる市のようす⑩	1	○夢前川の上流から中流付近の様子について調べる。 ・自然の豊かなところや，水田，畑について調べる。	空間

1. わたしたちの住んで いる市のようす⑪	1	○夢前川の下流付近の様子について調べる。 ・工場や港の様子について調べる。	空間
1. わたしたちの住んで いる市のようす⑫	1	○調べてきたことをもとに，姫路市の地図をつくる。 ・資料をもとに，白地図を使って簡単な土地利用図をつくる。 ・市の様子を，宇宙から撮影した写真と比べる。	空間　比較・分類
1. わたしたちの住んで いる市のようす⑬	1	○前時につくった地図を利用し，姫路市のガイドマップをつくる。	空間　比較・分類
1. わたしたちの住んで いる市のようす⑭	1	○これまで調べてきた姫路市の様子をふり返り，学習問題について 話し合う。 ・市の特色やよさについて整理し，発表する。	総合　関連付け

| 3年 | 日文 |

教科書：p.42〜55　配当時数：9時間　配当月：6〜7月

2. わたしたちのくらしとまちではたらく人びと

（選択単元）1. 工場ではたらく人びとの仕事

関連する道徳の内容項目　B 礼儀/相互理解，寛容　C 勤労，公共の精神

到達目標

》知識・技能

○自分たちの市（区・町・村）では，様々な工業製品がつくられていることがわかる。

○工場の仕事には，一定の順序や製品をつくるための工夫があることがわかる。

○自分たちの市でつくられている工業製品や工場の仕事について，見学や資料をもとに調べることができる。

○自分たちの市でつくられている工業製品や工場の仕事について，調べたことを白地図などにまとめることができる。

○自分たちの市でつくられている工業製品は，地域の人々の生活や地域の特色に関係していることがわかる。

》思考・判断・表現

○自分たちの市にある工場の分布や工場の仕事について，その特色や工夫を文などで表現することができる。

○自分たちの市にある工場の分布や工場の仕事，地域の人々の生活を関連付けて考えることができる。

》主体的に学習に取り組む態度　※「主体的に学習に取り組む態度」は方向目標を示しています。

○自分たちの市にある工場の分布や工場の仕事について，工夫して意欲的に調べようとする。

○自分たちの市にある工場の分布や工場の仕事について調べたことを，わかりやすく表現し，話し合おうとする。

○学習をもとに，工場で働く人々の仕事について関心をもって考えようとする。

評価規準

》知識・技能

○市でつくられている工業製品の種類について，資料をもとに調べている。

○市にある工場の分布について，資料をもとに調べている。

○工場の施設や設備，原材料の仕入れ，仕事の手順について，見学を通して調べている。

○市の工業製品の種類や工場の分布について調べ，白地図などにまとめている。

○市では，様々な工業製品がつくられていることを理解している。

○工場で働く人々の仕事の工夫について理解している。

○工場の見学や地図，写真資料を通して，工場の仕事の工夫について読み取っている。

○市の工業製品は，地域の人々の生活や地域の特色に関係していることを理解している。

●対応する学習指導要領の項目：(2) ア (ア)(ウ)

》思考・判断・表現

○工場の仕事の工夫と工夫する理由について考えている。

○工場で生産された製品と，地域の人々の生活を結びつけて考えている。

○工場の仕事と地域の人々の生活の関連について，文や白地図で表現し，説明している。

●対応する学習指導要領の項目：(2) イ (ア)

≫主体的に学習に取り組む態度

○自分たちの市の工場の分布や工場の仕事について，工夫して意欲的に観察・調査しようとしている。
○自分たちの市の工場の分布や工場の仕事について調べ，話し合ったことをふり返り，わかったことをまとめようとしている。
○学習をもとに，工場で働く人々の仕事について考えようとしている。

学習活動

小単元名	時数	学習活動	社会的な見方・考え方の例
大単元の導入	2	○工場や農家，店で働いている人の仕事について考え，話し合う。 ・工場の分布や農作物の種類，畑の分布を調べる。 ・詳しく調べたい工場の製品や農作物を考える。 ・店で働いている人の仕事について考える。	空間　相互関係
1. 工場ではたらく人び との仕事①	1	○かまぼこ工場について調べることを話し合い，学習問題をつくる。 ・かまぼこ工場を見学するための学習計画を立てる。	相互関係
1. 工場ではたらく人び との仕事②	2	○かまぼこ工場を見学し，仕事の工程などについて調べる。 ・材料づくり，味付け，成型，加熱，冷却，検査，包装，出荷などについて調べる。 ・原料は，どこから運ばれているかを調べる。	相互関係
1. 工場ではたらく人び との仕事③	1	○工場で働く人の工夫について調べる。 ・服装，消毒など，衛生面について調べる。 ・かまぼこ製造のほかに，新商品の研究開発，事務，販売の仕事など，かまぼこづくりに携わっている人々の仕事について調べる。	相互関係
1. 工場ではたらく人び との仕事④	1	○かまぼこ工場がある場所について調べる。 ・かまぼこ工場が山の中にある理由について，地形や交通などをもとに考え，調べる。 ・昔と今の工場の場所の違いについて調べる。	空間　時間　相互関係
1. 工場ではたらく人び との仕事⑤	1	○かまぼこが運ばれる場所や，売られている場所について調べる。 ・つくられたかまぼこが運ばれる場所や，売られている場所を調べ，白地図にまとめる。 ・製品の運搬方法を調べる。	空間　時間　相互関係
1. 工場ではたらく人び との仕事⑥	1	○これまで調べてきたかまぼこ工場の様子をふり返り，学習問題について話し合う。 ・安全でおいしい製品をつくるためのかまぼこ工場の工夫について考える。 ・かまぼこづくりとわたしたちのくらしとのつながりについてまとめる。 ・学習問題とこれまでの学習をふり返り，自分の考えをまとめる。	総合　関連付け

3年 日文　　　　　　　　　　　　　　　教科書：p.42〜65　配当時数：9時間　配当月：6〜7月

2. わたしたちのくらしとまちではたらく人びと

(選択単元)1. 畑ではたらく人びとの仕事

関連する道徳の内容項目　B 礼儀/相互理解，寛容　C 勤労，公共の精神

到達目標

≫知識・技能

○自分たちの市 (区・町・村) では，様々な農作物がつくられていることがわかる。
○農家の仕事には，一定の順序や農家の工夫があることがわかる。
○自分たちの市でつくられている農作物や農家の仕事について，見学や資料をもとに調べることができる。
○自分たちの市でつくられている農作物や農家の仕事について調べたことを，白地図などにまとめることができる。
○自分たちの市でつくられている農作物は，地域の人々の生活や地域の特色に関係していることがわかる。

≫思考・判断・表現

○自分たちの市の農作物の産地の分布や農家の仕事について，その特色や工夫を文などで表現することができる。
○自分たちの市の農作物の産地の分布や農家の仕事と，地域の人々の生活を関連付けて考えることができる。

≫主体的に学習に取り組む態度　※「主体的に学習に取り組む態度」は方向目標を示しています。

○自分たちの市の農作物の産地の分布や農家の仕事について，工夫して意欲的に調べようとする。
○自分たちの市の農作物の産地の分布や農家の仕事について調べたことを，わかりやすく表現し，話し合おうとする。
○学習をもとに，農家の仕事について関心をもって考えようとする。

評価規準

≫知識・技能

○市でつくられている農作物の種類について，資料をもとに調べている。
○市で，農作物がつくられている場所について，資料をもとに調べている。
○農家の仕事の手順，使っている施設や設備，道具の仕入れ先について，農家の見学を通して調べている。
○市の農作物の種類や産地の分布について調べ，白地図などにまとめている。
○農家の人々の仕事の工夫について理解している。
○市の農作物は，地域の人々の生活や地域の特色に関係していることを理解している。

● 対応する学習指導要領の項目：(2) ア (ア)(ウ)

≫思考・判断・表現

○農家の人々の仕事の工夫と，工夫する理由について考えている。
○農家で生産された農作物と，地域の人々の生活を結びつけて考えている。
○農家の仕事と地域の人々の生活の関連について，文や白地図で表現している。

● 対応する学習指導要領の項目：(2) イ (ア)

≫主体的に学習に取り組む態度

○自分たちの市の農作物の産地の分布や農家の仕事について，工夫して意欲的に観察・調査しようとしている。

○自分たちの市の農作物の産地の分布や農家の仕事について調べ，話し合ったことをふり返り，わかったことをまとめようとしている。

○学習をもとに，さらに農家の仕事について考えようとしている。

学習活動

小単元名	時数	学習活動	社会的な見方・考え方の例
大単元の導入	2	○工場や農家，店で働いている人の仕事について考え，話し合う。 ・工場の分布や農作物の種類，畑の分布を調べる。 ・詳しく調べたい工場の製品や農作物を考える。 ・店で働いている人の仕事について考える。	空間　相互関係
1. 畑ではたらく人びとの仕事①	1	○姫路市でとれるれんこんについて調べることを話し合い，学習問題をつくる。 ・れんこんづくりを調べるための学習計画を立てる。	相互関係
1. 畑ではたらく人びとの仕事②	1	○れんこんづくりの一年間の仕事の様子について調べる。 ・れんこんづくりに使う道具や機械を，写真で調べる。 ・土づくり，植えつけ，農薬散布，収穫，出荷などについて，農事ごよみで調べる。 ・れんこん農家を見学するための学習計画を立てる。	相互関係
1. 畑ではたらく人びとの仕事③	2	○れんこん農家の仕事について調べる。 ・土づくり，植えつけ，農薬散布，収穫，出荷などについて調べる。 ・れんこん農家の栽培の工夫について調べる。	相互関係
1. 畑ではたらく人びとの仕事④	1	○れんこんづくりがさかんな場所について調べる。 ・れんこん畑が姫路市の大津区に多い理由について，地形などをもとに考え，調べる。 ・昔と今の畑の違いについて調べる。	空間　時間　相互関係
1. 畑ではたらく人びとの仕事⑤	1	○収穫したれんこんが運ばれる場所について調べる。 ・れんこんが運ばれる場所や，売られている場所を調べ，白地図にまとめる。 ・れんこんの運搬方法を調べる。	空間　時間　相互関係
1. 畑ではたらく人びとの仕事⑥	1	○これまで調べてきたれんこんづくりの様子をふり返り，学習問題について話し合う。 ・れんこんづくりの工夫について考える。 ・れんこんづくりとわたしたちのくらしとのつながりについてまとめる。 ・学習問題とこれまでの学習をふり返り，自分の考えをまとめる。	総合　関連付け

| 3年 | 日文 | 教科書：p.66〜87　配当時数：12時間　配当月：9〜10月 |

2. わたしたちのくらしとまちではたらく人びと

2. 店ではたらく人びとの仕事

関連する道徳の内容項目　B 礼儀/相互理解，寛容　C 勤労，公共の精神/国際理解，国際親善

到達目標

》知識・技能

○店では，お客さんの多様な願いに応えて，売り上げを高めるようにしていることがわかる。

○店では，商品の品質管理や商品の並べ方，値段の付け方などに工夫していることがわかる。

○店で販売する商品には，国内のほかの地域や外国との関わりがあることがわかる。

○店で働いている人の商品の販売の工夫について調べることができる。

○商品の仕入れ先やお客さんがやってくる範囲などについて調べたことを，白地図などにまとめることができる。

》思考・判断・表現

○店で働いている人は，お客さんの願いに応え，売り上げを高める工夫をしていることを表現することができる。

○店で働いている人の工夫とお客さんの願いを関連付けて考えることができる。

》主体的に学習に取り組む態度　※「主体的に学習に取り組む態度」は方向目標を示しています。

○店がお客さんの願いに応えるための工夫を，意欲的に調べようとする。

○店が売り上げを高めるための工夫について調べたことを，わかりやすく表現し，話し合おうとする。

○学習をもとに，店で働く人々の仕事について関心をもって考えようとする。

評価規準

》知識・技能

○家族がよく買い物をする店や，買い物をするときの工夫について，聞き取りなどを通じて調べている。

○店の商品の品質管理や商品の並べ方，値段の付け方，宣伝の仕方などについて，見学や聞き取りなどを通じて調べている。

○商品の産地や国内外からの仕入先について調べ，産地やその国の国旗について地図帳で調べている。

○お客さんの願いに合わせながら，売り上げを高めようとする店の工夫について理解している。

○店では，商品の品質管理や商品の並べ方，値段の付け方などに工夫していることを理解している。

○店の仕事は，国内や外国と関わりがあることを理解している。

○商品の仕入れ先やお客さんがやってくる範囲などを，白地図などにまとめている。

●対応する学習指導要領の項目：(2) ア (イ)(ウ)

》思考・判断・表現

○店で働いている人の仕事の工夫について，お客さんの願いと関連付けて考えている。

○国内や外国の産地や仕入先を通して，ほかの地域や外国との関わりについて考えている。

○店で働いている人の仕事の工夫について，文や図表に表現し，説明している。

●対応する学習指導要領の項目：(2) イ (イ)

≫主体的に学習に取り組む態度

○店がお客さんの願いに応えるための工夫について，見学・調査して意欲的に調べようとしている。

○店がお客さんの願いに応えるための工夫について調べ，話し合ったことをふり返り，わかったことをまとめようとしている。

○学習をもとに，さらに店で働く人々の仕事について考えようとしている。

学習活動

小単元名	時数	学習活動	社会的な見方・考え方の例
2. 店ではたらく人びとの仕事①	1	○家の人が買い物によく行く店について調べる。 ・コンビニエンスストア，ショッピングモール，スーパーマーケット，文房具店，パン屋など，知っている店を紹介し合う。 ・買い物カードをつくって調べる。	相互関係
2. 店ではたらく人びとの仕事②	1	○スーパーマーケットに買い物に行く人が多い理由を話し合い，学習問題をつくる。 ・買い物調べの結果，スーパーマーケットに買い物に行く人が多いことがわかる。 ・買い物調べの結果と自分たちの生活とのつながりについて考える。	相互関係
2. 店ではたらく人びとの仕事③	1	○スーパーマーケットの工夫について考え，発表し合う。 ・買い物がしやすい理由について予想する。	相互関係
2. 店ではたらく人びとの仕事④	1	○スーパーマーケットを見学する計画を立てる。 ・品物の並べ方，値段，品質などの工夫について調べる。	相互関係
2. 店ではたらく人びとの仕事⑤	1	○スーパーマーケットを見学し，店内の様子について調べる。 ・売り場，お買い得品コーナー，惣菜コーナー，レジなどについて調べる。	相互関係
2. 店ではたらく人びとの仕事⑥	2	○スーパーマーケットで働いている人の仕事について調べる。 ・商品の小分け，品物の配置，値引きされた商品などについて調べる。 ・総菜をつくる人，魚をさばく人，事務所で働く人，品物を運ぶ人など，売り場の奥で働いている人について調べる。	相互関係
2. 店ではたらく人びとの仕事⑦	1	○品物を売る以外の，スーパーマーケットの工夫について調べる。 ・子どもを乗せられるカート，リサイクルコーナー，広い通路など，お客さんの意見を取り入れて買い物がしやすいように工夫していることを調べる。 ・サービスカウンター，有料のレジ袋，コミュニケーションボード，身体障がい者用の駐車場など，環境や地域のことを考えた工夫について調べる。	相互関係
2. 店ではたらく人びとの仕事⑧	1	○スーパーマーケットにある品物はどこから来ているのかを調べる。 ・市内だけではなく，ほかの市や県，外国から運ばれてきていることを調べる。 ・品物の産地を地図帳で調べ，外国の国旗も調べる。	空間　時間　相互関係

2. 店ではたらく人びとの仕事⑨	1	○スーパーマーケットにたくさんのお客さんが来る理由について話し合う。 ・お客さんに安全で，安心して買ってもらえるスーパーマーケットの工夫について話し合う。 ・品物を売る以外に，様々なサービスを行っているスーパーマーケットの取り組みについて調べる。	相互関係
2. 店ではたらく人びとの仕事⑩	1	○スーパーマーケットのキャッチコピーをつくる。 ・スーパーマーケットの工夫を，キャッチコピーにまとめる。	総合　関連付け
2. 店ではたらく人びとの仕事⑪	1	○スーパーマーケットで働く人の仕事をふり返り，学習問題について話し合う。 ・スーパーマーケットの仕事の工夫について考える。 ・スーパーマーケットの仕事とお客さんの願いのつながりについてまとめる。 ・学習問題とこれまでの学習をふり返り，自分の考えをまとめる。	総合　関連付け

| 3年 | 日文 |

教科書：p.90〜121　配当時数：16 時間　配当月：10〜12 月

3. 安全なくらしを守る

1. 安全なくらしを守る人びとの仕事

関連する道徳の内容項目 B 礼儀/相互理解，寛容　C 規則の尊重/勤労，公共の精神

到達目標

≫知識・技能

○火災が起きたときの，緊急の連絡のしくみについてわかる。

○火災の際は，近くの消防署，警察署，病院，水道局，電力会社，ガス会社などが協力することがわかる。

○火災の際は，消防団などの地域の人々が組織する団体も協力することがわかる。

○消防署などの関係機関では，ふだんから火災の予防に努めていることがわかる。

○地域の人々は，ふだんから火災予防に協力していることがわかる。

○消防署の設備や働く人の様子，火災の際の関係機関や地域の人々との協力の様子について調べることができる。

○自分が住んでいる市の消防署などの位置や火災の際の連携方法を，白地図にまとめることができる。

○事故や事件が起きたときの，緊急の連絡のしくみについてわかる。

○事故や事件の際は，警察署が中心となり，消防署，病院などが協力することがわかる。

○警察署などの関係機関では，ふだんから事故・事件・犯罪の予防に努めていることがわかる。

○地域の町内会，自治会，PTA などは，ふだんから連携して交通安全運動や防犯活動に協力していることがわかる。

○警察署で働く人の様子，事故・事件・犯罪を防止するための関係機関や地域の人々との協力について調べることができる。

○自分が住んでいる地域の警察署，交番などの位置や事故防止，防犯の取り組みを，白地図にまとめることができる。

≫思考・判断・表現

○消防に関係する機関の位置や設備，火災の際の連携や協力について，考えることができる。

○消防に関する活動と地域の人々の協力を関連付けて考えることができる。

○地域や自分自身の安全を守るために，自分たちができることを考えたり，選択・判断をしたりすることができる。

○事故や事件が起きたときの連絡のしくみ，関係機関の連携や協力について考えることができる。

○事故・事件・犯罪を防止する活動と地域の人々の協力を関連付けて考えることができる。

○地域や自分自身の安全を守るために，自分たちができることを考えたり，選択・判断をしたりすることができる。

≫主体的に学習に取り組む態度　※「主体的に学習に取り組む態度」は方向目標を示しています。

○火災が起きたときの関係機関や地域の人々の対応を，意欲的に調べようとする。

○火災の際の関係機関や地域の人々の対応や火災予防の協力について調べたことを，わかりやすく表現し，話し合おうとする。

○事故や事件が起きたときの関係機関や地域の人々の対応を，意欲的に調べようとする。

○事故や事件の際の関係機関や地域の人々の事故・事件・犯罪防止の活動について調べたことを，わかりやすく表現し，話し合おうとする。

○学習をもとに，安全なくらしを守る人々の仕事について関心をもって考えようとする。

評価規準

≫知識・技能

○消防署や消防施設，設備の位置や分布について，資料をもとに調べている。

○消防署で働く人の一日の仕事の様子について，見学などを通じて調べている。

○火災の際の連絡のしくみについて，資料をもとに調べている。

○火災予防に関する消防署の活動や，地域の人々の協力について，見学や聞き取りなどを通じて調べ，関係図にまとめている。

○火災の際の消防団など地域の人々の活動や協力の様子について，見学や聞き取りなどを通じて調べ，関係図にまとめている。

○火災の際には，消防署や関係機関が協力し，すばやく対応していることを理解している。

○消防署や関係機関はふだんから火災予防に努め，地域の人々も協力していることを理解している。

○火災に対処する方法や，火災を予防する活動について，白地図などにまとめている。

○警察署やガードレールなどの交通施設・設備の位置や分布について，資料をもとに調べている。

○事故や事件の際の連絡のしくみについて，資料をもとに調べている。

○事故・事件・犯罪防止に関する警察署の活動について，見学などを通じて調べている。

○事故・事件・犯罪防止に関する地域の人々の協力について，見学や聞き取りなどを通じて調べている。

○事故や事件が起きたときには，警察署や関係機関が協力し，すばやく対応していることを理解している。

○警察署や関係機関は，ふだんから事故・事件・犯罪防止に努め，地域の人々も協力していることを理解している。

○事故や事件に対処する方法や，事故・事件・犯罪を防止する活動について，白地図などにまとめている。

●対応する学習指導要領の項目：(3) ア (ア)(イ)

≫思考・判断・表現

○火災の際の，関係機関の連携，協力と，地域の人々の活動を関連付けて考えている。

○火災に備え，消防署で働く人や地域の人々のふだんの取り組みについて考えている。

○火災や予防に関する関係機関の活動や地域の人々の活動について，文などに表現したり，話し合ったりしている。

○事故・事件・犯罪を防止するために，警察署で働く人や地域の人々のふだんの取り組みについて考えている。

○事故や事件が起きた際の，警察署と関係機関の連携と，地域の人々の活動を関連付けて考えている。

○事故・事件に関する関係機関の活動や地域の人々の活動について，文などに表現したり，話し合ったりしている。

○地域や自分自身の安全を守るために，自分たちができることを考えたり，選択・判断をしたりしている。

●対応する学習指導要領の項目：(3) イ (ア)

≫主体的に学習に取り組む態度

○消防施設や設備，火災が起きたときの連絡のしくみについて，見学・調査して意欲的に調べようとしている。

○火災の予防について自分たちができることを調べ，話し合ったことをふり返り，わかったことをまとめようとしている。

○事故や事件が起きたときの連絡のしくみについて，見学・調査して意欲的に調べようとしている。

○事件や事故の防止について自分たちができることを調べ，話し合ったことをふり返り，わかったことをまとめようとしている。

○学習をもとに，さらに安全なくらしを守る人々の仕事について考えようとしている。

学習活動

小単元名	時数	学習活動	社会的な見方・考え方の例
大単元の導入	1	○わたしたちの安全なくらしを守る働きについて考え，話し合う。	相互関係

1. 安全なくらしを守る人びとの仕事①	1	○わたしたちの身のまわりにある危険について話し合い，学習問題をつくる。 ・通学路であぶないところについて調べる。 ・地域の安全を守っている消防や警察の仕事，地域の人々の仕事を調べるための学習計画を立てる。	相互関係
1. 安全なくらしを守る人びとの仕事②	1	○わたしたちの市の火事の件数や被害，火事の原因について調べる。 ・消防署を見学するための計画を立てる。	相互関係
1. 安全なくらしを守る人びとの仕事③	2	○消防署を見学し，消防署で働く人々の取り組みについて調べる。 ・消防自動車，防火服，器具の工夫などについて調べる。 ・出動指令が出てから出動するまでの様子について調べる。	相互関係
1. 安全なくらしを守る人びとの仕事④	1	○火事が起きたときの連絡のしくみについて調べる。 ・119番への連絡，通信指令室からの連絡のしくみについて調べる。	相互関係
1. 安全なくらしを守る人びとの仕事⑤	1	○消防署で働く人の一日の仕事について調べる。 ・24時間交替で働いていることや，一日の仕事の流れについて調べる。	相互関係
1. 安全なくらしを守る人びとの仕事⑥	1	○学校にある消防設備について調べ，見取り図にまとめる。 ・消火器，消火栓など，消防設備が置かれている位置や理由について調べる。	相互関係
1. 安全なくらしを守る人びとの仕事⑦	1	○火事が起きたときや，火事を防ぐための地域での取り組みについて調べる。 ・地域にある消防設備について，白地図にまとめる。 ・地域にある消防団について調べる。	相互関係
1. 安全なくらしを守る人びとの仕事⑧	1	○わたしたちの市で起きている交通事故の様子をグラフから読み取る。 ・市の交通事故の件数の移り変わり，交通事故でなくなった人数などを読み取る。	相互関係
1. 安全なくらしを守る人びとの仕事⑨	1	○交通事故が起きたときの連絡のしくみについて調べる。 ・110番への連絡，通信指令室からの連絡のしくみについて調べる。 ・交通事故を防ぐための設備や交通指導員の取り組みについて調べる。	相互関係
1. 安全なくらしを守る人びとの仕事⑩	1	○警察の仕事について調べ，話し合う。 ・警察署や交番の一日の仕事などについて調べる。	相互関係
1. 安全なくらしを守る人びとの仕事⑪	1	○地域の人々による，地域の安全を守るための工夫について調べる。 ・交通安全ボランティア，交通少年団，お年寄りのための講習会，交通安全教室，青色防犯パトロールなど，地域の人々の取り組みについて調べる。 ・「こども110番の家」について調べる。 ・市役所の人と大学生たちが協力して取り組んでいることについて調べる。 ・地域の安全なくらしを守る消防や警察の仕事，地域の人々の取り組みについてふり返り，話し合う。	相互関係
1. 安全なくらしを守る人びとの仕事⑫	1	○地域の安全なくらしを守るために，わたしたちができることについて話し合う。 ・交通事故にあいやすい時間や交通事故の原因などを調べる。	総合　関連付け
1. 安全なくらしを守る人びとの仕事⑬	1	○調べたことをもとに，学校のまわりの安全マップをつくる。 ・交通事故や事件が起こりやすい場所や避難場所，消火栓の場所などを，マップにかき込む。	総合　関連付け

1. 安全なくらしを守る人びとの仕事⑭	1	○つくった安全マップを発表する。 ・地域の人々を招いて，安全マップを発表する。 ・地域の安全を守るためにできることを発表し合い，友だちの発表を聞いて自分ができることを選択・判断する。	総合　関連付け

| 3年 | 日文 |

教科書：p.124〜153　配当時数：16時間　配当月：1〜3月

4. 市のようすとくらしのうつりかわり

1. うつりかわる市とくらし

関連する道徳の内容項目　B 礼儀/相互理解，寛容　C 伝統と文化の尊重，国や郷土を愛する態度

到達目標

≫知識・技能

○自分たちの市（区・町・村）や人々の生活の様子は，時間の経過とともに移り変わってきたことがわかる。

○昔から今に至るまで，駅や道路などの交通網や公共施設が整備されてきたことがわかる。

○昔から今に至るまで，土地利用の様子や人口が変化し，生活道具なども変わってきたことがわかる。

○市の様子の移り変わりについて，博物館や地域の人への聞き取り調査，資料などで調べることができる。

○市の様子の移り変わりについて，聞き取り調査や資料で調べたことを，年表などにまとめることができる。

≫思考・判断・表現

○市にある駅や鉄道，公共施設，人口の移り変わりについて考えることができる。

○市の様子の移り変わりと，人々の生活の様子の移り変わりを関連付けて考えることができる。

≫主体的に学習に取り組む態度　※「主体的に学習に取り組む態度」は方向目標を示しています。

○市の様子の移り変わりや人々の生活の様子の移り変わりについて，意欲的に調べようとする。

○市の様子の移り変わりや人々の生活の様子の移り変わりについて調べたことを，わかりやすく表現し，話し合おうとする。

○学習をもとに，市の様子とくらしの移り変わりについて関心をもって考えようとする。

評価規準

≫知識・技能

○市の鉄道や道路の移り変わりについて調べ，年表にまとめている。

○自分たちの学校などの公共施設が建設されたころと現在の様子の違いについて，資料をもとに調べている。

○市の土地の使われ方の移り変わりについて調べ，年表にまとめている。

○市の人口の移り変わりについて，資料をもとに調べている。

○生活道具の時期による違いとくらしの移り変わりについて調べ，年表にまとめている。

○市や人々の生活の様子は，時間の経過とともに移り変わっていることを理解している。

●対応する学習指導要領の項目：(4) ア (ア)(イ)

≫思考・判断・表現

○市の様子の移り変わりについて，駅や鉄道，道路，公共施設，人口，土地利用の移り変わりと関連付けて考えている。

○人々の生活の様子の移り変わりについて，生活道具の移り変わりと結び付けて考えている。

○市や人々の生活の様子の移り変わりについて，年表に表現したことを話し合い，特長を考えている。

●対応する学習指導要領の項目：(4) イ (ア)

≫主体的に学習に取り組む態度

○市の様子と人々のくらしの移り変わりについて，聞き取りや資料などを使い，工夫して意欲的に調べようとしている。

○市の様子と人々のくらしの移り変わりについて，年表にまとめたことをわかりやすく説明しようとしている。

○学習をもとに，わたしたちの市のこれからについて考えようとしている。

学習活動

小単元名	時数	学習活動	社会的な見方・考え方の例
大単元の導入	1	○川越駅前のまわりの様子の移り変わりについて調べる。	空間　時間
1. うつりかわる市とくらし①	2	○博物館を見学し，昔の市の様子と人々のくらしについて調べる。 ・明かりなど，道具の移り変わりについて調べる。	空間　時間
1. うつりかわる市とくらし②	1	○市の様子の移り変わりについて話し合い，学習問題をつくる。 ・舟や鉄道，高速道路などの移り変わりに着目する。	空間　時間　相互関係
1. うつりかわる市とくらし③	1	○今から約100〜150年前の，舟が使われていたころの様子について調べる。 ・舟で運んでいたものなど，舟の利用の様子について調べる。	空間　時間
1. うつりかわる市とくらし④	1	○今から約130年前に川越市であった大火事について調べる。 ・大火事を経て，町なみがどのように変わったかを調べる。 ・町なみの特徴（蔵づくりの特徴）について調べる。	空間　時間
1. うつりかわる市とくらし⑤	1	○鉄道が通ったころの様子について調べる。 ・鉄道が通ったころの様子や，鉄道の広がりについて調べる。	空間　時間
1. うつりかわる市とくらし⑥	1	○鉄道が通ったころの人々のくらしの様子について調べる。 ・今から約110〜120年前の人々のくらしについて調べる。	空間　時間
1. うつりかわる市とくらし⑦	1	○高速道路が通ったころの，川越市の様子について調べる。 ・市の合併や工業団地の造成，鉄道や道路の整備，人口の変化などを調べ，関係づける。	空間　時間　相互関係
1. うつりかわる市とくらし⑧	1	○高速道路が通ったころの人々のくらしの様子について調べる。 ・約120年前，70〜60年前，50〜40年前の人々のくらしの様子を比べる。	空間　時間　比較
1. うつりかわる市とくらし⑨	1	○今の川越市の，蔵づくりの町なみを生かした取り組みについて調べる。 ・蔵づくりの町なみを生かした取り組みをするようになった理由や，観光客が増えてきた理由について調べる。	空間　時間　相互関係
1. うつりかわる市とくらし⑩	1	○今の川越市の，交通の発達やくらしの様子について調べる。 ・これからの川越市の人口の移り変わりについて調べる。	空間　時間　相互関係
1. うつりかわる市とくらし⑪	1	○川越市のできごとや人々のくらしを，年表に整理する。 ・市のできごとやくらし，使われていた道具などを，絵や写真などを使って年表にまとめる。	空間　時間　相互関係
1. うつりかわる市とくらし⑫	1	○年表にまとめたできごとをふり返り，学習問題について話し合う。 ・市の移り変わり（舟，鉄道，高速道路，くらし，道具，市の人口など）についてふり返り，話し合う。	総合　関連付け
1. うつりかわる市とくらし⑬	1	○これからの川越市の発展について考え，話し合う。 ・市の取り組みについて調べる。 ・市の仕事は，市民の税金で行われていることを知る。	総合　関連付け
1. うつりかわる市とくらし⑭	1	○これからの市について調べたことをふり返り，さらに考えたい問題について話し合う。 ・「みんなが行きたくなる市」「伝統や文化を大切にする市」「わたしたちがつくる市」など，話し合って考えたことを「みらいプラン」としてカードにまとめる。	総合　関連付け

| 4年 | 日文（2020年度）　　　　　　　　教科書【下】：p.126〜135　配当時数：14時間　配当月：4〜5月

7. わたしたちの住んでいる県

1. わたしたちの県のようす

関連する道徳の内容項目　C 勤労，公共の精神/伝統と文化の尊重，国や郷土を愛する態度

到達目標

≫知識・技能
○自分たちの住む県（都・道・府）の地理的な環境の概要がわかる。
○ 47 都道府県の名称と位置がわかる。
○自分たちの住む県（都・道・府）の様子について，地図帳や写真などの資料で調べ，わかったことを県（都・道・府）の白地図などにまとめることができる。
○ 47 都道府県の名称と位置について，地図帳などで確かめたり，日本の白地図などに書き表したりすることができる。

≫思考・判断・表現
○日本における自分たちの住む県（都・道・府）の位置，県（都・道・府）全体の地形や主な産業の分布，交通の広がりや主な都市の位置などから，県（都・道・府）の地理的な環境の特色を考え，文などで表現することができる。
○県（都・道・府）の地理的な環境の特色について，白地図などにまとめたことをもとに説明することができる。

≫主体的に学習に取り組む態度　　※「主体的に学習に取り組む態度」は方向目標を示しています。
○県（都・道・府）の様子について，学習問題をもとに粘り強く調べたり考えたりしようとする。
○学習をもとに，県（都・道・府）の様子について関心をもって考えようとする。

評価規準

≫知識・技能
○日本が 47 の都道府県で構成されていることを理解している。
○地図帳で，47 都道府県の名称と位置を調べている。
○地図で，岡山県の位置を調べている。
○地図や写真などで，岡山県の地形を調べている。
○地図で，岡山県の主な都市の名前や位置を調べている。
○地図で，岡山県の交通網を調べている。
○地図で，岡山県の主な産業の分布を調べている。
○岡山県の様子について調べたことを，白地図などにまとめている。
○岡山県の様子を理解している。

　　　　　　　　　　　　　　　　　　　　　　　　● 対応する学習指導要領の項目：(1) ア (ア)(イ)

≫思考・判断・表現
○岡山県の位置や地形，主な産業，交通網や主な都市の位置などを総合して，岡山県の地理的な環境の特色を考えている。
○岡山県の地理的な環境の特色について考えたことを文章で表現している。
○岡山県の地理的な環境の特色について，白地図などにまとめたことをもとに説明している。

　　　　　　　　　　　　　　　　　　　　　　　　● 対応する学習指導要領の項目：(1) イ (ア)

≫主体的に学習に取り組む態度

○県（都・道・府）の様子に関する学習問題に対して，自分なりに工夫をして調べようとしている。
○県（都・道・府）の様子について，調べたり考えたりしたことをわかりやすく説明しようとしている。
○「わたしたちの県のようす」の学習をして，わかったことを自分でふり返ってまとめている。
○学習をもとに，さらに県（都・道・府）の様子について関心をもって考えようとしている。

学習活動

小単元名	時数	学習活動	社会的な見方・考え方の例
4年の導入	1	○写真を見て，4年の学習に関心をもつ。（教科書もくじ～※3）	時間　空間　相互関係
地図となかよしになろう①	1	○地図帳の使い方を確認する。（教科書 p.2～3）	空間
地図となかよしになろう②	1	○地図記号や八方位について確認し，土地利用図を読み取る。（教科書 p.4～7）	空間
地図となかよしになろう③	1	○地図から土地の高さを調べ，愛知県周辺の地図を読み取る。（教科書 p.8～9）	空間
地図となかよしになろう④	1	○縮尺を使って距離を調べる。（教科書 p.10～11）	空間
地図となかよしになろう⑤	1	○地図帳で都道府県の名称と位置を確かめ，白地図にまとめる。（教科書 p.12～13）	空間
地図となかよしになろう⑥	2	○都道府県を使った問題をつくる。（教科書 p.14～15）	空間
大単元の導入	1	○地図や絵を見て話し合い，自分たちの住む県の様子や特色に関心をもつ。	空間　相互関係
1. わたしたちの県のようす①	1	○岡山県の地図から岡山市について調べ，岡山県への関心をもつ。 ・岡山市の岡山県内での位置や隣り合う市を調べる。 ・県内のいろいろな場所の位置を八方位や距離で表す。	空間　相互関係
1. わたしたちの県のようす②	1	○岡山県の地形について調べる。 ・岡山県内のどこにどのような地形が広がっているのか調べる。	空間
1. わたしたちの県のようす③	1	○岡山県の交通の広がりと主な都市について調べる。 ・主な道路・鉄道の広がりや空港・港の位置について調べる。 ・交通による岡山県と他地域とのつながりについて調べる。 ・岡山県の市や町について，知っていることを話し合う。	空間　相互関係
1. わたしたちの県のようす④	1	○岡山県の産業について調べる。 ・岡山県の北部・中央部・南部でのさかんな産業を調べる。	空間　相互関係
1. わたしたちの県のようす⑤	1	○学習をふり返って岡山県の特色を整理し，岡山県をPRするクイズをつくる。	空間　相互関係 比較・分類　総合 関連付け

| 4年 | 日文（2020年度） | 教科書【下】：p.16～39　配当時数：13時間　配当月：6月 |

4. 住みよいくらしをつくる

1. ごみのしまつと活用

関連する道徳の内容項目 A 節度，節制　C 規則の尊重/勤労，公共の精神

到達目標

≫知識・技能

○ごみを処理する仕事は，ごみの衛生的な処理や資源の有効利用ができるように進められていることがわかる。

○ごみを処理する仕事は，人々の生活環境の維持と向上に役立っていることがわかる。

○ごみを処理する仕事について，清掃工場などを見学・調査したり，地図などの資料で調べたりして，わかったことを白地図や図表などにまとめることができる。

≫思考・判断・表現

○ごみを処理するしくみや資源を再利用する取り組み，ごみを処理する仕事に関わる県内外の人々や資源の再利用などに関わる人々などの連携や協力などから，ごみを処理する仕事が果たす役割を考え，文などで表現することができる。

○ごみを処理する仕事が果たす役割について，白地図や図表などにまとめたことをもとに話し合うことができる。

○ごみの減量のために自分たちにできることを考えたり選択・判断したりすることができる。

≫主体的に学習に取り組む態度　※「主体的に学習に取り組む態度」は方向目標を示しています。

○ごみを処理する仕事について，学習問題をもとに粘り強く調べたり考えたりしようとする。

○学習をもとに，ごみを処理する仕事について関心をもって考えようとする。

評価規準

≫知識・技能

○見学をして，清掃工場でごみを処理するしくみを調べている。

○資料などで，ごみを燃やした後の灰を処理するしくみを調べている。

○見学や資料などで，ごみを資源として再利用する取り組みを調べている。

○見学や資料などで，ごみを燃やしたときに出る熱を利用する工夫を調べている。

○資料などで，ごみを処理する仕事に関わる県内外の人々の連携や協力を調べている。

○資料などで，資源のリサイクルなどに関わる人々の連携や協力を調べている。

○ごみを処理する仕事について調べたことを，白地図や図表などにまとめている。

○ごみを処理する仕事は，ごみの衛生的な処理や資源の有効利用ができるように進められていることを理解している。

○ごみを処理する仕事は，人々の生活環境の維持と向上に役立っていることを理解している。

●対応する学習指導要領の項目：(2) ア (イ)(ウ)

≫思考・判断・表現

○ごみを処理するしくみやごみを処理する仕事に関わる人々の協力関係と，地域の良好な生活環境を関連付けて，ごみを処理する仕事が果たす役割を考えている。

○ごみを処理する仕事が果たす役割について考えたことを文章で表現している。

○ごみを処理する仕事が果たす役割について，白地図や図表などにまとめたことをもとに話し合っている。

○ごみを減らすために，自分たちにできることを考えたり選択・判断したりしている。

●対応する学習指導要領の項目：(2) イ (イ)

≫主体的に学習に取り組む態度

○ごみを処理する仕事に関する学習問題に対して，自分なりに工夫をして調べようとしている。

○ごみを処理する仕事について，調べたり考えたりしたことをわかりやすく発言しようとしている。

○「ごみのしまつと活用」の学習をして，わかったことを自分でふり返ってまとめている。

○学習をもとに，さらにごみを処理する仕事について関心をもって考えようとしている。

学習活動

小単元名	時数	学習活動	社会的な見方・考え方の例
大単元の導入	1	○写真を見て，ごみや水道のくらしとの関わりについて話し合う。	相互関係
1. ごみのしまつと活用 ①	1	○毎日のくらしから出るごみの種類などについて調べる。 ・毎日のくらしから出るごみについて調べ，表にまとめる。	相互関係
1. ごみのしまつと活用 ②	1	○ごみの収集のしかたや工夫について調べる。 ・ごみステーションで，ごみの出し方やごみの収集の様子を調べる。	相互関係
1. ごみのしまつと活用 ③	1	○ごみがどのような種類に分けられているのか調べる。 ・市のごみ分別表やごみカレンダーなどで調べる。	相互関係
1. ごみのしまつと活用 ④	2	○清掃工場を見学し，ごみを燃やして処理する様子や清掃工場での仕事について調べる。	空間　相互関係
1. ごみのしまつと活用 ⑤	1	○清掃工場での工夫について調べる。 ・灰の資源化，臭いや煙の処理，余熱利用などについて調べる。	相互関係
1. ごみのしまつと活用 ⑥	1	○燃えないごみの処理やリサイクルのしくみを調べる。 ・リサイクル工場でのごみ処理の様子を調べる。 ・種類ごとのごみのゆくえを図にまとめる。	相互関係　総合
1. ごみのしまつと活用 ⑦	1	○最終処分場について調べ，ごみ処理の今後について考える。 ・最終処分場の働きや工夫，問題点について調べる。 ・昔のごみ処理について調べ，ごみ処理のしくみの意義と今後のごみ処理について考える。	空間　相互関係
1. ごみのしまつと活用 ⑧	1	○ごみ処理の費用と市の取り組みについて調べる。 ・市のごみ袋が有料化された理由について調べる。 ・市のごみの量の変化やごみ処理にかかる費用を調べる。	時間　相互関係
1. ごみのしまつと活用 ⑨	1	○ごみを減らすための様々な取り組みを調べる。 ・商店や学校，市や県，国の取り組みについて調べる。	相互関係
1. ごみのしまつと活用 ⑩	1	○ごみを出すときのきまりについて考える。 ・ごみを出すときのきまりに関する問題について話し合う。 ・きまりが守られるようにするための取り組みを調べる。	相互関係
1. ごみのしまつと活用 ⑪	1	○ごみ処理についての学習をふり返り，ごみを減らすために自分にできることを考える。	相互関係　比較・分類 総合　関連付け

| 4年 | 日文（2020年度） | 教科書【下】：p.40〜55　配当時数：9時間　配当月：7月 |

4. 住みよいくらしをつくる

(選択単元)2. 命とくらしをささえる水

関連する道徳の内容項目 A 節度，節制　C 勤労，公共の精神　D 自然愛護

到達目標

≫知識・技能

○水をつくる仕事は，安心して飲める水を安定的に供給できるように進められていることがわかる。

○水をつくる仕事は，地域の人々の健康な生活を維持し，向上させていくことに役立っていることがわかる。

○水をつくる仕事について，浄水場などを見学・調査したり，地図などの資料で調べたりして，わかったことを白地図や図表などにまとめることができる。

≫思考・判断・表現

○水源や水をつくる施設やしくみ，家庭などに水を届ける経路，水をつくる仕事に関わる県内外の人々や節水などに関わる人々の連携や協力などから，水をつくる仕事が果たす役割を考え，文などで表現することができる。

○水をつくる仕事が果たす役割について，白地図や図表などにまとめたことをもとに話し合うことができる。

○節水など，自分たちにできることを考えたり選択・判断したりすることができる。

≫主体的に学習に取り組む態度　※「主体的に学習に取り組む態度」は方向目標を示しています。

○水をつくる仕事について，学習問題をもとに粘り強く調べたり考えたりしようとする。

○学習をもとに，水をつくる仕事について関心をもって考えようとする。

評価規準

≫知識・技能

○地図や資料から，水源の森林の働きを調べている。

○地図や資料から，ダムの働きを調べている。

○見学・調査をして，浄水場のしくみや安全な水をつくるために行っていることを調べている。

○調査や資料から，水が家庭や学校に送られてくるしくみを調べている。

○調査や資料から，水をつくる仕事に関わる県内外の人々の連携や協力を調べている。

○資料から，節水などに関わる人々の連携や協力を調べている。

○水をつくる仕事について調べたことを，白地図や図表などにまとめている。

○水をつくる仕事は，安心して飲める水を安定的に供給できるように進められていることを理解している。

○水をつくる仕事は，地域の人々の健康な生活を維持し，向上させていくことに役立っていることを理解している。

●対応する学習指導要領の項目：(2) ア (ア)(ウ)

≫思考・判断・表現

○水をつくるしくみや水をつくる仕事に関わる人々の協力関係と，地域の人々の健康や生活環境を関連付けて，水をつくる仕事が果たす役割を考えている。

○水をつくる仕事が果たす役割について考えたことを文章で表現している。

○水をつくる仕事が果たす役割について，白地図や図表などにまとめたことをもとに話し合っている。

○水を大切にするために，節水など自分たちにできることを考えたり選択・判断したりしている。

●対応する学習指導要領の項目：(2) イ (ア)

≫主体的に学習に取り組む態度

○水をつくる仕事に関する学習問題に対して，自分なりに工夫をして調べようとしている。

○水をつくる仕事について，調べたり考えたりしたことをわかりやすく発言しようとしている。

○「命とくらしをささえる水」の学習をして，わかったことを自分でふり返ってまとめている。

○学習をもとに，さらに水をつくる仕事について関心をもって考えようとしている。

学習活動

小単元名	時数	学習活動	社会的な見方・考え方の例
2. 命とくらしをささえる水①	1	○くらしの中で使われる水について話し合う。 ・くらしの中のいろいろな場面で使われる水の量を調べる。 ・水道の使用量のお知らせを見て気づいたことや疑問に思ったことを話し合う。	時間　空間　相互関係
2. 命とくらしをささえる水②	1	○市ではどれくらいの水が使われているのか調べる。 ・市の人口と給水量の移り変わりを調べる。 ・校内をまわって，学校の中の水の通り道を調べる。	時間　空間　相互関係 比較・分類
2. 命とくらしをささえる水③	1	○地図を見て，水がどのような施設を通って送られてくるのか調べる。	空間　相互関係
2. 命とくらしをささえる水④	2	○浄水場を見学し，安全な水をつくるしくみを調べる。 ・浄水場の様々な施設の働きを調べる。 ・浄水場で働く人の様子を調べる。	空間　相互関係
2. 命とくらしをささえる水⑤	1	○安全・安心な水をつくり，送るための仕事について調べる。 ・中央制御室での仕事や，水質検査をする人の仕事を調べる。 ・配水管の管理をしている人の仕事を調べる。	空間　相互関係
2. 命とくらしをささえる水⑥	1	○水の大切さについて考え，水と森林の関係について調べる。 ・水道が使えないときの苦労や，世界の水不足と自分たちの生活との関係について話し合う。 ・森林の働きについて調べる。	空間　相互関係
2. 命とくらしをささえる水⑦	1	○水を大切に使うための工夫や取り組みについて考える。 ・「節水」「水の再利用」「水の再生利用」で自分たちにできることを話し合う。	相互関係　関連付け
2. 命とくらしをささえる水⑧	1	○学習をふり返り，水がきれいにされ，自分たちのところに届く様子をノートにまとめる。	時間　空間　相互関係 比較・分類　総合 関連付け

| 4年 | 日文（2020年度） | 教科書【下】：p.56〜59　配当時数：9時間　配当月：7月 |

4. 住みよいくらしをつくる

（選択単元）わたしたちのくらしをささえる電気

関連する道徳の内容項目　A 節度，節制　C 勤労，公共の精神　D 自然愛護

到達目標

≫知識・技能

○電気をつくる仕事は，安心して使える電気を安定的に供給できるように進められていることがわかる。

○電気をつくる仕事は，地域の人々の健康な生活を維持し，向上させていくことに役立っていることがわかる。

○電気をつくる仕事について，施設などを見学・調査したり，地図などの資料で調べたりして，わかったことを白地図や図表などにまとめることができる。

≫思考・判断・表現

○火力・水力・原子力などの発電のしくみ，燃料や水資源の確保，発電所からの送電のしくみ，必要な量の電気を確保する取り組み，県内外の人々の連携や協力などから，電気をつくる仕事が果たす役割を考え，文などで表現することができる。

○電気をつくる仕事が果たす役割について，白地図や図表などにまとめたことをもとに話し合うことができる。

○節電など，自分たちにできることを考えたり選択・判断したりすることができる。

≫主体的に学習に取り組む態度　※「主体的に学習に取り組む態度」は方向目標を示しています。

○電気をつくる仕事について，学習問題をもとに粘り強く調べたり考えたりしようとする。

○学習をもとに，電気をつくる仕事について関心をもって考えようとする。

評価規準

≫知識・技能

　○資料から，発電のしくみごとの電気のつくり方や特徴を調べている。

　○資料から，発電のしくみごとの燃料や水資源の確保の様子を調べている。

　○資料から，発電所から家庭などへ電気が届くまでのしくみを調べている。

　○資料から，必要な量の電気を確保するための取り組みを調べている。

　○資料から，電気をつくる仕事に関わる県内外の人々の連携や協力を調べている。

　○資料から，節電などに関わる人々の連携や協力を調べている。

　○電気をつくる仕事について調べたことを，白地図や図表などにまとめている。

　○電気をつくる仕事は，安心して使える電気を安定的に供給できるように進められていることを理解している。

　○電気をつくる仕事は，地域の人々の健康な生活を維持し，向上させていくことに役立っていることを理解している。

●対応する学習指導要領の項目：(2) ア (ア)(ウ)

≫思考・判断・表現

　○電気をつくるしくみや電気をつくる仕事に関わる人々の協力関係と，地域の人々の健康や生活環境を関連付けて，電気をつくる仕事が果たす役割を考えている。

　○電気をつくる仕事が果たす役割について考えたことを文章で表現している。

　○電気をつくる仕事が果たす役割について，白地図や図表などにまとめたことをもとに話し合っている。

　○電気を大切にするために，節電など自分たちにできることを考えたり選択・判断したりしている。

●対応する学習指導要領の項目：(2) イ (ア)

≫主体的に学習に取り組む態度

○電気をつくる仕事に関する学習問題に対して，自分なりに工夫をして調べようとしている。

○電気をつくる仕事について，調べたり考えたりしたことをわかりやすく発言しようとしている。

○「わたしたちのくらしをささえる電気」の学習をして，わかったことを自分でふり返ってまとめている。

○学習をもとに，さらに電気をつくる仕事について関心をもって考えようとしている。

学習活動

小単元名	時数	学習活動	社会的な見方・考え方の例
わたしたちのくらしをささえる電気①	1	○自分の身のまわりの電気の使い方について話し合う。 ・資料から，家庭での電気の使われ方や，電気の使用量の移り変わりについて調べる。	時間　空間
わたしたちのくらしをささえる電気②	3	○発電や送電のしくみについて調べる。 ・火力・水力・原子力のそれぞれの発電方法について調べる。 ・電気が家庭などへ送られてくるしくみについて調べる。 ・資料から，発電方法別の発電量の移り変わりについて調べる。	時間　空間　相互関係
わたしたちのくらしをささえる電気③	2	○火力・水力・原子力のそれぞれの発電方法の長所や短所について調べる。	空間　相互関係
わたしたちのくらしをささえる電気④	2	○いろいろな発電方法について調べる。 ・風力・太陽光・地熱・波力など，自然を生かした発電方法について調べる。	相互関係
わたしたちのくらしをささえる電気⑤	1	○電気について学習したことをふり返り，まとめる。 ・自分たちのくらしとこれからの電気のつくり方について考え，話し合う。	時間　空間　相互関係 比較・分類　総合 関連付け

| 4年 | 日文（2020年度） | 教科書：補助教材　配当時数：12時間　配当月：9〜10月 |

自然災害から人々を守る活動

(選択単元)1. 自然災害から命を守る

関連する道徳の内容項目 A 善悪の判断，自律，自由と責任　C 勤労，公共の精神　D 生命の尊さ

到達目標

≫知識・技能

○県や市の関係機関や地域の人々は，自然災害が発生した際，様々な協力をして人々の安全を守るために対処してきたことがわかる。

○県や市の関係機関や地域の人々は，今後想定される災害に対し，被害を防いだり減らしたりするための様々な備えをしていることがわかる。

○自然災害から人々を守る活動について，聞き取り調査をしたり，地図や年表などの資料で調べたりして，わかったことを年表や図表などにまとめることができる。

≫思考・判断・表現

○県内で発生した自然災害の様子，自然災害が発生した際の県や市の関係機関や人々の協力の様子などから，自然災害から人々を守る活動の働きを考え，文などで表現することができる。

○自然災害から人々を守る活動の働きについて，年表や図表などにまとめたことをもとに説明したり話し合ったりすることができる。

○災害に対する必要な備えをするなど，自分たちにできることなどを考えたり選択・判断したりすることができる。

≫主体的に学習に取り組む態度　※「主体的に学習に取り組む態度」は方向目標を示しています。

○自然災害から人々を守る活動について，学習問題をもとに粘り強く調べたり考えたりしようとする。

○学習をもとに，自然災害から人々を守る活動について関心をもって考えようとする。

評価規準

≫知識・技能

○写真や資料で，県内で発生した自然災害の様子や被害などを調べている。

○聞き取り調査などで，自然災害が発生した際の，県や市などの関係機関や団体，人々の協力を調べている。

○聞き取り調査などで，自然災害に備えて県や市などが防災対策を考え，地域の人々とともに取り組みを進めていることを調べている。

○自然災害から人々を守る活動について調べたことを，年表や図表などにまとめている。

○県や市などの関係機関や地域の人々が，自然災害に対し，様々な協力をして人々の安全を守るために対処してきたことを理解している。

○県や市などの関係機関や地域の人々が，今後想定される自然災害による被害を防いだり減らしたりするための備えをしていることを理解している。

●対応する学習指導要領の項目：(3) ア (ア)(イ)

≫思考・判断・表現

○自然災害による被害の状況と自然災害から人々を守る関係機関や地域の人々の活動を関連付けて，自然災害から人々を守る活動の働きを考えている。

○自然災害から人々を守る活動の働きについて考えたことを文章で表現している。

○自然災害から人々を守る活動の働きについて，年表や図表などにまとめたことをもとに説明したり話し合ったりしている。

○災害に対する必要な備えをするなど，自分たちにできることなどを考えたり選択・判断したりしている。

● 対応する学習指導要領の項目：(3) イ (ア)

≫主体的に学習に取り組む態度

○自然災害から人々を守る活動に関する学習問題に対して，自分なりに工夫をして調べようとしている。

○自然災害から人々を守る活動について，調べたり考えたりしたことをわかりやすく説明しようとしている。

○「自然災害から命を守る」の学習をして，わかったことを自分でふり返ってまとめている。

○学習をもとに，さらに自然災害から人々を守る活動について関心をもって考えようとしている。

学習活動

小単元名	時数	学習活動	社会的な見方・考え方の例
大単元の導入	1	○写真を見て，県 (都・道・府) 内で過去に起きた自然災害について話し合う。	時間　空間　相互関係
1. 自然災害から命を守る①	1	○過去に起きた水害の写真や，被害にあった人の話から，水害の様子や被害について調べる。	時間　空間　相互関係
1. 自然災害から命を守る②	2	○都市部で起きた水害について調べ，学習問題をつくる。 ・過去に水害のあった川の様子を見学する。 ・過去に起きた水害について，図書館の資料などで調べる。	時間　相互関係
1. 自然災害から命を守る③	1	○水害の原因について調べる。 ・図書館の資料などで，川と水害との関係について調べる。	時間　空間　相互関係
1. 自然災害から命を守る④	1	○水害を防ぐ施設について調べる。 ・水害が起きた川の様子の変化について調べる。 ・地下調節池のしくみについて調べる。	時間　空間　相互関係
1. 自然災害から命を守る⑤	2	○自然の力と水害の関係について調べる。 ・森林と水害の関係について調べる。 ・施設での体験を通して，風や雨，水の力について調べる。	空間　相互関係
1. 自然災害から命を守る⑥	1	○災害に対して出される情報について調べる。 ・国や自治体から出される災害に関する情報について調べる。 ・水害についての学習をふり返り，「さらに考えたい問題」について話し合う。	相互関係
1. 自然災害から命を守る⑦	1	○災害に備えた活動や取り組みについて調べる。 ・災害に備えた，東京都と町や区による訓練について調べる。 ・地域で行っている災害への備えや取り組みを調べる。	相互関係
1. 自然災害から命を守る⑧	2	○災害への対策について考える。 ・東京都が行っている災害対策の取り組みについて調べる。 ・災害に備えて，自分たちにできることについて考える。	空間　相互関係 比較・分類　総合 関連付け

2020
年度
4
年

43

| 4年 | 日文（2020年度） | 教科書：補助教材　配当時数：12時間　配当月：9〜10月 |

自然災害から人々を守る活動

（選択単元）地震による災害

関連する道徳の内容項目 A 善悪の判断，自律，自由と責任　C 勤労，公共の精神　D 生命の尊さ

到達目標

》知識・技能

○県や市の関係機関や地域の人々は，自然災害が発生した際，様々な協力をして人々の安全を守るために対処してきたことがわかる。

○県や市の関係機関や地域の人々は，今後想定される災害に対し，被害を防いだり減らしたりするための様々な備えをしていることがわかる。

○自然災害から人々を守る活動について，聞き取り調査をしたり，地図や年表などの資料で調べたりして，わかったことを年表や図表などにまとめることができる。

》思考・判断・表現

○県内で発生した自然災害の様子，自然災害が発生した際の県や市の関係機関や人々の協力の様子などから，自然災害から人々を守る活動の働きを考え，文などで表現することができる。

○自然災害から人々を守る活動の働きについて，年表や図表などにまとめたことをもとに説明したり話し合ったりすることができる。

○災害に対する必要な備えをするなど，自分たちにできることなどを考えたり選択・判断したりすることができる。

》主体的に学習に取り組む態度　※「主体的に学習に取り組む態度」は方向目標を示しています。

○自然災害から人々を守る活動について，学習問題をもとに粘り強く調べたり考えたりしようとする。

○学習をもとに，自然災害から人々を守る活動について関心をもって考えようとする。

評価規準

》知識・技能

○写真や資料で，県内で発生した自然災害の様子や被害などを調べている。

○聞き取り調査などで，自然災害が発生した際の，県や市などの関係機関や団体，人々の協力を調べている。

○聞き取り調査などで，自然災害に備えて県や市などが防災対策を考え，地域の人々とともに取り組みを進めていることを調べている。

○自然災害から人々を守る活動について調べたことを，年表や図表などにまとめている。

○県や市などの関係機関や地域の人々が，自然災害に対し，様々な協力をして人々の安全を守るために対処してきたことを理解している。

○県や市などの関係機関や地域の人々が，今後想定される自然災害による被害を防いだり減らしたりするための備えをしていることを理解している。

● 対応する学習指導要領の項目：(3) ア (ア)(イ)

≫思考・判断・表現

○自然災害による被害の状況と自然災害から人々を守る関係機関や地域の人々の活動を関連付けて，自然災害から人々を守る活動の働きを考えている。

○自然災害から人々を守る活動の働きについて考えたことを文章で表現している。

○自然災害から人々を守る活動の働きについて，年表や図表などにまとめたことをもとに説明したり話し合ったりしている。

○災害に対する必要な備えをするなど，自分たちにできることなどを考えたり選択・判断したりしている。

●対応する学習指導要領の項目：(3) イ (ア)

≫主体的に学習に取り組む態度

○自然災害から人々を守る活動に関する学習問題に対して，自分なりに工夫をして調べようとしている。

○自然災害から人々を守る活動について，調べたり考えたりしたことをわかりやすく説明しようとしている。

○「地震による災害」の学習をして，わかったことを自分でふり返ってまとめている。

○学習をもとに，さらに自然災害から人々を守る活動について関心をもって考えようとしている。

学習活動

小単元名	時数	学習活動	社会的な見方・考え方の例
大単元の導入	1	○写真を見て，県 (都・道・府) 内で過去に起きた自然災害について話し合う。	時間　空間　相互関係
地震による災害①	2	○写真や資料を見て，阪神・淡路大震災について話し合い，学習問題をつくる。	時間　空間　相互関係
地震による災害②	3	○阪神・淡路大震災について調べる。 ・震災を経験した人の話から，震災時の人々の生活について調べる。 ・救助や復旧にあたった機関や人々，ボランティアの活動などについて調べる。	相互関係
地震による災害③	3	○震災からの復旧や復興について調べる。 ・市や県が行った取り組みについて調べる。 ・災害に備えた情報発信や非常時用の物資の用意などの取り組みについて調べる。	相互関係
地震による災害④	3	○災害時に被害を少なくするための取り組みについて調べる。 ・「公助」「共助」「自助」の意味を調べる。	相互関係　比較・分類 総合　関連付け

| 4年 | 日文（2020年度） | 教科書：補助教材　配当時数：12時間　配当月：9〜10月 |

自然災害から人々を守る活動

（選択単元）津波による災害

関連する道徳の内容項目　A 善悪の判断，自律，自由と責任　C 勤労，公共の精神　D 生命の尊さ

到達目標

≫知識・技能

○県や市の関係機関や地域の人々は，自然災害が発生した際，様々な協力をして人々の安全を守るために対処してきたことがわかる。

○県や市の関係機関や地域の人々は，今後想定される災害に対し，被害を防いだり減らしたりするための様々な備えをしていることがわかる。

○自然災害から人々を守る活動について，聞き取り調査をしたり，地図や年表などの資料で調べたりして，わかったことを年表や図表などにまとめることができる。

≫思考・判断・表現

○県内で発生した自然災害の様子，自然災害が発生した際の県や市の関係機関や人々の協力の様子などから，自然災害から人々を守る活動の働きを考え，文などで表現することができる。

○自然災害から人々を守る活動の働きについて，年表や図表などにまとめたことをもとに説明したり話し合ったりすることができる。

○災害に対する必要な備えをするなど，自分たちにできることなどを考えたり選択・判断したりすることができる。

≫主体的に学習に取り組む態度　※「主体的に学習に取り組む態度」は方向目標を示しています。

○自然災害から人々を守る活動について，学習問題をもとに粘り強く調べたり考えたりしようとする。

○学習をもとに，自然災害から人々を守る活動について関心をもって考えようとする。

評価規準

≫知識・技能

○写真や資料で，県内で発生した自然災害の様子や被害などを調べている。

○聞き取り調査などで，自然災害が発生した際の，県や市などの関係機関や団体，人々の協力を調べている。

○聞き取り調査などで，自然災害に備えて県や市などが防災対策を考え，地域の人々とともに取り組みを進めていることを調べている。

○自然災害から人々を守る活動について調べたことを，年表や図表などにまとめている。

○県や市などの関係機関や地域の人々が，自然災害に対し，様々な協力をして人々の安全を守るために対処してきたことを理解している。

○県や市などの関係機関や地域の人々が，今後想定される自然災害による被害を防いだり減らしたりするための備えをしていることを理解している。

● 対応する学習指導要領の項目：(3) ア (ア)(イ)

≫思考・判断・表現

○自然災害による被害の状況と自然災害から人々を守る関係機関や地域の人々の活動を関連付けて，自然災害から人々を守る活動の働きを考えている。

○自然災害から人々を守る活動の働きについて考えたことを文章で表現している。

○自然災害から人々を守る活動の働きについて，年表や図表などにまとめたことをもとに説明したり話し合ったりしている。

○災害に対する必要な備えをするなど，自分たちにできることなどを考えたり選択・判断したりしている。

● 対応する学習指導要領の項目：(3) イ (ア)

≫主体的に学習に取り組む態度

○自然災害から人々を守る活動に関する学習問題に対して，自分なりに工夫をして調べようとしている。

○自然災害から人々を守る活動について，調べたり考えたりしたことをわかりやすく説明しようとしている。

○「津波による災害」の学習をして，わかったことを自分でふり返ってまとめている。

○学習をもとに，さらに自然災害から人々を守る活動について関心をもって考えようとしている。

学習活動

小単元名	時数	学習活動	社会的な見方・考え方の例
大単元の導入	1	○写真を見て，県 (都・道・府) 内で過去に起きた自然災害について話し合う。	時間　空間　相互関係
津波による災害①	2	○写真を見て，東日本大震災の津波による被害について話し合う。 ・津波が起こるしくみについて調べる。	時間　空間　相互関係
津波による災害②	2	○津波による災害について話し合い，学習問題をつくる。 ・資料から，南海トラフ巨大地震で予想される震度や津波について調べる。 ・資料から，和歌山県で過去に起きた地震について調べる。	時間　空間　相互関係
津波による災害③	3	○安政南海地震での浜口梧陵の取り組みについて調べる。 ・浜口梧陵による堤防づくりや，堤防の様子について調べる。	時間　相互関係
津波による災害④	2	○津波に備えた和歌山県の取り組みについて調べる。 ・施設や設備の建設や補強工事，市町村との協力，情報発信などを調べる。	空間　相互関係
津波による災害⑤	2	○津波に備えた和歌山県の取り組みについて調べたことをふり返り，話し合う。 ・津波に備えて，自分たちにできることを考える。	相互関係　比較・分類 総合　関連付け

| 4年 | 日文（2020年度） | 教科書：補助教材　配当時数：12時間　配当月：9〜10月 |

自然災害から人々を守る活動

(選択単元)火山による災害

関連する道徳の内容項目　A 善悪の判断，自律，自由と責任　C 勤労，公共の精神　D 生命の尊さ

到達目標

>>知識・技能

○県や市の関係機関や地域の人々は，自然災害が発生した際，様々な協力をして人々の安全を守るために対処してきたことがわかる。

○県や市の関係機関や地域の人々は，今後想定される災害に対し，被害を防いだり減らしたりするための様々な備えをしていることがわかる。

○自然災害から人々を守る活動について，聞き取り調査をしたり，地図や年表などの資料で調べたりして，わかったことを年表や図表などにまとめることができる。

>>思考・判断・表現

○県内で発生した自然災害の様子，自然災害が発生した際の県や市の関係機関や人々の協力の様子などから，自然災害から人々を守る活動の働きを考え，文などで表現することができる。

○自然災害から人々を守る活動の働きについて，年表や図表などにまとめたことをもとに説明したり話し合ったりすることができる。

○災害に対する必要な備えをするなど，自分たちにできることなどを考えたり選択・判断したりすることができる。

>>主体的に学習に取り組む態度　※「主体的に学習に取り組む態度」は方向目標を示しています。

○自然災害から人々を守る活動について，学習問題をもとに粘り強く調べたり考えたりしようとする。

○学習をもとに，自然災害から人々を守る活動について関心をもって考えようとする。

評価規準

>>知識・技能

○写真や資料で，県内で発生した自然災害の様子や被害などを調べている。

○聞き取り調査などで，自然災害が発生した際の，県や市などの関係機関や団体，人々の協力を調べている。

○聞き取り調査などで，自然災害に備えて県や市などが防災対策を考え，地域の人々とともに取り組みを進めていることを調べている。

○自然災害から人々を守る活動について調べたことを，年表や図表などにまとめている。

○県や市などの関係機関や地域の人々が，自然災害に対し，様々な協力をして人々の安全を守るために対処してきたことを理解している。

○県や市などの関係機関や地域の人々が，今後想定される自然災害による被害を防いだり減らしたりするための備えをしていることを理解している。

● 対応する学習指導要領の項目：(3) ア (ア)(イ)

≫思考・判断・表現

○自然災害による被害の状況と自然災害から人々を守る関係機関や地域の人々の活動を関連付けて，自然災害から人々を守る活動の働きを考えている。

○自然災害から人々を守る活動の働きについて考えたことを文章で表現している。

○自然災害から人々を守る活動の働きについて，年表や図表などにまとめたことをもとに説明したり話し合ったりしている。

○災害に対する必要な備えをするなど，自分たちにできることなどを考えたり選択・判断したりしている。

●対応する学習指導要領の項目：(3) イ (ア)

≫主体的に学習に取り組む態度

○自然災害から人々を守る活動に関する学習問題に対して，自分なりに工夫をして調べようとしている。

○自然災害から人々を守る活動について，調べたり考えたりしたことをわかりやすく説明しようとしている。

○「火山による災害」の学習をして，わかったことを自分でふり返ってまとめている。

○学習をもとに，さらに自然災害から人々を守る活動について関心をもって考えようとしている。

学習活動

小単元名	時数	学習活動	社会的な見方・考え方の例
大単元の導入	1	○写真を見て，県 (都・道・府) 内で過去に起きた自然災害について話し合う。	時間　空間　相互関係
火山による災害①	3	○新燃岳の噴火とその被害について調べる。 ・写真から，火山の噴火の様子について調べる。 ・写真から，火山の噴火後の町の様子について調べる。	時間　空間　相互関係
火山による災害②	6	○火山の噴火に備えた取り組みを調べる。 ・国や県，市町村による火山の観測体制について調べる。 ・火山の噴火が起きたときの関係機関の協力体制を調べる。	空間　相互関係
火山による災害③	2	○火山の噴火に備えた取り組みについて調べたことをふり返り，まとめる。	相互関係　比較・分類 総合　関連付け

| 4年 | 日文（2020年度） | 教科書：補助教材　配当時数：12時間　配当月：9～10月 |

自然災害から人々を守る活動

（選択単元）雪による災害（雪害）

関連する道徳の内容項目 A 善悪の判断，自律，自由と責任　C 勤労，公共の精神　D 生命の尊さ

到達目標

≫知識・技能

○県や市の関係機関や地域の人々は，自然災害が発生した際，様々な協力をして人々の安全を守るために対処してきたことがわかる。

○県や市の関係機関や地域の人々は，今後想定される災害に対し，被害を防いだり減らしたりするための様々な備えをしていることがわかる。

○自然災害から人々を守る活動について，聞き取り調査をしたり，地図や年表などの資料で調べたりして，わかったことを年表や図表などにまとめることができる。

≫思考・判断・表現

○県内で発生した自然災害の様子，自然災害が発生した際の県や市の関係機関や人々の協力の様子などから，自然災害から人々を守る活動の働きを考え，文などで表現することができる。

○自然災害から人々を守る活動の働きについて，年表や図表などにまとめたことをもとに説明したり話し合ったりすることができる。

○災害に対する必要な備えをするなど，自分たちにできることなどを考えたり選択・判断したりすることができる。

≫主体的に学習に取り組む態度　※「主体的に学習に取り組む態度」は方向目標を示しています。

○自然災害から人々を守る活動について，学習問題をもとに粘り強く調べたり考えたりしようとする。

○学習をもとに，自然災害から人々を守る活動について関心をもって考えようとする。

評価規準

≫知識・技能

○写真や資料で，県内で発生した自然災害の様子や被害などを調べている。

○聞き取り調査などで，自然災害が発生した際の，県や市などの関係機関や団体，人々の協力を調べている。

○聞き取り調査などで，自然災害に備えて県や市などが防災対策を考え，地域の人々とともに取り組みを進めていることを調べている。

○自然災害から人々を守る活動について調べたことを，年表や図表などにまとめている。

○県や市などの関係機関や地域の人々が，自然災害に対し，様々な協力をして人々の安全を守るために対処してきたことを理解している。

○県や市などの関係機関や地域の人々が，今後想定される自然災害による被害を防いだり減らしたりするための備えをしていることを理解している。

● 対応する学習指導要領の項目：(3) ア (ア)(イ)

≫思考・判断・表現

○自然災害による被害の状況と自然災害から人々を守る関係機関や地域の人々の活動を関連付けて，自然災害から人々を守る活動の働きを考えている。

○自然災害から人々を守る活動の働きについて考えたことを文章で表現している。

○自然災害から人々を守る活動の働きについて，年表や図表などにまとめたことをもとに説明したり話し合ったりしている。

○災害に対する必要な備えをするなど，自分たちにできることなどを考えたり選択・判断したりしている。

● 対応する学習指導要領の項目：(3) イ (ア)

≫主体的に学習に取り組む態度

○自然災害から人々を守る活動に関する学習問題に対して，自分なりに工夫をして調べようとしている。

○自然災害から人々を守る活動について，調べたり考えたりしたことをわかりやすく説明しようとしている。

○「雪による災害 (雪害)」の学習をして，わかったことを自分でふり返ってまとめている。

○学習をもとに，さらに自然災害から人々を守る活動について関心をもって考えようとしている。

学習活動

小単元名	時数	学習活動	社会的な見方・考え方の例
大単元の導入	1	○写真を見て，県 (都・道・府) 内で過去に起きた自然災害について話し合う。	時間　空間　相互関係
雪による災害 (雪害) ①	3	○雪による災害について調べる。 ・写真や資料を見て，雪による災害の特徴や被害について調べる。	時間　空間　相互関係
雪による災害 (雪害) ②	6	○雪による災害に備えた県や市の取り組みについて調べる。 ・雪による災害を防ぐ取り組みや，災害が起きたときの対策などについて調べる。	空間　相互関係
雪による災害 (雪害) ③	2	○雪による災害に対する取り組みについて調べたことをふり返り，まとめる。	相互関係　比較・分類 総合　関連付け

| 4年 | 日文 （2020年度） | 教科書：地域教材等　配当時数：9時間　配当月：11月 |

6. 地いきのはってんにつくした人々

県内の文化財と年中行事

関連する道徳の内容項目　C 伝統と文化の尊重，国や郷土を愛する態度

到達目標

≫知識・技能
○県内の文化財や年中行事は，地域の人々が受け継いできたことがわかる。
○県内の文化財や年中行事には，地域の人々の様々な願いがこめられていることがわかる。
○県内の文化財や年中行事について，資料館などを見学・調査したり，地図や写真などの資料で調べたりして，わかったことを年表などにまとめることができる。

≫思考・判断・表現
○文化財や年中行事の始まりや現在に至るまでの経過，保存・継承している人々の工夫や努力の様子などから，文化財や年中行事に関わる人々の願いや努力を考え，文などで表現することができる。
○文化財や年中行事に関わる人々の願いや努力について，年表などにまとめたことをもとに説明することができる。
○地域の伝統や文化の保存や継承のために，自分たちにできることなどを考えたり選択・判断したりすることができる。

≫主体的に学習に取り組む態度　※「主体的に学習に取り組む態度」は方向目標を示しています。
○県内の文化財や年中行事について，学習問題をもとに粘り強く調べたり考えたりしようとする。
○学習をもとに，県内の文化財や年中行事について関心をもって考えようとする。

評価規準

≫知識・技能
○地図や資料を見て，県内の主な文化財や年中行事の名称や位置などを調べている。
○見学・調査をして，文化財や年中行事の歴史的な背景を調べている。
○見学・調査をして，文化財や年中行事のおこりから現在に至るまでの経過を調べている。
○見学・調査をして，文化財や年中行事を保存したり受け継いだりしている人々の工夫や努力を調べている。
○県内の文化財や年中行事について調べたことを，年表などにまとめている。
○県内の文化財や年中行事は，地域の人々が受け継いできたことを理解している。
○県内の文化財や年中行事には，地域の人々の様々な願いがこめられていることを理解している。

●対応する学習指導要領の項目：(4) ア (ア)(ウ)

≫思考・判断・表現
○文化財や年中行事を保存・継承している人々の工夫や努力と地域の人々の願いを関連付けて，人々の願いや努力について考えている。
○人々の願いや努力について考えたことを文章で表現している。
○人々の願いや努力について，年表などにまとめたことをもとに説明している。
○地域の伝統や文化の保存や継承のために，自分たちにできることなどを考えたり選択・判断したりしている。

●対応する学習指導要領の項目：(4) イ (ア)

≫主体的に学習に取り組む態度

○県内の文化財や年中行事に関する学習問題に対して，自分なりに工夫をして調べようとしている。

○県内の文化財や年中行事について，調べたり考えたりしたことをわかりやすく説明しようとしている。

○「県内の文化財と年中行事」の学習をして，わかったことを自分でふり返ってまとめている。

○学習をもとに，さらに県内の文化財や年中行事について関心をもって考えようとしている。

学習活動

小単元名	時数	学習活動	社会的な見方・考え方の例
県内の文化財と年中行事①	1	○県内に残されている古い建造物について調べ，関心をもつ。	時間　相互関係
県内の文化財と年中行事②	1	○古い建造物について調べ，気づいたことや疑問に思ったことを話し合い，学習問題をつくる。	時間　相互関係
県内の文化財と年中行事③	1	○古い建造物の歴史について調べ，年表にまとめる。	時間　相互関係
県内の文化財と年中行事④	1	○県内の様々な古い建造物について調べ，カードにまとめる。	時間　空間　相互関係　比較・分類　総合　関連付け
県内の文化財と年中行事⑤	1	○博物館や資料館を見学して県内の祭りなどの年中行事について調べ，関心をもつ。	時間　相互関係
県内の文化財と年中行事⑥	1	○県内の祭りについて調べ，気になったことや疑問に思ったことを話し合い，学習問題をつくる。	相互関係
県内の文化財と年中行事⑦	1	○祭りを支える人々の思いについて調べる。	相互関係
県内の文化財と年中行事⑧	1	○祭りに参加している人々の思いについて調べる。	相互関係　総合　関連付け
県内の文化財と年中行事⑨	1	○祭りがかかえる課題を解決するための取り組みを調べ，これまでの学習をふり返って話し合う。 ・伝統ある祭りを受け継いで盛り上げていくために，どんなことができるか話し合う。	時間　相互関係　比較・分類　総合　関連付け

| 4年 | 日文（2020年度） | 教科書【下】：p.104〜119　配当時数：13時間　配当月：11〜12月 |

6. 地いきのはってんにつくした人々

（選択単元）1. よみがえらせよう，われらの広村

関連する道徳の内容項目　B 感謝　C 勤労，公共の精神/伝統と文化の尊重，国や郷土を愛する態度

到達目標

》知識・技能

○地域の発展に尽くした先人は，様々な苦心や努力を重ねて業績を成し遂げたことによって，当時の人々の生活の向上に貢献したことがわかる。

○地域の発展に尽くした先人の働きについて，博物館などを見学・調査したり，地図や写真などの資料で調べたりして，わかったことを年表などにまとめることができる。

》思考・判断・表現

○先人が活躍した頃の人々の生活や世の中にあった課題や，人々がもっていた願いなどから，地域の発展に尽くした先人の働きを考え，文などで表現することができる。

○地域の発展に尽くした先人の働きについて，年表などにまとめたことをもとに話し合うことができる。

》主体的に学習に取り組む態度　　※「主体的に学習に取り組む態度」は方向目標を示しています。

○地域の発展に尽くした先人の働きについて，学習問題をもとに粘り強く調べたり考えたりしようとする。

○学習をもとに，地域の発展に尽くした先人の働きについて関心をもって考えようとする。

評価規準

》知識・技能

○見学・調査をして，先人が活躍した頃の人々の生活や世の中の課題を調べている。

○見学・調査をして，当時の人々の願いを調べている。

○見学・調査をして，先人の苦心や努力を調べている。

○先人の働きについて調べたことを，年表などにまとめている。

○先人は，様々な苦心や努力を重ねて業績を成し遂げたことを理解している。

○先人の働きが，当時の人々の生活の向上や地域の発展に貢献したことを理解している。

　　　　　　　　　　　　　　　　　　　　　　　　●対応する学習指導要領の項目：(4) ア (イ)(ウ)

》思考・判断・表現

○先人の働きと人々の生活の向上や地域の発展を関連付けて考えている。

○先人の働きについて考えたことを文章で表現している。

○先人の働きについて，年表などにまとめたことをもとに話し合っている。

　　　　　　　　　　　　　　　　　　　　　　　　●対応する学習指導要領の項目：(4) イ (イ)

》主体的に学習に取り組む態度

○地域の発展に尽くした先人の働きに関する学習問題に対して，自分なりに工夫をして調べようとしている。

○地域の発展に尽くした先人の働きについて，調べたり考えたりしたことをわかりやすく発言しようとしている。

○「よみがえらせよう，われらの広村」の学習をして，わかったことを自分でふり返ってまとめている。

○学習をもとに，さらに地域の発展に尽くした先人の働きについて関心をもって考えようとしている。

学習活動

小単元名	時数	学習活動	社会的な見方・考え方の例
大単元の導入	1	○安政南海大地震の絵を見て，気づいたことを話し合う。	時間　空間　相互関係
1. よみがえらせよう，われらの広村①	1	○浜口梧陵について調べる。 ・浜口梧陵について，家の人に聞いて調べたことなどを発表する。 ・「稲むらの火」の話を読み，思ったことを発表する。 ・「稲むらの火」の話と実際のできごとの相違点を比べる。	時間　相互関係 比較・分類
1. よみがえらせよう，われらの広村②	1	○浜口梧陵について詳しく調べるための，見学の計画を立てる。 ・浜口梧陵や堤防などについて調べたいことを整理し，学習計画を立てる。	空間　相互関係
1. よみがえらせよう，われらの広村③	3	○「稲むらの火の館」を見学する。 ・見学を通して，浜口梧陵や津波による被害などについて調べる。	時間　空間　相互関係
1. よみがえらせよう，われらの広村④	2	○広川町の浜口梧陵に関係のある場所を調べる。 ・堤防を見学したり，津波のときに村人が避難した道をたどったりする。	空間　相互関係
1. よみがえらせよう，われらの広村⑤	2	○堤防がどのようにしてつくられたのか調べる。 ・絵や図を見て，堤防づくりの工事の様子や，強い堤防にするための工夫を調べる。 ・堤防づくりに関する浜口梧陵の考えや苦労，願いなどについて話し合う。	空間　相互関係
1. よみがえらせよう，われらの広村⑥	1	○浜口梧陵の人物像について話し合う。 ・調べてきたことや写真，年表などから，浜口梧陵がどのような人物であったのかを話し合う。	時間　空間　相互関係
1. よみがえらせよう，われらの広村⑦	1	○現在の広川町と浜口梧陵の結びつきについて調べる。 ・津波の被害を比較した地図を読み取る。 ・浜口梧陵の思いを受け継いだ取り組みについて調べる。 ・地域の発展のために自分たちにできることを話し合う。	時間　空間　相互関係
1. よみがえらせよう，われらの広村⑧	1	○学習したことをふり返り，浜口梧陵の働きを整理して紙しばいに表す。	時間　空間　相互関係 比較・分類　総合 関連付け

2020年度　4年

| 4年 | 日文（2020年度） | 教科書【下】：p.120〜121　配当時数：13時間　配当月：11〜12月 |

6. 地いきのはってんにつくした人々

（選択単元）手結港を開いた野中兼山

関連する道徳の内容項目　B 感謝　C 勤労，公共の精神/伝統と文化の尊重，国や郷土を愛する態度

到達目標

》知識・技能

○地域の発展に尽くした先人は，様々な苦心や努力を重ねて業績を成し遂げたことによって，当時の人々の生活の向上に貢献したことがわかる。

○地域の発展に尽くした先人の働きについて，博物館などを見学・調査したり，地図や写真などの資料で調べたりして，わかったことを年表などにまとめることができる。

》思考・判断・表現

○先人が活躍した頃の人々の生活や世の中にあった課題や，人々がもっていた願いなどから，地域の発展に尽くした先人の働きを考え，文などで表現することができる。

○地域の発展に尽くした先人の働きについて，年表などにまとめたことをもとに話し合うことができる。

》主体的に学習に取り組む態度　　※「主体的に学習に取り組む態度」は方向目標を示しています。

○地域の発展に尽くした先人の働きについて，学習問題をもとに粘り強く調べたり考えたりしようとする。

○学習をもとに，地域の発展に尽くした先人の働きについて関心をもって考えようとする。

評価規準

》知識・技能

○見学・調査をして，先人が活躍した頃の人々の生活や世の中の課題を調べている。

○見学・調査をして，当時の人々の願いを調べている。

○見学・調査をして，先人の苦心や努力を調べている。

○先人の働きについて調べたことを，年表などにまとめている。

○先人は，様々な苦心や努力を重ねて業績を成し遂げたことを理解している。

○先人の働きが，当時の人々の生活の向上や地域の発展に貢献したことを理解している。

●対応する学習指導要領の項目：(4) ア (イ)(ウ)

》思考・判断・表現

○先人の働きと人々の生活の向上や地域の発展を関連付けて考えている。

○先人の働きについて考えたことを文章で表現している。

○先人の働きについて，年表などにまとめたことをもとに話し合っている。

●対応する学習指導要領の項目：(4) イ (イ)

》主体的に学習に取り組む態度

○地域の発展に尽くした先人の働きに関する学習問題に対して，自分なりに工夫をして調べようとしている。

○地域の発展に尽くした先人の働きについて，調べたり考えたりしたことをわかりやすく発言しようとしている。

○「手結港を開いた野中兼山」の学習をして，わかったことを自分でふり返ってまとめている。

○学習をもとに，さらに地域の発展に尽くした先人の働きについて関心をもって考えようとしている。

学習活動

小単元名	時数	学習活動	社会的な見方・考え方の例
手結港を開いた野中兼山①	1	○野中兼山に関心をもち，調べる。	時間　相互関係
手結港を開いた野中兼山②	2	○地図や年表で，野中兼山が関わった開発について調べる。	時間　空間　相互関係
手結港を開いた野中兼山③	2	○手結港をつくる前の地域の様子や，野中兼山が手結港をつくった理由について調べる。	空間　相互関係
手結港を開いた野中兼山④	2	○手結港をつくる工事の様子について調べる。	空間　相互関係
手結港を開いた野中兼山⑤	2	○工事の工夫や苦労について調べる。	相互関係
手結港を開いた野中兼山⑥	2	○手結港の完成による人々の生活や地域の変化について調べる。	空間　相互関係
手結港を開いた野中兼山⑦	1	○手結港の現在の様子について調べる。	空間　相互関係
手結港を開いた野中兼山⑧	1	○調べたことをふり返り，野中兼山の働きについてまとめる。	時間　空間　相互関係　比較・分類　総合　関連付け

| 4年 | 日文（2020年度） | 教科書【下】：p.122～123　配当時数：13時間　配当月：11～12月 |

6. 地いきのはってんにつくした人々

(選択単元)研究と自然を守る運動をつづけた南方熊楠

関連する道徳の内容項目　B 感謝　C 勤労，公共の精神/伝統と文化の尊重，国や郷土を愛する態度

到達目標

》知識・技能
○地域の発展に尽くした先人は，様々な苦心や努力を重ねて業績を成し遂げたことによって，当時の人々の生活の向上に貢献したことがわかる。
○地域の発展に尽くした先人の働きについて，博物館などを見学・調査したり，地図や写真などの資料で調べたりして，わかったことを年表などにまとめることができる。

》思考・判断・表現
○先人が活躍した頃の人々の生活や世の中にあった課題や，人々がもっていた願いなどから，地域の発展に尽くした先人の働きを考え，文などで表現することができる。
○地域の発展に尽くした先人の働きについて，年表などにまとめたことをもとに話し合うことができる。

》主体的に学習に取り組む態度　※「主体的に学習に取り組む態度」は方向目標を示しています。
○地域の発展に尽くした先人の働きについて，学習問題をもとに粘り強く調べたり考えたりしようとする。
○学習をもとに，地域の発展に尽くした先人の働きについて関心をもって考えようとする。

評価規準

》知識・技能
○見学・調査をして，先人が活躍した頃の人々の生活や世の中の課題を調べている。
○見学・調査をして，当時の人々の願いを調べている。
○見学・調査をして，先人の苦心や努力を調べている。
○先人の働きについて調べたことを，年表などにまとめている。
○先人は，様々な苦心や努力を重ねて業績を成し遂げたことを理解している。
○先人の働きが，当時の人々の生活の向上や地域の発展に貢献したことを理解している。

● 対応する学習指導要領の項目：(4) ア (イ)(ウ)

》思考・判断・表現
○先人の働きと人々の生活の向上や地域の発展を関連付けて考えている。
○先人の働きについて考えたことを文章で表現している。
○先人の働きについて，年表などにまとめたことをもとに話し合っている。

● 対応する学習指導要領の項目：(4) イ (イ)

≫主体的に学習に取り組む態度

○地域の発展に尽くした先人の働きに関する学習問題に対して，自分なりに工夫をして調べようとしている。

○地域の発展に尽くした先人の働きについて，調べたり考えたりしたことをわかりやすく発言しようとしている。

○「研究と自然を守る運動をつづけた南方熊楠」の学習をして，わかったことを自分でふり返ってまとめている。

○学習をもとに，さらに地域の発展に尽くした先人の働きについて関心をもって考えようとしている。

学習活動

小単元名	時数	学習活動	社会的な見方・考え方の例
研究と自然を守る運動をつづけた南方熊楠①	1	○南方熊楠に関心をもち，調べる。	時間　相互関係
研究と自然を守る運動をつづけた南方熊楠②	3	○南方熊楠記念館を見学する。	時間　相互関係
研究と自然を守る運動をつづけた南方熊楠③	3	○南方熊楠が行った研究や研究方法について調べる。	時間　空間　相互関係
研究と自然を守る運動をつづけた南方熊楠④	4	○南方熊楠が行った自然を守る運動について調べる。	時間　空間　相互関係
研究と自然を守る運動をつづけた南方熊楠⑤	2	○調べたことをふり返り，南方熊楠の働きについてまとめる。	時間　空間　相互関係　比較・分類　総合　関連付け

2020年度 4年

| 4年 | 日文（2020年度） | 教科書【下】：p.136〜145　配当時数：7時間　配当月：1月 |

7. わたしたちの住んでいる県（「真庭市」「美しい星空を守る」「たいせつな植物を守る」「古い町なみを守る」は選択）

(選択単元)2. 県の人々のくらし (1)ゆたかな自然を生かす真庭市

関連する道徳の内容項目　C 勤労，公共の精神　D 自然愛護/感動，畏敬の念

到達目標

≫知識・技能

○県内の特色ある地域では，人々が協力して，特色あるまちづくりや観光などの産業の発展に努めていることがわかる。

○県内の特色ある地域の様子について，地図帳や様々な資料などで調べ，わかったことを県の白地図などにまとめることができる。

≫思考・判断・表現

○特色ある地域の県内における位置，地形や気候，産業のおこりや成り立ち，様々な立場の人々の協力関係などから，地域の特色を考え，文などで表現することができる。

○地域の特色について，白地図などにまとめたことをもとに説明することができる。

≫主体的に学習に取り組む態度　※「主体的に学習に取り組む態度」は方向目標を示しています。

○県内の特色ある地域の様子について，学習問題をもとに粘り強く調べたり考えたりしようとする。

○学習をもとに，県内の特色ある地域の様子について関心をもって考えようとする。

評価規準

≫知識・技能

　○地図で，真庭市の岡山県における位置を調べている。

　○地図や資料で，真庭市の地形や土地利用の様子，気候などを調べている。

　○資料で，真庭市の産業と自然環境との関係を調べている。

　○資料で，真庭市の自然を産業やまちづくりに生かすための様々な立場の人々の協力や取り組みを調べている。

　○自然を産業やまちづくりに生かす真庭市の様子を白地図などにまとめている。

　○真庭市では，人々が協力して，自然を生かしたまちづくりや観光などの産業の発展に努めていることを理解している。

　　　　　　　　　　　　　　　　　　　　　　　　　　　　　　● 対応する学習指導要領の項目：(5) ア (ア)(イ)

≫思考・判断・表現

　○自然を生かした真庭市のまちづくりや観光などの産業と地域の発展を関連付けて，真庭市の特色を考えている。

　○真庭市の特色について考えたことを文章で表現している。

　○真庭市の特色について，白地図などにまとめたことをもとに説明している。

　　　　　　　　　　　　　　　　　　　　　　　　　　　　　　● 対応する学習指導要領の項目：(5) イ (ア)

≫主体的に学習に取り組む態度

○県内の特色ある地域の様子に関する学習問題に対して，自分なりに工夫をして調べようとしている。

○県内の特色ある地域の様子について，調べたり考えたりしたことをわかりやすく説明しようとしている。

○「県の人々のくらし (1) ゆたかな自然を生かす真庭市」の学習をして，わかったことを自分でふり返ってまとめている。

○学習をもとに，さらに県内の特色ある地域の様子について関心をもって考えようとしている。

学習活動

小単元名	時数	学習活動	社会的な見方・考え方の例
2.県の人々のくらし	1	○県のキャラクターについて話し合い，県内の特色ある地域に関心をもつ。 ・特色ある地域の調べ方について話し合う。	空間　相互関係
2.県の人々のくらし (1) ゆたかな自然を生かす真庭市①	1	○真庭市の蒜山高原について，知っていることを話し合う。 ・写真や地図から，蒜山高原の自然環境や県内における位置を調べる。 ・資料から，蒜山高原に多くの観光客が訪れることを読み取り，その理由を考える。	空間　相互関係
2.県の人々のくらし (1) ゆたかな自然を生かす真庭市②	1	○蒜山高原に多くの観光客が訪れる理由を調べる。 ・観光地図やグラフから，蒜山高原の観光施設や気候の特徴を調べる。 ・「道の駅」の人の話から，蒜山高原の特産物について調べる。	空間　相互関係
2.県の人々のくらし (1) ゆたかな自然を生かす真庭市③	2	○地形や気候などを生かした蒜山高原の特産物について調べる。 ・地図やグラフから，蒜山高原の地形や土地利用，気候の特徴を調べる。 ・ジャージー牛の放牧 (酪農) やだいこんづくりについて調べる。	空間　相互関係
2.県の人々のくらし (1) ゆたかな自然を生かす真庭市④	2	○真庭市で行われているまちづくりの取り組みについて調べる。 ・バイオマスの活用に関する取り組みについて調べる。 ・焼そばや自然を守る活動を通したまちおこしの取り組みについて調べる。	相互関係

| 4年 | 日文（2020年度） | 教科書【下】：p.146〜154　配当時数：8時間　配当月：2月 |

7. わたしたちの住んでいる県

2. 県の人々のくらし（2）伝統的な工業がさかんな町，備前市

関連する道徳の内容項目　C 勤労，公共の精神/伝統と文化の尊重，国や郷土を愛する態度　D 感動，畏敬の念

到達目標

≫知識・技能
○県内の特色ある地域では，人々が協力して，特色あるまちづくりや観光などの産業の発展に努めていることがわかる。
○県内の特色ある地域の様子について，地図帳や様々な資料などで調べ，わかったことを県の白地図などにまとめることができる。

≫思考・判断・表現
○特色ある地域の県内における位置，地形や気候，産業のおこりや成り立ちなどから，地域の特色を考え，文などで表現することができる。
○地域の特色について，白地図などにまとめたことをもとに説明することができる。

≫主体的に学習に取り組む態度　※「主体的に学習に取り組む態度」は方向目標を示しています。
○県内の特色ある地域の様子について，学習問題をもとに粘り強く調べたり考えたりしようとする。
○学習をもとに，県内の特色ある地域の様子について関心をもって考えようとする。

評価規準

≫知識・技能
○地図で，備前市の岡山県における位置を調べている。
○地図や資料で，備前市の土地の様子を調べている。
○資料で，備前焼の歴史を調べている。
○備前焼の伝統を守って受け継ぎ，さかんにしていく備前市の様子を白地図などにまとめている。
○備前市では，人々が協力して，備前焼の伝統を守って受け継ぎ，さかんにしていく取り組みに努めていることを理解している。

———● 対応する学習指導要領の項目：(5) ア（ア）（イ）

≫思考・判断・表現
○備前焼の伝統を守って受け継ぎ，さかんにしていく取り組みと地域の発展を関連付けて，備前市の特色を考えている。
○備前市の特色について考えたことを文章で表現している。
○備前市の特色について，白地図などにまとめたことをもとに説明している。

———● 対応する学習指導要領の項目：(5) イ（ア）

≫主体的に学習に取り組む態度

○県内の特色ある地域の様子に関する学習問題に対して，自分なりに工夫をして調べようとしている。

○県内の特色ある地域の様子について，調べたり考えたりしたことをわかりやすく説明しようとしている。

○「県の人々のくらし (2) 伝統的な工業がさかんな町，備前市」の学習をして，わかったことを自分でふり返ってまとめている。

○学習をもとに，さらに県内の特色ある地域の様子について関心をもって考えようとしている。

学習活動

小単元名	時数	学習活動	社会的な見方・考え方の例
2. 県の人々のくらし (2) 伝統的な工業がさかんな町，備前市①	2	○写真などを見て，備前焼について話し合い，関心をもつ。 ・備前焼について調べたいことを話し合い，整理する。	空間　相互関係
2. 県の人々のくらし (2) 伝統的な工業がさかんな町，備前市②	1	○備前市で備前焼づくりがさかんになった理由について調べる。 ・写真や地図から，備前焼がさかんにつくられている地域の様子を調べる。 ・備前焼の歴史，気候と焼き物づくりの関係，焼き物の原料や燃料，地域の地理的な条件などについて調べる。	時間　空間　相互関係
2. 県の人々のくらし (2) 伝統的な工業がさかんな町，備前市③	2	○備前焼がどのようにしてつくられているのか調べる。 ・備前焼づくりの工程について調べる。 ・備前焼をつくる人の努力や工夫について調べる。	相互関係
2. 県の人々のくらし (2) 伝統的な工業がさかんな町，備前市④	1	○備前焼の伝統を受け継ぎ，さかんにしていくための取り組みについて調べる。 ・備前焼を普及させる取り組みについて調べる。 ・備前焼の伝統を守り，継承していく取り組みについて調べる。 ・今の生活に合った新しい備前焼をつくる取り組みを調べる。	時間　空間　相互関係
2. 県の人々のくらし (2) 伝統的な工業がさかんな町，備前市⑤	2	○真庭市の蒜山高原や備前市の備前焼について調べたことをふり返り，パンフレットにまとめる。	時間　空間　相互関係 比較・分類　総合 関連付け

| 4年 | 日文（2020年度） | 教科書【下】：p.155〜155　配当時数：7時間　配当月：1月 |

7. わたしたちの住んでいる県（「真庭市」「美しい星空を守る」「たいせつな植物を守る」「古い町なみを守る」は選択）

(選択単元)2. 県の人々のくらし 美しい星空を守る

関連する道徳の内容項目　C 勤労，公共の精神　D 自然愛護/感動，畏敬の念

到達目標

≫知識・技能
○県内の特色ある地域では，人々が協力して，特色あるまちづくりや観光などの産業の発展に努めていることがわかる。
○県内の特色ある地域の様子について，地図帳や様々な資料などで調べ，わかったことを県の白地図などにまとめることができる。

≫思考・判断・表現
○特色ある地域の県内における位置，地形や気候，人々の活動のおこりや成り立ち，様々な立場の人々の協力関係などから，地域の特色を考え，文などで表現することができる。
○地域の特色について，白地図などにまとめたことをもとに説明することができる。

≫主体的に学習に取り組む態度　※「主体的に学習に取り組む態度」は方向目標を示しています。
○県内の特色ある地域の様子について，学習問題をもとに粘り強く調べたり考えたりしようとする。
○学習をもとに，県内の特色ある地域の様子について関心をもって考えようとする。

評価規準

≫知識・技能
○地図で，井原市の岡山県における位置を調べている。
○資料で，井原市美星町の自然環境を調べている。
○資料で，井原市美星町で行われている星空を守るための取り組みを調べている。
○資料で，井原市美星町の星空を守り，まちづくりに生かすための様々な立場の人々の協力や取り組みを調べている。
○星空を守り，まちづくりに生かす井原市美星町の様子を白地図などにまとめている。
○井原市美星町では，人々が協力して，星空を守り，まちづくりに生かす取り組みに努めていることを理解している。

● 対応する学習指導要領の項目：(5) ア (ア)(イ)

≫思考・判断・表現
○星空を守り，まちづくりに生かす井原市美星町の取り組みと地域の発展を関連付けて，井原市美星町の特色を考えている。
○井原市美星町の特色について考えたことを文章で表現している。
○井原市美星町の特色について，白地図などにまとめたことをもとに説明している。

● 対応する学習指導要領の項目：(5) イ (ア)

≫主体的に学習に取り組む態度
○県内の特色ある地域の様子に関する学習問題に対して，自分なりに工夫をして調べようとしている。
○県内の特色ある地域の様子について，調べたり考えたりしたことをわかりやすく説明しようとしている。
○「県の人々のくらし 美しい星空を守る」の学習をして，わかったことを自分でふり返ってまとめている。
○学習をもとに，さらに県内の特色ある地域の様子について関心をもって考えようとしている。

学習活動

小単元名	時数	学習活動	社会的な見方・考え方の例
2. 県の人々のくらし	1	○県のキャラクターについて話し合い，県内の特色ある地域に関心をもつ。(教科書 p.136〜137) ・特色ある地域の調べ方について話し合う。	空間　相互関係
2. 県の人々のくらし 美しい星空を守る①	1	○井原市美星町がどんなところか調べる。	空間　相互関係
2. 県の人々のくらし 美しい星空を守る②	2	○星空を守るための取り組みについて調べる。 ・町や地域の人々による星空の保護活動を調べる。	相互関係
2. 県の人々のくらし 美しい星空を守る③	2	○星空を生かす取り組みについて調べる。 ・星に関する施設や行事などを調べる。	相互関係
2. 県の人々のくらし 美しい星空を守る④	1	○調べたことをまとめ，井原市美星町の取り組みや魅力を PR するポスターをつくる。	空間　相互関係 比較・分類　総合 関連付け

2020
年度

4
年

| 4年 | 日文（2020年度） | 教科書【下】：p.156～156　配当時数：7時間　配当月：1月 |

7. わたしたちの住んでいる県（「真庭市」「美しい星空を守る」「たいせつな植物を守る」「古い町なみを守る」は選択）

(選択単元)2. 県の人々のくらし たいせつな植物を守る

関連する道徳の内容項目　C 勤労，公共の精神　D 自然愛護/感動，畏敬の念

到達目標

≫知識・技能

○県内の特色ある地域では，人々が協力して，特色あるまちづくりや観光などの産業の発展に努めていることがわかる。

○県内の特色ある地域の様子について，地図帳や様々な資料などで調べ，わかったことを県の白地図などにまとめることができる。

≫思考・判断・表現

○特色ある地域の県内における位置，地形や気候，人々の活動のおこりや成り立ち，様々な立場の人々の協力関係などから，地域の特色を考え，文などで表現することができる。

○地域の特色について，白地図などにまとめたことをもとに説明することができる。

≫主体的に学習に取り組む態度　※「主体的に学習に取り組む態度」は方向目標を示しています。

○県内の特色ある地域の様子について，学習問題をもとに粘り強く調べたり考えたりしようとする。

○学習をもとに，県内の特色ある地域の様子について関心をもって考えようとする。

評価規準

≫知識・技能

○地図で，新見市の岡山県における位置を調べている。

○資料で，新見市にある鯉が窪湿原の自然環境を調べている。

○資料で，新見市で行われている湿原の植物を守るための活動を調べている。

○資料で，湿原の植物を守り，まちづくりに生かすための様々な立場の人々の協力や取り組みを調べている。

○湿原の植物を守り，まちづくりに生かす新見市の様子を白地図などにまとめている。

○新見市では，人々が協力して，湿原の植物を守り，まちづくりに生かす取り組みに努めていることを理解している。

● 対応する学習指導要領の項目：(5) ア (ア)(イ)

≫思考・判断・表現

○湿原の植物を守り，まちづくりに生かす新見市の取り組みと地域の発展を関連付けて，新見市の特色を考えている。

○新見市の特色について考えたことを文章で表現している。

○新見市の特色について，白地図などにまとめたことをもとに説明している。

● 対応する学習指導要領の項目：(5) イ (ア)

≫主体的に学習に取り組む態度

○県内の特色ある地域の様子に関する学習問題に対して，自分なりに工夫をして調べようとしている。

○県内の特色ある地域の様子について，調べたり考えたりしたことをわかりやすく説明しようとしている。

○「県の人々のくらし たいせつな植物を守る」の学習をして，わかったことを自分でふり返ってまとめている。

○学習をもとに，さらに県内の特色ある地域の様子について関心をもって考えようとしている。

学習活動

小単元名	時数	学習活動	社会的な見方・考え方の例
2. 県の人々のくらし	1	○県のキャラクターについて話し合い，県内の特色ある地域に関心をもつ。(教科書 p.136〜137) ・特色ある地域の調べ方について話し合う。	空間　相互関係
2. 県の人々のくらし たいせつな植物を守る①	1	○新見市がどんなところか調べる。 ・鯉が窪湿原の様子について調べる。	空間　相互関係
2. 県の人々のくらし たいせつな植物を守る②	2	○鯉が窪湿原の植物を守るための活動について調べる。 ・市や地域の人々による湿原の保護活動を調べる。	相互関係
2. 県の人々のくらし たいせつな植物を守る③	2	○鯉が窪湿原の植物を生かす活動について調べる。 ・「鯉が窪湿原まつり」でのもよおしなどを調べる。	相互関係
2. 県の人々のくらし たいせつな植物を守る④	1	○調べたことをまとめ，新見市での活動や鯉が窪湿原の魅力を PR するポスターをつくる。	空間　相互関係 比較・分類　総合 関連付け

2020年度 4年

| 4年 | 日文（2020年度） | 教科書【下】：p.157～157　配当時数：7時間　配当月：1月 |

7. わたしたちの住んでいる県（「真庭市」「美しい星空を守る」「たいせつな植物を守る」「古い町なみを守る」は選択）

（選択単元）2. 県の人々のくらし 古い町なみを守る

関連する道徳の内容項目　C 勤労，公共の精神/伝統と文化の尊重，国や郷土を愛する態度　D 感動，畏敬の念

到達目標

》知識・技能
○県内の特色ある地域では，人々が協力して，特色あるまちづくりや観光などの産業の発展に努めていることがわかる。
○県内の特色ある地域の様子について，地図帳や様々な資料などで調べ，わかったことを県の白地図などにまとめることができる。

》思考・判断・表現
○特色ある地域の県内における位置，人々の活動のおこりや成り立ち，様々な立場の人々の協力関係などから，地域の特色を考え，文などで表現することができる。
○地域の特色について，白地図などにまとめたことをもとに説明することができる。

》主体的に学習に取り組む態度　※「主体的に学習に取り組む態度」は方向目標を示しています。
○県内の特色ある地域の様子について，学習問題をもとに粘り強く調べたり考えたりしようとする。
○学習をもとに，県内の特色ある地域の様子について関心をもって考えようとする。

評価規準

》知識・技能
○地図で，倉敷市の岡山県における位置を調べている。
○資料で，美観地区の古い町なみを守るための活動を調べている。
○資料で，美観地区の古い町なみを守り，まちづくりに生かすための様々な立場の人々の協力や取り組みを調べている。
○古い町なみを守り，まちづくりに生かす倉敷市の様子を白地図などにまとめている。
○倉敷市では，人々が協力して，古い町なみを守り，まちづくりに生かす取り組みに努めていることを理解している。
　　　　　　　　　　　　　　　　　　　　　　　　　　● 対応する学習指導要領の項目：(5) ア (ア)(イ)

》思考・判断・表現
○古い町なみを守り，まちづくりに生かす倉敷市の取り組みと地域の発展を関連付けて，倉敷市の特色を考えている。
○倉敷市の特色について考えたことを文章で表現している。
○倉敷市の特色について，白地図などにまとめたことをもとに説明している。
　　　　　　　　　　　　　　　　　　　　　　　　　　● 対応する学習指導要領の項目：(5) イ (ア)

》主体的に学習に取り組む態度
○県内の特色ある地域の様子に関する学習問題に対して，自分なりに工夫をして調べようとしている。
○県内の特色ある地域の様子について，調べたり考えたりしたことをわかりやすく説明しようとしている。
○「県の人々のくらし 古い町なみを守る」の学習をして，わかったことを自分でふり返ってまとめている。
○学習をもとに，さらに県内の特色ある地域の様子について関心をもって考えようとしている。

学習活動

小単元名	時数	学習活動	社会的な見方・考え方の例
2. 県の人々のくらし	1	○県のキャラクターについて話し合い，県内の特色ある地域に関心をもつ。(教科書 p.136〜137) ・特色ある地域の調べ方について話し合う。	空間　相互関係
2. 県の人々のくらし 古い町なみを守る①	1	○倉敷市がどんなところか調べる。 ・美観地区の様子について調べる。	時間　空間　相互関係
2. 県の人々のくらし 古い町なみを守る②	2	○美観地区の古い町なみを守る活動について調べる。 ・市や地域の人々による町なみの保護活動を調べる。	空間　相互関係
2. 県の人々のくらし 古い町なみを守る③	2	○美観地区の古い町なみを生かす活動について調べる。 ・古くからある建物の活用や行事などを調べる。	空間　相互関係
2. 県の人々のくらし 古い町なみを守る④	1	○調べたことをまとめ，倉敷市の取り組みや美観地区の魅力をPRするポスターをつくる。	時間　空間　相互関係 比較・分類　総合 関連付け

2020
年度
4
年

| 4年 | 日文（2020年度） | 教科書【下】：p.158〜165　配当時数：5時間　配当月：3月 |

7. わたしたちの住んでいる県

3. 世界に広がる人とのつながり

関連する道徳の内容項目 B 相互理解，寛容　C 公正，公平，社会正義/国際理解，国際親善

到達目標

≫知識・技能
○県内の特色ある地域では，人々が協力して，特色あるまちづくりや観光などの産業の発展に努めていることがわかる。
○県内の特色ある地域の様子について，地図帳や様々な資料などで調べ，わかったことを県の白地図などにまとめることができる。

≫思考・判断・表現
○特色ある地域の県内における位置，人々の活動のおこりや成り立ち，様々な立場の人々の協力関係などから，地域の特色を考え，文などで表現することができる。
○地域の特色について，白地図などにまとめたことをもとに説明することができる。

≫主体的に学習に取り組む態度　※「主体的に学習に取り組む態度」は方向目標を示しています。
○県内の特色ある地域の様子について，学習問題をもとに粘り強く調べたり考えたりしようとする。
○学習をもとに，県内の特色ある地域の様子について関心をもって考えようとする。

評価規準

≫知識・技能
○地図で，特色ある地域の県内における位置を調べている。
○資料で，特色ある地域の人々の活動のおこりや成り立ちを調べている。
○資料で，特色ある地域での様々な立場の人々の協力関係を調べている。
○地図帳などで，交流のある外国の名称と位置，国旗を調べている。
○県内の特色ある地域の様子を白地図などにまとめている。
○県内の特色ある地域では，様々な人々が協力して，特色あるまちづくりに努めていることを理解している。
　　　　　　　　　　　　　　　　　　　　　　　　● 対応する学習指導要領の項目：(5) ア (ア)(イ)

≫思考・判断・表現
○特色ある地域の人々の活動と地域の発展を関連付けて，その地域の特色を考えている。
○地域の特色について考えたことを文章で表現している。
○地域の特色について，白地図などにまとめたことをもとに説明している。
　　　　　　　　　　　　　　　　　　　　　　　　● 対応する学習指導要領の項目：(5) イ (ア)

≫主体的に学習に取り組む態度
○県内の特色ある地域の様子に関する学習問題に対して，自分なりに工夫をして調べようとしている。
○県内の特色ある地域の様子について，調べたり考えたりしたことをわかりやすく説明しようとしている。
○「世界に広がる人とのつながり」の学習をして，わかったことを自分でふり返ってまとめている。
○学習をもとに，さらに県内の特色ある地域の様子について関心をもって考えようとしている。

学習活動

小単元名	時数	学習活動	社会的な見方・考え方の例
3. 世界に広がる人との つながり①	1	○岡山県とほかの地域とのつながりについて調べ，関心をもつ。 ・地図で，岡山県や岡山市が交流関係を結んでいる地域を調べる。	空間　相互関係
3. 世界に広がる人との つながり②	2	○産業や文化を通した岡山県とほかの地域とのつながりについて調べる。 ・工業や農産物によるつながりについて調べる。 ・大原美術館などの文化面でのつながりについて調べる。	空間　相互関係
3. 世界に広がる人との つながり③	1	○岡山県とほかの地域とを結ぶ交通について調べる。 ・岡山県と国内外を結ぶ交通手段について調べる。 ・岡山県と国内外とのつながりについてわかったことをカルタや地図にまとめる。	空間　相互関係
3. 世界に広がる人との つながり④	1	○学習をふり返り，岡山県のよさや特色について考え，シートにまとめる。	時間　空間　相互関係 比較・分類　総合 関連付け

| 4年 | 日文（2021年度〜） | 教科書：p.6〜19　配当時数：7時間　配当月：4月 |

1. わたしたちの県

1. わたしたちの県のようす

関連する道徳の内容項目　C 勤労，公共の精神/伝統と文化の尊重，国や郷土を愛する態度

到達目標

≫知識・技能
○自分たちの住む県（都・道・府）の地理的な環境の概要がわかる。
○47都道府県の名称と位置がわかる。
○自分たちの住む県（都・道・府）の様子について，地図帳や写真などの資料で調べ，わかったことを県（都・道・府）の白地図などにまとめることができる。
○47都道府県の名称と位置について，地図帳などで確かめたり，日本の白地図などに書き表したりすることができる。

≫思考・判断・表現
○日本における自分たちの住む県（都・道・府）の位置，県（都・道・府）全体の地形や主な産業の分布，交通の広がりや主な都市の位置などから，県（都・道・府）の地理的な環境の特色を考え，文などで表現することができる。
○県（都・道・府）の地理的な環境の特色について，白地図などにまとめたことをもとに説明することができる。

≫主体的に学習に取り組む態度　※「主体的に学習に取り組む態度」は方向目標を示しています。
○県（都・道・府）の様子について，学習問題をもとに粘り強く調べたり考えたりしようとする。
○学習をもとに，県（都・道・府）の様子について関心をもって考えようとする。

評価規準

≫知識・技能
○日本が47の都道府県で構成されていることを理解している。
○地図帳で，47都道府県の名称と位置を調べている。
○地図で，岡山県の位置を調べている。
○地図や写真などで，岡山県の地形を調べている。
○地図で，岡山県の主な都市の名前や位置を調べている。
○地図で，岡山県の交通網を調べている。
○地図で，岡山県の主な産業の分布を調べている。
○岡山県の様子について調べたことを，白地図などにまとめている。
○岡山県の様子を理解している。

●対応する学習指導要領の項目：(1) ア (ア)(イ)

≫思考・判断・表現
○岡山県の位置や地形，主な産業，交通網や主な都市の位置などを総合して，岡山県の地理的な環境の特色を考えている。
○岡山県の地理的な環境の特色について考えたことを文章で表現している。
○岡山県の地理的な環境の特色について，白地図などにまとめたことをもとに説明している。

●対応する学習指導要領の項目：(1) イ (ア)

≫主体的に学習に取り組む態度

○県（都・道・府）の様子に関する学習問題に対して，自分なりに工夫をして調べようとしている。

○県（都・道・府）の様子について，調べたり考えたりしたことをわかりやすく説明しようとしている。

○「わたしたちの県のようす」の学習をして，わかったことを自分でふり返ってまとめている。

○学習をもとに，さらに県（都・道・府）の様子について関心をもって考えようとしている。

学習活動

小単元名	時数	学習活動	社会的な見方・考え方の例
大単元の導入	1	○自分たちが住んでいる県や知っている都道府県を地図帳などで調べる。	空間
1. わたしたちの県のようす①	1	○岡山県について，地図を見ながら話し合い，学習問題をつくる。 ・地図で，岡山県とそのまわりにある県との位置関係を調べる。 ・地図で，岡山県にある市の名前や位置を調べる。	空間
1. わたしたちの県のようす②	1	○岡山県の地形について調べる。 ・鳥瞰図や地勢図などで，県内のどこにどのような地形が広がっているのか調べる。	空間
1. わたしたちの県のようす③	1	○土地利用図や写真などを見て，岡山県の土地利用の様子について調べる。 ・岡山県の土地利用の様子を，県の地形と関連付けて考える。	空間　相互関係
1. わたしたちの県のようす④	1	○岡山県の交通の広がりについて調べる。 ・岡山県内の主な道路・鉄道の広がりや港・空港の位置について調べる。 ・岡山県の交通の広がりを，県の人口の分布と関連付けて考える。	空間　相互関係
1. わたしたちの県のようす⑤	1	○岡山県の特産物や産業について調べる。 ・手分けをして，岡山県の代表的な特産物や産業について調べる。	空間　相互関係
1. わたしたちの県のようす⑥	1	○調べたことや学んだことをふり返り，岡山県の特色についてまとめる。 ・岡山県の特色を紹介するPR紙をつくり，発表する。	空間　相互関係 比較・分類　総合 関連付け

| 4年 | 日文（2021年度〜） | 教科書：p.22〜41　配当時数：12時間　配当月：5〜6月 |

2. 健康なくらしを守る仕事（「ごみのしょりと活用」と「下水のしょりと再利用」は選択）

(選択単元)1. ごみのしょりと活用

関連する道徳の内容項目　A 節度，節制　C 規則の尊重/勤労，公共の精神

到達目標

≫知識・技能

○ごみを処理する仕事は，ごみの衛生的な処理や資源の有効利用ができるように進められていることがわかる。

○ごみを処理する仕事は，人々の生活環境の維持と向上に役立っていることがわかる。

○ごみを処理する仕事について，清掃工場などを見学・調査したり，地図などの資料で調べたりして，わかったことを白地図や図表などにまとめることができる。

≫思考・判断・表現

○ごみを処理するしくみや資源を再利用する取り組み，ごみを処理する仕事に関わる県内外の人々や資源の再利用などに関わる人々などの連携や協力などから，ごみを処理する仕事が果たす役割を考え，文などで表現することができる。

○ごみを処理する仕事が果たす役割について，白地図や図表などにまとめたことをもとに話し合うことができる。

○ごみの減量のために自分たちにできることを考えたり選択・判断したりすることができる。

≫主体的に学習に取り組む態度　※「主体的に学習に取り組む態度」は方向目標を示しています。

○ごみを処理する仕事について，学習問題をもとに粘り強く調べたり考えたりしようとする。

○学習をもとに，ごみを処理する仕事について関心をもって考えようとする。

評価規準

≫知識・技能

○見学をして，清掃工場でごみを処理するしくみを調べている。

○資料などで，ごみを燃やした後の灰を処理するしくみを調べている。

○見学や資料などで，ごみを資源として再利用する取り組みを調べている。

○見学や資料などで，ごみを燃やしたときに出る熱を利用する工夫を調べている。

○資料などで，ごみを処理する仕事に関わる県内外の人々の連携や協力を調べている。

○資料などで，資源のリサイクルなどに関わる人々の連携や協力を調べている。

○ごみを処理する仕事について調べたことを，白地図や図表などにまとめている。

○ごみを処理する仕事は，ごみの衛生的な処理や資源の有効利用ができるように進められていることを理解している。

○ごみを処理する仕事は，人々の生活環境の維持と向上に役立っていることを理解している。

●対応する学習指導要領の項目：(2) ア (イ)(ウ)

≫思考・判断・表現

○ごみを処理するしくみやごみを処理する仕事に関わる人々の協力関係と，地域の良好な生活環境を関連付けて，ごみを処理する仕事が果たす役割を考えている。

○ごみを処理する仕事が果たす役割について考えたことを文章で表現している。

○ごみを処理する仕事が果たす役割について，白地図や図表などにまとめたことをもとに話し合っている。

○ごみを減らすために，自分たちにできることを考えたり選択・判断したりしている。

●対応する学習指導要領の項目：(2) イ (イ)

》主体的に学習に取り組む態度

○ごみを処理する仕事に関する学習問題に対して，自分なりに工夫をして調べようとしている。

○ごみを処理する仕事について，調べたり考えたりしたことをわかりやすく発言しようとしている。

○「ごみのしょりと活用」の学習をして，わかったことを自分でふり返ってまとめている。

○学習をもとに，さらにごみを処理する仕事について関心をもって考えようとしている。

学習活動

小単元名	時数	学習活動	社会的な見方・考え方の例
大単元の導入	1	○ごみや水道とくらしとの関わりについて話し合う。	相互関係
1. ごみのしょりと活用①	1	○ごみの出し方について話し合う。 ・資料を見て，市の主なごみの出し方について調べる。	相互関係
1. ごみのしょりと活用②	1	○市でのごみの処理について話し合い，学習問題をつくる。 ・昔のごみ処理の方法や，市のごみ処理に関するきまりを調べる。 ・資料を見て，家庭から出されたごみの量と種類について調べる。	時間　相互関係
1. ごみのしょりと活用③	1	○ごみの収集のしかたや工夫を調べる。 ・ごみステーションで，ごみの収集の様子を調べる。 ・ごみを出すときのきまりについて調べる。	相互関係
1. ごみのしょりと活用④	1	○収集されたごみのゆくえについて調べる。 ・地図を見て，市内のごみ処理施設の位置や担当範囲について調べる。 ・資料を見て，市のごみの量の移り変わりについて調べる。 ・ごみ処理に関する，市町村や県どうしの協力について調べる。	時間　空間　相互関係
1. ごみのしょりと活用⑤	2	○清掃工場を見学し，ごみを燃やして処理するしくみを調べる。 ・清掃工場でのごみ処理のしくみや工夫について調べる。 ・清掃工場で働く人の様子について調べる。	相互関係
1. ごみのしょりと活用⑥	1	○リサイクルプラザを見学し，燃えないごみを処理するしくみについて調べる。 ・2つのごみ処理施設を見学してわかったことや考えたことについて話し合う。	相互関係
1. ごみのしょりと活用⑦	2	○うめ立て場について調べ，学習問題について話し合う。 ・うめ立て場の取り組みや工夫について調べる。 ・うめ立て場がかかえる問題について調べる。 ・ごみ処理について調べたことをふり返って学習問題について話し合い，「さらに考えたい問題」をつくる。	空間　相互関係 比較・分類　総合 関連付け
1. ごみのしょりと活用⑧	1	○ごみを減らすための，県の取り組みや様々な人々の協力について調べる。 ・灰をリサイクルする取り組みについて調べる。	相互関係
1. ごみのしょりと活用⑨	1	○ごみを減らすための市の取り組みについて調べ，これまでの学習をふり返って話し合う。 ・「3きり運動」の紹介や出前授業などの市の取り組みを調べる。 ・ごみを減らすための工夫や取り組みについて調べたことをふり返り，自分たちにできることを発表する。	相互関係　比較・分類 総合　関連付け

2021
年度〜

4
年

| 4年 | 日文（2021年度〜） | 教科書：p.42〜57　配当時数：10時間　配当月：6〜7月 |

2. 健康なくらしを守る仕事（「くらしをささえる水」と「わたしたちのくらしと電気」と「わたしたちのくらしとガス」は選択）

(選択単元)2. くらしをささえる水

関連する道徳の内容項目　A 節度，節制　C 勤労，公共の精神　D 自然愛護

到達目標

≫知識・技能
○水をつくる仕事は，安心して飲める水を安定的に供給できるように進められていることがわかる。
○水をつくる仕事は，地域の人々の健康な生活を維持し，向上させていくことに役立っていることがわかる。
○水をつくる仕事について，浄水場などを見学・調査したり，地図などの資料で調べたりして，わかったことを白地図や図表などにまとめることができる。

≫思考・判断・表現
○水源や水をつくる施設やしくみ，家庭などに水を届ける経路，水をつくる仕事に関わる県内外の人々や節水などに関わる人々の連携や協力などから，水をつくる仕事が果たす役割を考え，文などで表現することができる。
○水をつくる仕事が果たす役割について，白地図や図表などにまとめたことをもとに話し合うことができる。
○節水など，自分たちにできることを考えたり選択・判断したりすることができる。

≫主体的に学習に取り組む態度　　※「主体的に学習に取り組む態度」は方向目標を示しています。
○水をつくる仕事について，学習問題をもとに粘り強く調べたり考えたりしようとする。
○学習をもとに，水をつくる仕事について関心をもって考えようとする。

評価規準

≫知識・技能
○地図や資料から，水源の森の働きを調べている。
○地図や資料から，ダムの働きを調べている。
○見学・調査をして，浄水場のしくみや安全な水をつくるために行っていることを調べている。
○調査や資料から，水が家庭や学校に送られてくるしくみを調べている。
○調査や資料から，水をつくる仕事に関わる県内外の人々の連携や協力を調べている。
○資料から，節水などに関わる人々の連携や協力を調べている。
○水をつくる仕事について調べたことを，白地図や図表などにまとめている。
○水をつくる仕事は，安心して飲める水を安定的に供給できるように進められていることを理解している。
○水をつくる仕事は，地域の人々の健康な生活を維持し，向上させていくことに役立っていることを理解している。

●対応する学習指導要領の項目：(2) ア (ア)(ウ)

≫思考・判断・表現
○水をつくるしくみや水をつくる仕事に関わる人々の協力関係と，地域の人々の健康や生活環境を関連付けて，水をつくる仕事が果たす役割を考えている。
○水をつくる仕事が果たす役割について考えたことを文章で表現している。
○水をつくる仕事が果たす役割について，白地図や図表などにまとめたことをもとに話し合っている。
○水を大切にするために，節水など自分たちにできることを考えたり選択・判断したりしている。

●対応する学習指導要領の項目：(2) イ (ア)

≫主体的に学習に取り組む態度

○水をつくる仕事に関する学習問題に対して，自分なりに工夫をして調べようとしている。

○水をつくる仕事について，調べたり考えたりしたことをわかりやすく発言しようとしている。

○「くらしをささえる水」の学習をして，わかったことを自分でふり返ってまとめている。

○学習をもとに，さらに水をつくる仕事について関心をもって考えようとしている。

学習活動

小単元名	時数	学習活動	社会的な見方・考え方の例
2. くらしをささえる水 ①	1	○くらしの中での水の使い方について話し合う。 ・学校の蛇口の数や，学校の水道使用量に関する資料などを調べる。	空間　相互関係
2. くらしをささえる水 ②	1	○水がどのように送られてくるのかを考えて，学習問題をつくる。 ・グラフから，大阪府の人口と給水量の変化を調べ，気づいたことを話し合う。 ・資料を読んで，水道の昔と今の様子について話し合う。	時間　相互関係
2. くらしをささえる水 ③	1	○地図を見て，水がどこから送られているのか調べる。 ・琵琶湖や川の位置や流れ，水道に関わる施設を確認する。	空間　相互関係
2. くらしをささえる水 ④	2	○浄水場を見学し，安全な水をつくるしくみを調べる。 ・浄水場の様々な施設や設備を調べる。	相互関係
2. くらしをささえる水 ⑤	1	○安全・安心な水をつくり，送るための仕事について調べる。 ・中央管理室や水質検査をする人の仕事について調べる。 ・水道管の管理をしている人の仕事について調べる。	相互関係
2. くらしをささえる水 ⑥	1	○水の源を守る取り組みについて調べ，学習問題について話し合う。 ・琵琶湖を守る取り組みやダムの役割について調べる。 ・水について調べたことをふり返って学習問題について話し合い，「さらに考えたい問題」をつくる。	空間　相互関係 比較・分類　総合 関連付け
2. くらしをささえる水 ⑦	1	○安全な水の大切さについて考える。 ・世界全体での安全な水の確保の状況について調べる。 ・水の循環や，森林の働きについて調べる。	空間　相互関係
2. くらしをささえる水 ⑧	2	○水を大切に使うための工夫や取り組みについて考え，これまでの学習をふり返って話し合う。 ・節水や水の再利用など，自分たちにもできることを考える。 ・「さらに考えたい問題」について，調べたことや考えたことをふり返って話し合う。 ・水に関係する標語をつくり，発表する。	時間　空間　相互関係 比較・分類　総合 関連付け

2021
年度〜

4
年

77

| 4年 | 日文（2021年度〜） | 教科書：p.58〜61　配当時数：12時間　配当月：5〜6月 |

2. 健康なくらしを守る仕事（「ごみのしょりと活用」と「下水のしょりと再利用」は選択）

（選択単元）下水のしょりと再利用

関連する道徳の内容項目　A 節度，節制　C 規則の尊重/勤労，公共の精神

到達目標

≫知識・技能

○下水を処理する仕事は，下水の衛生的な処理や資源の有効利用ができるように進められていることがわかる。

○下水を処理する仕事は，人々の生活環境の維持と向上に役立っていることがわかる。

○下水を処理する仕事について，下水処理場などを見学・調査したり，地図などの資料で調べたりして，わかったことを白地図や図表などにまとめることができる。

≫思考・判断・表現

○下水を処理するしくみや資源を再利用する取り組み，下水を処理する仕事に関わる県内外の人々や水の再利用などに関わる人々などの連携や協力などから，下水を処理する仕事が果たす役割を考え，文などで表現することができる。

○下水を処理する仕事が果たす役割について，白地図や図表などにまとめたことをもとに話し合うことができる。

○水を汚さないようにするために自分たちにできることを考えたり選択・判断したりすることができる。

≫主体的に学習に取り組む態度　　※「主体的に学習に取り組む態度」は方向目標を示しています。

○下水を処理する仕事について，学習問題をもとに粘り強く調べたり考えたりしようとする。

○学習をもとに，下水を処理する仕事について関心をもって考えようとする。

評価規準

≫知識・技能

○見学をして，下水処理場で下水を処理するしくみを調べている。

○見学や資料などで，下水を処理した再生水を利用する取り組みを調べている。

○見学や資料などで，雨水を利用する取り組みを調べている。

○資料などで，下水を処理する仕事に関わる県内外の人々の連携や協力を調べている。

○資料などで，水の再利用などに関わる人々の連携や協力を調べている。

○下水を処理する仕事について調べたことを，白地図や図表などにまとめている。

○下水を処理する仕事は，下水の衛生的な処理や資源の有効利用ができるように進められていることを理解している。

○下水を処理する仕事は，人々の生活環境の維持と向上に役立っていることを理解している。

●対応する学習指導要領の項目：(2) ア (イ)(ウ)

≫思考・判断・表現

○下水を処理するしくみや下水を処理する仕事に関わる人々の協力関係と，地域の良好な生活環境を関連付けて，下水を処理する仕事が果たす役割を考えている。

○下水を処理する仕事が果たす役割について考えたことを文章で表現している。

○下水を処理する仕事が果たす役割について，白地図や図表などにまとめたことをもとに話し合っている。

○水を汚さないようにするために，自分たちにできることを考えたり選択・判断したりしている。

●対応する学習指導要領の項目：(2) イ (イ)

》主体的に学習に取り組む態度

○下水を処理する仕事に関する学習問題に対して，自分なりに工夫をして調べようとしている。

○下水を処理する仕事について，調べたり考えたりしたことをわかりやすく発言しようとしている。

○「下水のしょりと再利用」の学習をして，わかったことを自分でふり返ってまとめている。

○学習をもとに，さらに下水を処理する仕事について関心をもって考えようとしている。

学習活動

小単元名	時数	学習活動	社会的な見方・考え方の例
大単元の導入	1	○ごみや水道とくらしとの関わりについて話し合う。(教科書 p.22〜23)	相互関係
下水のしょりと再利用①	2	○使われた水がどのように処理されるのか話し合い，学習問題をつくる。	相互関係
下水のしょりと再利用②	5	○下水処理のしくみについて調べる。 ・地図で，東京都の水再生センターの位置を調べる。 ・下水を処理するための施設や設備の働きについて調べる。 ・下水処理で発生するガスを利用した発電について調べる。	空間　相互関係
下水のしょりと再利用③	3	○処理された下水の再利用について調べる。 ・下水道の整備によるくらしの変化について調べる。 ・処理された下水を再利用する取り組みについて調べる。	時間　空間　相互関係
下水のしょりと再利用④	1	○調べたことをふり返り，学習問題についてまとめる。	時間　空間　相互関係 比較・分類　総合 関連付け

2021年度〜
4年

| 4年 | 日文（2021年度〜） | 教科書：p.62〜65　配当時数：10時間　配当月：6〜7月 |

2. 健康なくらしを守る仕事（「くらしをささえる水」と「わたしたちのくらしと電気」と「わたしたちのくらしとガス」は選択）

（選択単元）わたしたちのくらしと電気

関連する道徳の内容項目 A 節度，節制　C 勤労，公共の精神　D 自然愛護

到達目標

≫知識・技能

○電気をつくる仕事は，安心して使える電気を安定的に供給できるように進められていることがわかる。

○電気をつくる仕事は，地域の人々の健康な生活を維持し，向上させていくことに役立っていることがわかる。

○電気をつくる仕事について，施設などを見学・調査したり，地図などの資料で調べたりして，わかったことを白地図や図表などにまとめることができる。

≫思考・判断・表現

○火力・水力・原子力などの発電のしくみ，燃料や水資源の確保，発電所からの送電のしくみ，必要な量の電気を確保する取り組み，県内外の人々の連携や協力などから，電気をつくる仕事が果たす役割を考え，文などで表現することができる。

○電気をつくる仕事が果たす役割について，白地図や図表などにまとめたことをもとに話し合うことができる。

○節電など，自分たちにできることを考えたり選択・判断したりすることができる。

≫主体的に学習に取り組む態度　※「主体的に学習に取り組む態度」は方向目標を示しています。

○電気をつくる仕事について，学習問題をもとに粘り強く調べたり考えたりしようとする。

○学習をもとに，電気をつくる仕事について関心をもって考えようとする。

評価規準

≫知識・技能

○資料から，発電のしくみごとの電気のつくり方や特徴を調べている。

○資料から，発電のしくみごとの燃料や水資源の確保の様子を調べている。

○資料から，発電所から家庭などへ電気が届くまでのしくみを調べている。

○資料から，必要な量の電気を確保するための取り組みを調べている。

○資料から，電気をつくる仕事に関わる県内外の人々の連携や協力を調べている。

○資料から，節電などに関わる人々の連携や協力を調べている。

○電気をつくる仕事について調べたことを，白地図や図表などにまとめている。

○電気をつくる仕事は，安心して使える電気を安定的に供給できるように進められていることを理解している。

○電気をつくる仕事は，地域の人々の健康な生活を維持し，向上させていくことに役立っていることを理解している。

● 対応する学習指導要領の項目：(2) ア (ア)(ウ)

≫思考・判断・表現

○電気をつくるしくみや電気をつくる仕事に関わる人々の協力関係と，地域の人々の健康や生活環境を関連付けて，電気をつくる仕事が果たす役割を考えている。

○電気をつくる仕事が果たす役割について考えたことを文章で表現している。

○電気をつくる仕事が果たす役割について，白地図や図表などにまとめたことをもとに話し合っている。

○電気を大切にするために，節電など自分たちにできることを考えたり選択・判断したりしている。

● 対応する学習指導要領の項目：(2) イ (ア)

≫主体的に学習に取り組む態度

○電気をつくる仕事に関する学習問題に対して，自分なりに工夫をして調べようとしている。

○電気をつくる仕事について，調べたり考えたりしたことをわかりやすく発言しようとしている。

○「わたしたちのくらしと電気」の学習をして，わかったことを自分でふり返ってまとめている。

○学習をもとに，さらに電気をつくる仕事について関心をもって考えようとしている。

学習活動

小単元名	時数	学習活動	社会的な見方・考え方の例
わたしたちのくらしと電気①	1	○自分たちの身のまわりの電気の使い方について話し合い，学習問題をつくる。 ・資料で，家庭で使われる電気の量の変化について調べる。	時間　相互関係
わたしたちのくらしと電気②	2	○発電のしくみと送電について調べる。 ・資料で，発電方法ごとの発電量の変化について調べる。	時間　空間　相互関係
わたしたちのくらしと電気③	4	○いろいろな発電方法や送電線の検査について調べる。 ・火力・水力・原子力による発電のしくみや課題について調べる。	空間　相互関係
わたしたちのくらしと電気④	2	○自然を生かした発電方法について調べる。	相互関係
わたしたちのくらしと電気⑤	1	○調べたことをふり返り，学習問題についてまとめる。 ・自分たちにできる節電の取り組みについて考える。	時間　空間　相互関係 比較・分類　総合 関連付け

| 4年 | 日文（2021年度〜） | 教科書：p.66〜67　配当時数：10時間　配当月：6〜7月 |

2. 健康なくらしを守る仕事（「くらしをささえる水」と「わたしたちのくらしと電気」と「わたしたちのくらしとガス」は選択）

（選択単元）わたしたちのくらしとガス

関連する道徳の内容項目　A 節度，節制　C 勤労，公共の精神　D 自然愛護

到達目標

≫知識・技能
○ガスをつくる仕事は，安心して使えるガスを安定的に供給できるように進められていることがわかる。
○ガスをつくる仕事は，地域の人々の健康な生活を維持し，向上させていくことに役立っていることがわかる。
○ガスをつくる仕事について，施設などを見学・調査したり，地図などの資料で調べたりして，わかったことを白地図や図表などにまとめることができる。

≫思考・判断・表現
○ガスの原料の入手先，ガスを製造する基地，ガスを供給するしくみ，安全の確保の様子，県内外の人々の連携や協力などから，ガスをつくる仕事が果たす役割を考え，文などで表現することができる。
○ガスをつくる仕事が果たす役割について，白地図や図表などにまとめたことをもとに話し合うことができる。
○ガスを大切に使うために，自分たちにできることを考えたり選択・判断したりすることができる。

≫主体的に学習に取り組む態度　※「主体的に学習に取り組む態度」は方向目標を示しています。
○ガスをつくる仕事について，学習問題をもとに粘り強く調べたり考えたりしようとする。
○学習をもとに，ガスをつくる仕事について関心をもって考えようとする。

評価規準

≫知識・技能
　○資料から，ガスの原料の入手先を調べている。
　○資料から，ガスを製造する基地の様子を調べている。
　○資料から，ガスが家庭などに届くまでのしくみを調べている。
　○資料から，ガスを安全に使えるようにするための取り組みを調べている。
　○資料から，ガスをつくる仕事に関わる県内外の人々の連携や協力を調べている。
　○資料から，省エネなどに関わる人々の連携や協力を調べている。
　○ガスをつくる仕事について調べたことを，白地図や図表などにまとめている。
　○ガスをつくる仕事は，安心して使えるガスを安定的に供給できるように進められていることを理解している。
　○ガスをつくる仕事は，地域の人々の健康な生活を維持し，向上させていくことに役立っていることを理解している。

● 対応する学習指導要領の項目：(2) ア (ア)(ウ)

≫思考・判断・表現
　○ガスをつくるしくみやガスをつくる仕事に関わる人々の協力関係と，地域の人々の健康や生活環境を関連付けて，ガスをつくる仕事が果たす役割を考えている。
　○ガスをつくる仕事が果たす役割について考えたことを文章で表現している。
　○ガスをつくる仕事が果たす役割について，白地図や図表などにまとめたことをもとに話し合っている。
　○ガスを大切に使うために，自分たちにできることを考えたり選択・判断したりしている。

● 対応する学習指導要領の項目：(2) イ (ア)

≫主体的に学習に取り組む態度

○ガスをつくる仕事に関する学習問題に対して，自分なりに工夫をして調べようとしている。

○ガスをつくる仕事について，調べたり考えたりしたことをわかりやすく発言しようとしている。

○「わたしたちのくらしとガス」の学習をして，わかったことを自分でふり返ってまとめている。

○学習をもとに，さらにガスをつくる仕事について関心をもって考えようとしている。

学習活動

小単元名	時数	学習活動	社会的な見方・考え方の例
わたしたちのくらしとガス①	1	○自分たちの身のまわりのガスの使い方について話し合う。	相互関係
わたしたちのくらしとガス②	2	○ガスについて調べる。 ・天然ガスがどのようにできたのか調べる。 ・都市ガスとLPガスについて調べる。	相互関係
わたしたちのくらしとガス③	4	○ガスがどのようにして送られてくるのか調べる。 ・海外から日本へガスが運ばれてくる様子について調べる。 ・事故や地震に備えたガス会社の人の取り組みについて調べる。	空間　相互関係
わたしたちのくらしとガス④	3	○調べたことをふり返り，ガスなどのエネルギーを大切に使うために自分たちにできることを考える。	空間　相互関係 比較・分類　総合 関連付け

2021
年度～
4
年

| 4年 | 日文（2021年度〜） |

教科書：p.70〜87　配当時数：12時間　配当月：9〜10月

3. 自然災害から人々を守る活動

(選択単元)1. 自然災害から命を守る

| 関連する道徳の内容項目 | A 善悪の判断, 自律, 自由と責任　C 勤労, 公共の精神　D 生命の尊さ

到達目標

≫知識・技能

○県や市の関係機関や地域の人々は, 自然災害が発生した際, 様々な協力をして人々の安全を守るために対処してきたことがわかる。

○県や市の関係機関や地域の人々は, 今後想定される災害に対し, 被害を防いだり減らしたりするための様々な備えをしていることがわかる。

○自然災害から人々を守る活動について, 聞き取り調査をしたり, 地図や年表などの資料で調べたりして, わかったことを年表や図表などにまとめることができる。

≫思考・判断・表現

○県内で発生した自然災害の様子, 自然災害が発生した際の県や市の関係機関や人々の協力の様子などから, 自然災害から人々を守る活動の働きを考え, 文などで表現することができる。

○自然災害から人々を守る活動の働きについて, 年表や図表などにまとめたことをもとに説明したり話し合ったりすることができる。

○災害に対する必要な備えをするなど, 自分たちにできることなどを考えたり選択・判断したりすることができる。

≫主体的に学習に取り組む態度　※「主体的に学習に取り組む態度」は方向目標を示しています。

○自然災害から人々を守る活動について, 学習問題をもとに粘り強く調べたり考えたりしようとする。

○学習をもとに, 自然災害から人々を守る活動について関心をもって考えようとする。

評価規準

≫知識・技能

○写真や資料で, 県内で発生した自然災害の様子や被害などを調べている。

○聞き取り調査などで, 自然災害が発生した際の, 県や市などの関係機関や団体, 人々の協力を調べている。

○聞き取り調査などで, 自然災害に備えて県や市などが防災対策を考え, 地域の人々とともに取り組みを進めていることを調べている。

○自然災害から人々を守る活動について調べたことを, 年表や図表などにまとめている。

○県や市などの関係機関や地域の人々が, 自然災害に対し, 様々な協力をして人々の安全を守るために対処してきたことを理解している。

○県や市などの関係機関や地域の人々が, 今後想定される自然災害による被害を防いだり減らしたりするための備えをしていることを理解している。

●対応する学習指導要領の項目：(3) ア (ア)(イ)

≫思考・判断・表現

○自然災害による被害の状況と自然災害から人々を守る関係機関や地域の人々の活動を関連付けて，自然災害から人々を守る活動の働きを考えている。

○自然災害から人々を守る活動の働きについて考えたことを文章で表現している。

○自然災害から人々を守る活動の働きについて，年表や図表などにまとめたことをもとに説明したり話し合ったりしている。

○災害に対する必要な備えをするなど，自分たちにできることなどを考えたり選択・判断したりしている。

● 対応する学習指導要領の項目：(3) イ (ア)

≫主体的に学習に取り組む態度

○自然災害から人々を守る活動に関する学習問題に対して，自分なりに工夫をして調べようとしている。

○自然災害から人々を守る活動について，調べたり考えたりしたことをわかりやすく説明しようとしている。

○「自然災害から命を守る」の学習をして，わかったことを自分でふり返ってまとめている。

○学習をもとに，さらに自然災害から人々を守る活動について関心をもって考えようとしている。

学習活動

小単元名	時数	学習活動	社会的な見方・考え方の例
大単元の導入	1	○写真を見て，県 (都・道・府) 内で過去に起きた自然災害について話し合う。	時間　空間　相互関係
1. 自然災害から命を守る①	1	○過去に起きた水害の写真や，被害にあった人の話から，水害の様子や被害について調べる。	時間　空間　相互関係
1. 自然災害から命を守る②	2	○都市部で起きた水害について調べ，学習問題をつくる。 ・過去に水害のあった川の様子を見学する。 ・過去に起きた水害について，図書館の資料などで調べる。	時間　相互関係
1. 自然災害から命を守る③	1	○水害の原因について調べる。 ・図書館の資料などで，川と水害との関係について調べる。	時間　空間　相互関係
1. 自然災害から命を守る④	1	○水害を防ぐ施設について調べる。 ・水害が起きた川の様子の変化について調べる。 ・地下調節池のしくみについて調べる。	時間　空間　相互関係
1. 自然災害から命を守る⑤	2	○自然の力と水害の関係について調べる。 ・森林と水害の関係について調べる。 ・施設での体験を通して，風や雨，水の力について調べる。	空間　相互関係
1. 自然災害から命を守る⑥	1	○災害に対して出される情報について調べる。 ・国や自治体から出される災害に関する情報について調べる。 ・水害についての学習をふり返り，「さらに考えたい問題」について話し合う。	相互関係
1. 自然災害から命を守る⑦	1	○災害に備えた活動や取り組みについて調べる。 ・災害に備えた，東京都と町や区による訓練について調べる。 ・地域で行っている災害への備えや取り組みを調べる。	相互関係
1. 自然災害から命を守る⑧	2	○災害への対策について考える。 ・東京都が行っている災害対策の取り組みについて調べる。 ・災害に備えて，自分たちにできることについて考える。	空間　相互関係 比較・分類　総合 関連付け

2021
年度〜

4
年

85

| 4年 | 日文（2021 年度〜） | 教科書：p.88〜91　配当時数：12 時間　配当月：9〜10 月 |

3. 自然災害から人々を守る活動

（選択単元）地震による災害

関連する道徳の内容項目　A 善悪の判断，自律，自由と責任　C 勤労，公共の精神　D 生命の尊さ

到達目標

≫知識・技能

○県や市の関係機関や地域の人々は，自然災害が発生した際，様々な協力をして人々の安全を守るために対処してきたことがわかる。

○県や市の関係機関や地域の人々は，今後想定される災害に対し，被害を防いだり減らしたりするための様々な備えをしていることがわかる。

○自然災害から人々を守る活動について，聞き取り調査をしたり，地図や年表などの資料で調べたりして，わかったことを年表や図表などにまとめることができる。

≫思考・判断・表現

○県内で発生した自然災害の様子，自然災害が発生した際の県や市の関係機関や人々の協力の様子などから，自然災害から人々を守る活動の働きを考え，文などで表現することができる。

○自然災害から人々を守る活動の働きについて，年表や図表などにまとめたことをもとに説明したり話し合ったりすることができる。

○災害に対する必要な備えをするなど，自分たちにできることなどを考えたり選択・判断したりすることができる。

≫主体的に学習に取り組む態度　※「主体的に学習に取り組む態度」は方向目標を示しています。

○自然災害から人々を守る活動について，学習問題をもとに粘り強く調べたり考えたりしようとする。

○学習をもとに，自然災害から人々を守る活動について関心をもって考えようとする。

評価規準

≫知識・技能

○写真や資料で，県内で発生した自然災害の様子や被害などを調べている。

○聞き取り調査などで，自然災害が発生した際の，県や市などの関係機関や団体，人々の協力を調べている。

○聞き取り調査などで，自然災害に備えて県や市などが防災対策を考え，地域の人々とともに取り組みを進めていることを調べている。

○自然災害から人々を守る活動について調べたことを，年表や図表などにまとめている。

○県や市などの関係機関や地域の人々が，自然災害に対し，様々な協力をして人々の安全を守るために対処してきたことを理解している。

○県や市などの関係機関や地域の人々が，今後想定される自然災害による被害を防いだり減らしたりするための備えをしていることを理解している。

● 対応する学習指導要領の項目：(3) ア (ア)(イ)

≫思考・判断・表現

○自然災害による被害の状況と自然災害から人々を守る関係機関や地域の人々の活動を関連付けて，自然災害から人々を守る活動の働きを考えている。

○自然災害から人々を守る活動の働きについて考えたことを文章で表現している。

○自然災害から人々を守る活動の働きについて，年表や図表などにまとめたことをもとに説明したり話し合ったりしている。

○災害に対する必要な備えをするなど，自分たちにできることなどを考えたり選択・判断したりしている。

●対応する学習指導要領の項目：(3) イ (ア)

≫主体的に学習に取り組む態度

○自然災害から人々を守る活動に関する学習問題に対して，自分なりに工夫をして調べようとしている。

○自然災害から人々を守る活動について，調べたり考えたりしたことをわかりやすく説明しようとしている。

○「地震による災害」の学習をして，わかったことを自分でふり返ってまとめている。

○学習をもとに，さらに自然災害から人々を守る活動について関心をもって考えようとしている。

学習活動

小単元名	時数	学習活動	社会的な見方・考え方の例
大単元の導入	1	○写真を見て，県 (都・道・府) 内で過去に起きた自然災害について話し合う。(教科書 p.70～71 を参考)	時間　空間　相互関係
地震による災害①	2	○写真や資料を見て，阪神・淡路大震災について話し合い，学習問題をつくる。	時間　空間　相互関係
地震による災害②	3	○阪神・淡路大震災について調べる。 ・震災を経験した人の話から，震災時の人々の生活について調べる。 ・救助や復旧にあたった機関や人々，ボランティアの活動などについて調べる。	相互関係
地震による災害③	3	○震災からの復旧や復興について調べる。 ・市や県が行った取り組みについて調べる。 ・災害に備えた情報発信や非常時用の物資の用意などの取り組みについて調べる。	相互関係
地震による災害④	3	○災害時に被害を少なくするための取り組みについて調べる。 ・「公助」「共助」「自助」の意味を調べる。	相互関係　比較・分類 総合　関連付け

| 4年 | 日文（2021年度〜） | 教科書：p.92〜97　配当時数：12時間　配当月：9〜10月 |

3. 自然災害から人々を守る活動

（選択単元）津波による災害

関連する道徳の内容項目　A 善悪の判断，自律，自由と責任　C 勤労，公共の精神　D 生命の尊さ

到達目標

≫知識・技能

○県や市の関係機関や地域の人々は，自然災害が発生した際，様々な協力をして人々の安全を守るために対処してきたことがわかる。

○県や市の関係機関や地域の人々は，今後想定される災害に対し，被害を防いだり減らしたりするための様々な備えをしていることがわかる。

○自然災害から人々を守る活動について，聞き取り調査をしたり，地図や年表などの資料で調べたりして，わかったことを年表や図表などにまとめることができる。

≫思考・判断・表現

○県内で発生した自然災害の様子，自然災害が発生した際の県や市の関係機関や人々の協力の様子などから，自然災害から人々を守る活動の働きを考え，文などで表現することができる。

○自然災害から人々を守る活動の働きについて，年表や図表などにまとめたことをもとに説明したり話し合ったりすることができる。

○災害に対する必要な備えをするなど，自分たちにできることなどを考えたり選択・判断したりすることができる。

≫主体的に学習に取り組む態度　※「主体的に学習に取り組む態度」は方向目標を示しています。

○自然災害から人々を守る活動について，学習問題をもとに粘り強く調べたり考えたりしようとする。

○学習をもとに，自然災害から人々を守る活動について関心をもって考えようとする。

評価規準

≫知識・技能

○写真や資料で，県内で発生した自然災害の様子や被害などを調べている。

○聞き取り調査などで，自然災害が発生した際の，県や市などの関係機関や団体，人々の協力を調べている。

○聞き取り調査などで，自然災害に備えて県や市などが防災対策を考え，地域の人々とともに取り組みを進めていることを調べている。

○自然災害から人々を守る活動について調べたことを，年表や図表などにまとめている。

○県や市などの関係機関や地域の人々が，自然災害に対し，様々な協力をして人々の安全を守るために対処してきたことを理解している。

○県や市などの関係機関や地域の人々が，今後想定される自然災害による被害を防いだり減らしたりするための備えをしていることを理解している。

● 対応する学習指導要領の項目：(3) ア (ア)(イ)

≫思考・判断・表現

○自然災害による被害の状況と自然災害から人々を守る関係機関や地域の人々の活動を関連付けて，自然災害から人々を守る活動の働きを考えている。

○自然災害から人々を守る活動の働きについて考えたことを文章で表現している。

○自然災害から人々を守る活動の働きについて，年表や図表などにまとめたことをもとに説明したり話し合ったりしている。

○災害に対する必要な備えをするなど，自分たちにできることなどを考えたり選択・判断したりしている。

●対応する学習指導要領の項目：(3) イ (ア)

≫主体的に学習に取り組む態度

○自然災害から人々を守る活動に関する学習問題に対して，自分なりに工夫をして調べようとしている。

○自然災害から人々を守る活動について，調べたり考えたりしたことをわかりやすく説明しようとしている。

○「津波による災害」の学習をして，わかったことを自分でふり返ってまとめている。

○学習をもとに，さらに自然災害から人々を守る活動について関心をもって考えようとしている。

学習活動

小単元名	時数	学習活動	社会的な見方・考え方の例
大単元の導入	1	○写真を見て，県 (都・道・府) 内で過去に起きた自然災害について話し合う。(教科書 p.70～71 を参考)	時間　空間　相互関係
津波による災害①	2	○写真を見て，東日本大震災の津波による被害について話し合う。 ・津波が起こるしくみについて調べる。	時間　空間　相互関係
津波による災害②	2	○津波による災害について話し合い，学習問題をつくる。 ・資料から，南海トラフ巨大地震で予想される震度や津波について調べる。 ・資料から，和歌山県で過去に起きた地震について調べる。	時間　空間　相互関係
津波による災害③	3	○安政南海地震での浜口梧陵の取り組みについて調べる。 ・浜口梧陵による堤防づくりや，堤防の様子について調べる。	時間　相互関係
津波による災害④	2	○津波に備えた和歌山県の取り組みについて調べる。 ・施設や設備の建設や補強工事，市町村との協力，情報発信などを調べる。	空間　相互関係
津波による災害⑤	2	○津波に備えた和歌山県の取り組みについて調べたことをふり返り，話し合う。 ・津波に備えて，自分たちにできることを考える。	相互関係　比較・分類 総合　関連付け

2021
年度～
4
年

| 4年 | 日文（2021年度〜） | 教科書：p.98〜99　配当時数：12時間　配当月：9〜10月 |

3. 自然災害から人々を守る活動

（選択単元）火山による災害

関連する道徳の内容項目 A 善悪の判断，自律，自由と責任　C 勤労，公共の精神　D 生命の尊さ

到達目標

≫知識・技能

○県や市の関係機関や地域の人々は，自然災害が発生した際，様々な協力をして人々の安全を守るために対処してきたことがわかる。

○県や市の関係機関や地域の人々は，今後想定される災害に対し，被害を防いだり減らしたりするための様々な備えをしていることがわかる。

○自然災害から人々を守る活動について，聞き取り調査をしたり，地図や年表などの資料で調べたりして，わかったことを年表や図表などにまとめることができる。

≫思考・判断・表現

○県内で発生した自然災害の様子，自然災害が発生した際の県や市の関係機関や人々の協力の様子などから，自然災害から人々を守る活動の働きを考え，文などで表現することができる。

○自然災害から人々を守る活動の働きについて，年表や図表などにまとめたことをもとに説明したり話し合ったりすることができる。

○災害に対する必要な備えをするなど，自分たちにできることなどを考えたり選択・判断したりすることができる。

≫主体的に学習に取り組む態度　※「主体的に学習に取り組む態度」は方向目標を示しています。

○自然災害から人々を守る活動について，学習問題をもとに粘り強く調べたり考えたりしようとする。

○学習をもとに，自然災害から人々を守る活動について関心をもって考えようとする。

評価規準

≫知識・技能

○写真や資料で，県内で発生した自然災害の様子や被害などを調べている。

○聞き取り調査などで，自然災害が発生した際の，県や市などの関係機関や団体，人々の協力を調べている。

○聞き取り調査などで，自然災害に備えて県や市などが防災対策を考え，地域の人々とともに取り組みを進めていることを調べている。

○自然災害から人々を守る活動について調べたことを，年表や図表などにまとめている。

○県や市などの関係機関や地域の人々が，自然災害に対し，様々な協力をして人々の安全を守るために対処してきたことを理解している。

○県や市などの関係機関や地域の人々が，今後想定される自然災害による被害を防いだり減らしたりするための備えをしていることを理解している。

● 対応する学習指導要領の項目：(3) ア (ア)(イ)

≫思考・判断・表現

○自然災害による被害の状況と自然災害から人々を守る関係機関や地域の人々の活動を関連付けて，自然災害から人々を守る活動の働きを考えている。

○自然災害から人々を守る活動の働きについて考えたことを文章で表現している。

○自然災害から人々を守る活動の働きについて，年表や図表などにまとめたことをもとに説明したり話し合ったりしている。

○災害に対する必要な備えをするなど，自分たちにできることなどを考えたり選択・判断したりしている。

● 対応する学習指導要領の項目：(3) イ (ア)

≫主体的に学習に取り組む態度

○自然災害から人々を守る活動に関する学習問題に対して，自分なりに工夫をして調べようとしている。

○自然災害から人々を守る活動について，調べたり考えたりしたことをわかりやすく説明しようとしている。

○「火山による災害」の学習をして，わかったことを自分でふり返ってまとめている。

○学習をもとに，さらに自然災害から人々を守る活動について関心をもって考えようとしている。

学習活動

小単元名	時数	学習活動	社会的な見方・考え方の例
大単元の導入	1	○写真を見て，県 (都・道・府) 内で過去に起きた自然災害について話し合う。(教科書 p.70〜71 を参考)	時間　空間　相互関係
火山による災害①	3	○新燃岳の噴火とその被害について調べる。 ・写真から，火山の噴火の様子について調べる。 ・写真から，火山の噴火後の町の様子について調べる。	時間　空間　相互関係
火山による災害②	6	○火山の噴火に備えた取り組みを調べる。 ・国や県，市町村による火山の観測体制について調べる。 ・火山の噴火が起きたときの関係機関の協力体制を調べる。	空間　相互関係
火山による災害③	2	○火山の噴火に備えた取り組みについて調べたことをふり返り，まとめる。	相互関係　比較・分類 総合　関連付け

| 4年 | 日文（2021年度〜） |

教科書：p.100〜101　配当時数：12時間　配当月：9〜10月

3. 自然災害から人々を守る活動

（選択単元）雪による災害（雪害）

| 関連する道徳の内容項目 | A 善悪の判断，自律，自由と責任　C 勤労，公共の精神　D 生命の尊さ

到達目標

≫知識・技能

○県や市の関係機関や地域の人々は，自然災害が発生した際，様々な協力をして人々の安全を守るために対処してきたことがわかる。

○県や市の関係機関や地域の人々は，今後想定される災害に対し，被害を防いだり減らしたりするための様々な備えをしていることがわかる。

○自然災害から人々を守る活動について，聞き取り調査をしたり，地図や年表などの資料で調べたりして，わかったことを年表や図表などにまとめることができる。

≫思考・判断・表現

○県内で発生した自然災害の様子，自然災害が発生した際の県や市の関係機関や人々の協力の様子などから，自然災害から人々を守る活動の働きを考え，文などで表現することができる。

○自然災害から人々を守る活動の働きについて，年表や図表などにまとめたことをもとに説明したり話し合ったりすることができる。

○災害に対する必要な備えをするなど，自分たちにできることなどを考えたり選択・判断したりすることができる。

≫主体的に学習に取り組む態度　※「主体的に学習に取り組む態度」は方向目標を示しています。

○自然災害から人々を守る活動について，学習問題をもとに粘り強く調べたり考えたりしようとする。

○学習をもとに，自然災害から人々を守る活動について関心をもって考えようとする。

評価規準

≫知識・技能

○写真や資料で，県内で発生した自然災害の様子や被害などを調べている。

○聞き取り調査などで，自然災害が発生した際の，県や市などの関係機関や団体，人々の協力を調べている。

○聞き取り調査などで，自然災害に備えて県や市などが防災対策を考え，地域の人々とともに取り組みを進めていることを調べている。

○自然災害から人々を守る活動について調べたことを，年表や図表などにまとめている。

○県や市などの関係機関や地域の人々が，自然災害に対し，様々な協力をして人々の安全を守るために対処してきたことを理解している。

○県や市などの関係機関や地域の人々が，今後想定される自然災害による被害を防いだり減らしたりするための備えをしていることを理解している。

● 対応する学習指導要領の項目：(3) ア (ア)(イ)

≫思考・判断・表現

○自然災害による被害の状況と自然災害から人々を守る関係機関や地域の人々の活動を関連付けて，自然災害から人々を守る活動の働きを考えている。

○自然災害から人々を守る活動の働きについて考えたことを文章で表現している。

○自然災害から人々を守る活動の働きについて，年表や図表などにまとめたことをもとに説明したり話し合ったりしている。

○災害に対する必要な備えをするなど，自分たちにできることなどを考えたり選択・判断したりしている。

● 対応する学習指導要領の項目：(3) イ (ア)

≫主体的に学習に取り組む態度

○自然災害から人々を守る活動に関する学習問題に対して，自分なりに工夫をして調べようとしている。

○自然災害から人々を守る活動について，調べたり考えたりしたことをわかりやすく説明しようとしている。

○「雪による災害 (雪害)」の学習をして，わかったことを自分でふり返ってまとめている。

○学習をもとに，さらに自然災害から人々を守る活動について関心をもって考えようとしている。

学習活動

小単元名	時数	学習活動	社会的な見方・考え方の例
大単元の導入	1	○写真を見て，県 (都・道・府) 内で過去に起きた自然災害について話し合う。(教科書 p.70〜71 を参考)	時間　空間　相互関係
雪による災害 (雪害) ①	3	○雪による災害について調べる。 ・写真や資料を見て，雪による災害の特徴や被害について調べる。	時間　空間　相互関係
雪による災害 (雪害) ②	6	○雪による災害に備えた県や市の取り組みについて調べる。 ・雪による災害を防ぐ取り組みや，災害が起きたときの対策などについて調べる。	空間　相互関係
雪による災害 (雪害) ③	2	○雪による災害に対する取り組みについて調べたことをふり返り，まとめる。	相互関係　比較・分類 総合　関連付け

2021
年度〜

4
年

93

| 4年 | 日文（2021年度〜） |

教科書：p.104〜113　配当時数：6時間　配当月：10月

4. くらしのなかに伝わる願い

1. わたしたちのまちに残る古い建物

| 関連する道徳の内容項目 | C 伝統と文化の尊重，国や郷土を愛する態度

到達目標

≫知識・技能

○県内の文化財や年中行事は，地域の人々が受け継いできたことがわかる。

○県内の文化財や年中行事には，地域の人々の様々な願いがこめられていることがわかる。

○県内の文化財や年中行事について，資料館などを見学・調査したり，地図や写真などの資料で調べたりして，わかったことを年表などにまとめることができる。

≫思考・判断・表現

○文化財や年中行事の始まりや現在に至るまでの経過，保存・継承している人々の工夫や努力の様子などから，文化財や年中行事に関わる人々の願いや努力を考え，文などで表現することができる。

○文化財や年中行事に関わる人々の願いや努力について，年表などにまとめたことをもとに説明することができる。

○地域の伝統や文化の保存や継承のために，自分たちにできることなどを考えたり選択・判断したりすることができる。

≫主体的に学習に取り組む態度　※「主体的に学習に取り組む態度」は方向目標を示しています。

○県内の文化財や年中行事について，学習問題をもとに粘り強く調べたり考えたりしようとする。

○学習をもとに，県内の文化財や年中行事について関心をもって考えようとする。

評価規準

≫知識・技能

○地図や資料を見て，県内の主な文化財や年中行事の名称や位置などを調べている。

○見学・調査をして，文化財や年中行事の歴史的な背景を調べている。

○見学・調査をして，文化財や年中行事のおこりから現在に至るまでの経過を調べている。

○見学・調査をして，文化財や年中行事を保存したり受け継いだりしている人々の工夫や努力を調べている。

○県内の文化財や年中行事について調べたことを，年表などにまとめている。

○県内の文化財や年中行事は，地域の人々が受け継いできたことを理解している。

○県内の文化財や年中行事には，地域の人々の様々な願いがこめられていることを理解している。

●対応する学習指導要領の項目：(4) ア (ア)(ウ)

≫思考・判断・表現

○文化財や年中行事を保存・継承している人々の工夫や努力と地域の人々の願いを関連付けて，人々の願いや努力について考えている。

○人々の願いや努力について考えたことを文章で表現している。

○人々の願いや努力について，年表などにまとめたことをもとに説明している。

○地域の伝統や文化の保存や継承のために，自分たちにできることなどを考えたり選択・判断したりしている。

●対応する学習指導要領の項目：(4) イ (ア)

》主体的に学習に取り組む態度

○県内の文化財や年中行事に関する学習問題に対して，自分なりに工夫をして調べようとしている。

○県内の文化財や年中行事について，調べたり考えたりしたことをわかりやすく説明しようとしている。

○「わたしたちのまちに残る古い建物」の学習をして，わかったことを自分でふり返ってまとめている。

○学習をもとに，さらに県内の文化財や年中行事について関心をもって考えようとしている。

学習活動

小単元名	時数	学習活動	社会的な見方・考え方の例
大単元の導入	1	○長崎県に伝わる古い建物や祭りの写真を見て，気づいたことを話し合う。	空間　相互関係
1. わたしたちのまちに残る古い建物①	1	○地図や写真，資料を見て，長崎市に観光客が多く訪れる理由について話し合う。 ・市内に残されている古い建物について調べる。	相互関係
1. わたしたちのまちに残る古い建物②	1	○大浦天主堂について気づいたことや疑問に思ったことを話し合い，学習問題をつくる。	時間　相互関係
1. わたしたちのまちに残る古い建物③	1	○大浦天主堂の歴史について調べ，年表にまとめる。 ・大浦天主堂に関わって行われている取り組みについて調べる。	時間　相互関係
1. わたしたちのまちに残る古い建物④	2	○大浦天主堂以外の建物について調べ，これまでの学習をふり返って話し合う。 ・大浦天主堂以外の建物について調べたことをカードにまとめる。 ・学習問題をふり返り，古い建物を守り残していく大切さについて話し合う。 ・長崎県内に残る建物を紹介する「長崎すごろく」をつくる。	時間　空間　相互関係 比較・分類　総合 関連付け

| 4年 | 日文（2021年度〜） | 教科書：p.114〜123　配当時数：6時間　配当月：10〜11月 |

4. くらしのなかに伝わる願い

2. わたしたちのまちに伝わる祭り

関連する道徳の内容項目　C 伝統と文化の尊重，国や郷土を愛する態度

到達目標

≫知識・技能

○県内の文化財や年中行事は，地域の人々が受け継いできたことがわかる。

○県内の文化財や年中行事には，地域の人々の様々な願いがこめられていることがわかる。

○県内の文化財や年中行事について，資料館などを見学・調査したり，地図や写真などの資料で調べたりして，わかったことを年表などにまとめることができる。

≫思考・判断・表現

○文化財や年中行事の始まりや現在に至るまでの経過，保存・継承している人々の工夫や努力の様子などから，文化財や年中行事に関わる人々の願いや努力を考え，文などで表現することができる。

○文化財や年中行事に関わる人々の願いや努力について，年表などにまとめたことをもとに説明することができる。

○地域の伝統や文化の保存や継承のために，自分たちにできることなどを考えたり選択・判断したりすることができる。

≫主体的に学習に取り組む態度　　※「主体的に学習に取り組む態度」は方向目標を示しています。

○県内の文化財や年中行事について，学習問題をもとに粘り強く調べたり考えたりしようとする。

○学習をもとに，県内の文化財や年中行事について関心をもって考えようとする。

評価規準

≫知識・技能

○地図や資料を見て，県内の主な文化財や年中行事の名称や位置などを調べている。

○見学・調査をして，文化財や年中行事の歴史的な背景を調べている。

○見学・調査をして，文化財や年中行事のおこりから現在に至るまでの経過を調べている。

○見学・調査をして，文化財や年中行事を保存したり受け継いだりしている人々の工夫や努力を調べている。

○県内の文化財や年中行事について調べたことを，年表などにまとめている。

○県内の文化財や年中行事は，地域の人々が受け継いできたことを理解している。

○県内の文化財や年中行事には，地域の人々の様々な願いがこめられていることを理解している。

●対応する学習指導要領の項目：(4) ア (ア)(ウ)

≫思考・判断・表現

○文化財や年中行事を保存・継承している人々の工夫や努力と地域の人々の願いを関連付けて，人々の願いや努力について考えている。

○人々の願いや努力について考えたことを文章で表現している。

○人々の願いや努力について，年表などにまとめたことをもとに説明している。

○地域の伝統や文化の保存や継承のために，自分たちにできることなどを考えたり選択・判断したりしている。

●対応する学習指導要領の項目：(4) イ (ア)

》》主体的に学習に取り組む態度

○県内の文化財や年中行事に関する学習問題に対して，自分なりに工夫をして調べようとしている。

○県内の文化財や年中行事について，調べたり考えたりしたことをわかりやすく説明しようとしている。

○「わたしたちのまちに伝わる祭り」の学習をして，わかったことを自分でふり返ってまとめている。

○学習をもとに，さらに県内の文化財や年中行事について関心をもって考えようとしている。

学習活動

小単元名	時数	学習活動	社会的な見方・考え方の例
2. わたしたちのまちに伝わる祭り①	1	○長崎市の年中行事や祭りについて調べる。 ・博物館の学芸員の人に話を聞き，「長崎くんち」について教わったことをまとめる。	時間　相互関係
2. わたしたちのまちに伝わる祭り②	1	○「長崎くんち」について気になったことや疑問に思ったことを話し合い，学習問題をつくる。 ・「長崎くんち」の踊町の人に話を聞く。	相互関係
2. わたしたちのまちに伝わる祭り③	1	○「長崎くんち」を支える人々の思いを調べる。 ・「長崎くんち」のかさぼこをつくっている人に話を聞く。	相互関係
2. わたしたちのまちに伝わる祭り④	1	○「長崎くんち」に参加している人々の思いを調べる。 ・長崎伝統芸能振興会の人に話を聞く。 ・調べたことをふり返って話し合い，「さらに考えたい問題」をつくる。	相互関係　総合 関連付け
2. わたしたちのまちに伝わる祭り⑤	2	○「長崎くんち」を続けていくための取り組みを調べ，これまでの学習をふり返って話し合う。 ・小学校での取り組みについて調べる。 ・「さらに考えたい問題」をふり返り，伝統ある祭りを受け継いで盛り上げていくために，どんなことができるか話し合う。	時間　相互関係 比較・分類　総合 関連付け

| 4年 | 日文（2021年度～） | 教科書：p.126～143　配当時数：12時間　配当月：11～12月 |

5. 地いきの発てんにつくした人々

(選択単元)1. 原野に水を引く

関連する道徳の内容項目　B 感謝　C 勤労，公共の精神/伝統と文化の尊重，国や郷土を愛する態度

到達目標

≫知識・技能
○地域の発展に尽くした先人は，様々な苦心や努力を重ねて業績を成し遂げたことによって，当時の人々の生活の向上に貢献したことがわかる。
○地域の発展に尽くした先人の働きについて，博物館などを見学・調査したり，地図や写真などの資料で調べたりして，わかったことを年表などにまとめることができる。

≫思考・判断・表現
○先人が活躍した頃の人々の生活や世の中にあった課題や，人々がもっていた願いなどから，地域の発展に尽くした先人の働きを考え，文などで表現することができる。
○地域の発展に尽くした先人の働きについて，年表などにまとめたことをもとに話し合うことができる。

≫主体的に学習に取り組む態度　　※「主体的に学習に取り組む態度」は方向目標を示しています。
○地域の発展に尽くした先人の働きについて，学習問題をもとに粘り強く調べたり考えたりしようとする。
○学習をもとに，地域の発展に尽くした先人の働きについて関心をもって考えようとする。

評価規準

≫知識・技能
○見学・調査をして，先人が活躍した頃の人々の生活や世の中の課題を調べている。
○見学・調査をして，当時の人々の願いを調べている。
○見学・調査をして，先人の苦心や努力を調べている。
○先人の働きについて調べたことを，年表などにまとめている。
○先人は，様々な苦心や努力を重ねて業績を成し遂げたことを理解している。
○先人の働きが，当時の人々の生活の向上や地域の発展に貢献したことを理解している。
　　　　　　　　　　　　　　　　　　　　　　　　　　　　　　●対応する学習指導要領の項目：(4) ア (イ)(ウ)

≫思考・判断・表現
○先人の働きと人々の生活の向上や地域の発展を関連付けて考えている。
○先人の働きについて考えたことを文章で表現している。
○先人の働きについて，年表などにまとめたことをもとに話し合っている。
　　　　　　　　　　　　　　　　　　　　　　　　　　　　　　●対応する学習指導要領の項目：(4) イ (イ)

≫主体的に学習に取り組む態度
○地域の発展に尽くした先人の働きに関する学習問題に対して，自分なりに工夫をして調べようとしている。
○地域の発展に尽くした先人の働きについて，調べたり考えたりしたことをわかりやすく発言しようとしている。
○「原野に水を引く」の学習をして，わかったことを自分でふり返ってまとめている。
○学習をもとに，さらに地域の発展に尽くした先人の働きについて関心をもって考えようとしている。

学習活動

小単元名	時数	学習活動	社会的な見方・考え方の例
大単元の導入	1	○地域の発展に尽くした人々に関する写真などを見て，気づいたことや疑問に思ったことを話し合う。	空間　相互関係
1. 原野に水を引く①	1	○那須疏水に関する写真や図を見て，気づいたことや疑問に思ったことを話し合う。	時間　空間　相互関係
1. 原野に水を引く②	1	○昔の那須野原と原野の開墾の様子について調べる。 ・地図などから，昔の那須野原の土地の様子について調べる。	時間　空間　相互関係
1. 原野に水を引く③	2	○那須野原に住んでいた昔の人々の苦労や願いについて調べ，学習問題をつくる。 ・開墾をしていた人々が，どのように水を手に入れていたか調べる。	空間　相互関係
1. 原野に水を引く④	2	○那須疏水の施設や，那須野原の土地のでき方について調べる。 ・隧道やふせこし，用水路などの那須疏水の施設を見学する。 ・地域の人の話や図から，那須野原の土地のでき方について調べる。	空間　相互関係
1. 原野に水を引く⑤	1	○那須疏水の工事の開始に関わった人物について調べる。 ・印南丈作と矢板武について調べる。 ・年表などから，那須疏水の計画が認められるまでのできごとを調べる。	時間　空間　相互関係
1. 原野に水を引く⑥	1	○那須疏水の工事の様子について調べる。 ・隧道，ふせこし，用水路の工事の様子や工夫などを調べる。	空間　相互関係
1. 原野に水を引く⑦	1	○那須疏水が完成した後の那須野原の変化について調べる。 ・那須疏水完成後の土地や人々のくらしの変化について調べる。 ・年表や資料などから，戦後の那須野原の開墾や土地の様子の変化などについて調べる。	時間　空間　相互関係
1. 原野に水を引く⑧	2	○最近の総合開発について調べ，これまでの学習をふり返って話し合う。 ・深山ダムの建設や施設の近代化など，最近行われた工事や開発について調べる。 ・調べたことや学習したことをふり返り，学習問題について話し合う。	時間　空間　相互関係 比較・分類　総合 関連付け

| 4年 | 日文（2021年度〜） | 教科書：p.144〜147　配当時数：12時間　配当月：11〜12月 |

5. 地いきの発てんにつくした人々

（選択単元）産業をゆたかにする

関連する道徳の内容項目　B 感謝　C 勤労，公共の精神/伝統と文化の尊重，国や郷土を愛する態度

到達目標

≫知識・技能
○地域の発展に尽くした先人は，様々な苦心や努力を重ねて業績を成し遂げたことによって，当時の人々の生活の向上に貢献したことがわかる。
○地域の発展に尽くした先人の働きについて，博物館などを見学・調査したり，地図や写真などの資料で調べたりして，わかったことを年表などにまとめることができる。

≫思考・判断・表現
○先人が活躍した頃の人々の生活や世の中にあった課題や，人々がもっていた願いなどから，地域の発展に尽くした先人の働きを考え，文などで表現することができる。
○地域の発展に尽くした先人の働きについて，年表などにまとめたことをもとに話し合うことができる。

≫主体的に学習に取り組む態度　※「主体的に学習に取り組む態度」は方向目標を示しています。
○地域の発展に尽くした先人の働きについて，学習問題をもとに粘り強く調べたり考えたりしようとする。
○学習をもとに，地域の発展に尽くした先人の働きについて関心をもって考えようとする。

評価規準

≫知識・技能
○見学・調査をして，先人が活躍した頃の人々の生活や世の中の課題を調べている。
○見学・調査をして，当時の人々の願いを調べている。
○見学・調査をして，先人の苦心や努力を調べている。
○先人の働きについて調べたことを，年表などにまとめている。
○先人は，様々な苦心や努力を重ねて業績を成し遂げたことを理解している。
○先人の働きが，当時の人々の生活の向上や地域の発展に貢献したことを理解している。
　　　　　　　　　　　　　　　　　　　　　　　　　●対応する学習指導要領の項目：(4) ア (イ)(ウ)

≫思考・判断・表現
○先人の働きと人々の生活の向上や地域の発展を関連付けて考えている。
○先人の働きについて考えたことを文章で表現している。
○先人の働きについて，年表などにまとめたことをもとに話し合っている。
　　　　　　　　　　　　　　　　　　　　　　　　　●対応する学習指導要領の項目：(4) イ (イ)

≫主体的に学習に取り組む態度
○地域の発展に尽くした先人の働きに関する学習問題に対して，自分なりに工夫をして調べようとしている。
○地域の発展に尽くした先人の働きについて，調べたり考えたりしたことをわかりやすく発言しようとしている。
○「産業をゆたかにする」の学習をして，わかったことを自分でふり返ってまとめている。
○学習をもとに，さらに地域の発展に尽くした先人の働きについて関心をもって考えようとしている。

学習活動

小単元名	時数	学習活動	社会的な見方・考え方の例
大単元の導入	1	○地域の発展に尽くした人々に関する写真などを見て話し合う。(教科書 p.126〜127 を参考)	空間　相互関係
産業をゆたかにする①	2	○手結港や野中兼山に関心をもち，学習問題をつくる。	相互関係
産業をゆたかにする②	3	○野中兼山について調べる。 ・地図や年表で，野中兼山が開発した地域や開発に関するできごとを調べる。	時間　空間　相互関係
産業をゆたかにする③	3	○手結港の建設の様子について調べる。 ・手結港の工事の進め方や工夫，苦労などについて調べる。	時間　相互関係
産業をゆたかにする④	2	○手結港ができたあとの産業や人々のくらしの変化について調べる。	時間　空間　相互関係
産業をゆたかにする⑤	1	○調べたことをふり返り，学習問題についてまとめる。	時間　空間　相互関係 比較・分類　総合 関連付け

| 4年 | 日文（2021年度〜） | 教科書：p.148〜151　配当時数：12時間　配当月：11〜12月 |

5. 地いきの発てんにつくした人々

（選択単元）自然を守る運動

関連する道徳の内容項目　B 感謝　C 勤労，公共の精神/伝統と文化の尊重，国や郷土を愛する態度

到達目標

≫知識・技能
○地域の発展に尽くした先人は，様々な苦心や努力を重ねて業績を成し遂げたことによって，当時の人々の生活の向上に貢献したことがわかる。
○地域の発展に尽くした先人の働きについて，博物館などを見学・調査したり，地図や写真などの資料で調べたりして，わかったことを年表などにまとめることができる。

≫思考・判断・表現
○先人が活躍した頃の人々の生活や世の中にあった課題や，人々がもっていた願いなどから，地域の発展に尽くした先人の働きを考え，文などで表現することができる。
○地域の発展に尽くした先人の働きについて，年表などにまとめたことをもとに話し合うことができる。

≫主体的に学習に取り組む態度　※「主体的に学習に取り組む態度」は方向目標を示しています。
○地域の発展に尽くした先人の働きについて，学習問題をもとに粘り強く調べたり考えたりしようとする。
○学習をもとに，地域の発展に尽くした先人の働きについて関心をもって考えようとする。

評価規準

≫知識・技能
○見学・調査をして，先人が活躍した頃の人々の生活や世の中の課題を調べている。
○見学・調査をして，当時の人々の願いを調べている。
○見学・調査をして，先人の苦心や努力を調べている。
○先人の働きについて調べたことを，年表などにまとめている。
○先人は，様々な苦心や努力を重ねて業績を成し遂げたことを理解している。
○先人の働きが，当時の人々の生活の向上や地域の発展に貢献したことを理解している。
　　　　　　　　　　　　　　　　　　　　　　　　　　　● 対応する学習指導要領の項目：(4) ア (イ)(ウ)

≫思考・判断・表現
○先人の働きと人々の生活の向上や地域の発展を関連付けて考えている。
○先人の働きについて考えたことを文章で表現している。
○先人の働きについて，年表などにまとめたことをもとに話し合っている。
　　　　　　　　　　　　　　　　　　　　　　　　　　　● 対応する学習指導要領の項目：(4) イ (イ)

≫主体的に学習に取り組む態度
○地域の発展に尽くした先人の働きに関する学習問題に対して，自分なりに工夫をして調べようとしている。
○地域の発展に尽くした先人の働きについて，調べたり考えたりしたことをわかりやすく発言しようとしている。
○「自然を守る運動」の学習をして，わかったことを自分でふり返ってまとめている。
○学習をもとに，さらに地域の発展に尽くした先人の働きについて関心をもって考えようとしている。

学習活動

小単元名	時数	学習活動	社会的な見方・考え方の例
大単元の導入	1	○地域の発展に尽くした人々に関する写真などを見て話し合う。(教科書 p.126〜127 を参考)	空間　相互関係
自然を守る運動①	2	○地域の歴史的な建物や自然の保存に関わった人物に関心をもち，学習問題をつくる。	相互関係
自然を守る運動②	3	○資料館に手紙を出したりして，南方熊楠について調べる。	時間　空間　相互関係
自然を守る運動③	3	○南方熊楠がどのようにして自然を守ろうとしたのか調べる。 ・神社合祀に反対した南方熊楠の運動について調べる。	時間　空間　相互関係
自然を守る運動④	2	○南方熊楠のほかに，地域の発展に尽くした人物について調べ，人物カードにまとめる。 ・華岡青洲や川端龍子の業績などについて調べる。	時間　空間　相互関係
自然を守る運動⑤	1	○調べたことをふり返り，学習問題についてまとめる。	時間　空間　相互関係 比較・分類　総合 関連付け

2021
年度〜

4
年

| 4年 | 日文（2021年度〜） | 教科書：p.152〜153　配当時数：12時間　配当月：11〜12月 |

5. 地いきの発てんにつくした人々

（選択単元）村の立て直しにつくす

関連する道徳の内容項目　B 感謝　C 勤労，公共の精神/伝統と文化の尊重，国や郷土を愛する態度

到達目標

≫知識・技能

○地域の発展に尽くした先人は，様々な苦心や努力を重ねて業績を成し遂げたことによって，当時の人々の生活の向上に貢献したことがわかる。

○地域の発展に尽くした先人の働きについて，博物館などを見学・調査したり，地図や写真などの資料で調べたりして，わかったことを年表などにまとめることができる。

≫思考・判断・表現

○先人が活躍した頃の人々の生活や世の中にあった課題や，人々がもっていた願いなどから，地域の発展に尽くした先人の働きを考え，文などで表現することができる。

○地域の発展に尽くした先人の働きについて，年表などにまとめたことをもとに話し合うことができる。

≫主体的に学習に取り組む態度　※「主体的に学習に取り組む態度」は方向目標を示しています。

○地域の発展に尽くした先人の働きについて，学習問題をもとに粘り強く調べたり考えたりしようとする。

○学習をもとに，地域の発展に尽くした先人の働きについて関心をもって考えようとする。

評価規準

≫知識・技能

○見学・調査をして，先人が活躍した頃の人々の生活や世の中の課題を調べている。

○見学・調査をして，当時の人々の願いを調べている。

○見学・調査をして，先人の苦心や努力を調べている。

○先人の働きについて調べたことを，年表などにまとめている。

○先人は，様々な苦心や努力を重ねて業績を成し遂げたことを理解している。

○先人の働きが，当時の人々の生活の向上や地域の発展に貢献したことを理解している。

● 対応する学習指導要領の項目：(4) ア (イ)(ウ)

≫思考・判断・表現

○先人の働きと人々の生活の向上や地域の発展を関連付けて考えている。

○先人の働きについて考えたことを文章で表現している。

○先人の働きについて，年表などにまとめたことをもとに話し合っている。

● 対応する学習指導要領の項目：(4) イ (イ)

≫主体的に学習に取り組む態度

○地域の発展に尽くした先人の働きに関する学習問題に対して，自分なりに工夫をして調べようとしている。

○地域の発展に尽くした先人の働きについて，調べたり考えたりしたことをわかりやすく発言しようとしている。

○「村の立て直しにつくす」の学習をして，わかったことを自分でふり返ってまとめている。

○学習をもとに，さらに地域の発展に尽くした先人の働きについて関心をもって考えようとしている。

学習活動

小単元名	時数	学習活動	社会的な見方・考え方の例
大単元の導入	1	○地域の発展に尽くした人々に関する写真などを見て話し合う。(教科書 p.126〜127 を参考)	空間　相互関係
村の立て直しにつくす①	2	○二宮金次郎 (尊徳) について関心をもち, 調べる計画を立てる。	時間　空間　相互関係
村の立て直しにつくす②	4	○二宮金次郎について調べる。 ・二宮金次郎の生い立ちや業績について調べる。 ・二宮金次郎が農村の立て直しに向けて行ったことを調べる。	時間　空間　相互関係
村の立て直しにつくす③	4	○二宮金次郎が行った農地改修について調べる。 ・曽比村で二宮金次郎が行った取り組みについて調べる。 ・二宮金次郎が, 農地や地域の改善, 人々の生活の改善のために行ったことについて調べる。	空間　相互関係
村の立て直しにつくす④	1	○村の立て直しに尽くした二宮金次郎について, 調べたことをふり返ってまとめる。	時間　空間　相互関係 比較・分類　総合 関連付け

| 4年 | 日文（2021年度〜） | 教科書：p.154〜155　配当時数：12時間　配当月：11〜12月 |

5. 地いきの発てんにつくした人々

（選択単元）医りょうにつくす

関連する道徳の内容項目　B 感謝　C 勤労，公共の精神/伝統と文化の尊重，国や郷土を愛する態度

到達目標

≫知識・技能
○地域の発展に尽くした先人は，様々な苦心や努力を重ねて業績を成し遂げたことによって，当時の人々の生活の向上に貢献したことがわかる。
○地域の発展に尽くした先人の働きについて，博物館などを見学・調査したり，地図や写真などの資料で調べたりして，わかったことを年表などにまとめることができる。

≫思考・判断・表現
○先人が活躍した頃の人々の生活や世の中にあった課題や，人々がもっていた願いなどから，地域の発展に尽くした先人の働きを考え，文などで表現することができる。
○地域の発展に尽くした先人の働きについて，年表などにまとめたことをもとに話し合うことができる。

≫主体的に学習に取り組む態度　　※「主体的に学習に取り組む態度」は方向目標を示しています。
○地域の発展に尽くした先人の働きについて，学習問題をもとに粘り強く調べたり考えたりしようとする。
○学習をもとに，地域の発展に尽くした先人の働きについて関心をもって考えようとする。

評価規準

≫知識・技能
○見学・調査をして，先人が活躍した頃の人々の生活や世の中の課題を調べている。
○見学・調査をして，当時の人々の願いを調べている。
○見学・調査をして，先人の苦心や努力を調べている。
○先人の働きについて調べたことを，年表などにまとめている。
○先人は，様々な苦心や努力を重ねて業績を成し遂げたことを理解している。
○先人の働きが，当時の人々の生活の向上や地域の発展に貢献したことを理解している。
　　　　　　　　　　　　　　　　　　　　　　　　　　　　　● 対応する学習指導要領の項目：(4) ア (イ)(ウ)

≫思考・判断・表現
○先人の働きと人々の生活の向上や地域の発展を関連付けて考えている。
○先人の働きについて考えたことを文章で表現している。
○先人の働きについて，年表などにまとめたことをもとに話し合っている。
　　　　　　　　　　　　　　　　　　　　　　　　　　　　　● 対応する学習指導要領の項目：(4) イ (イ)

≫主体的に学習に取り組む態度
○地域の発展に尽くした先人の働きに関する学習問題に対して，自分なりに工夫をして調べようとしている。
○地域の発展に尽くした先人の働きについて，調べたり考えたりしたことをわかりやすく発言しようとしている。
○「医りょうにつくす」の学習をして，わかったことを自分でふり返ってまとめている。
○学習をもとに，さらに地域の発展に尽くした先人の働きについて関心をもって考えようとしている。

学習活動

小単元名	時数	学習活動	社会的な見方・考え方の例
大単元の導入	1	○地域の発展に尽くした人々に関する写真などを見て話し合う。(教科書 p.126〜127 を参考)	空間　相互関係
医りょうにつくす①	2	○日本で最初に女性の医者 (女医) になった人物に関心をもつ。	時間　相互関係
医りょうにつくす②	4	○荻野吟子について調べる。 ・荻野吟子が女医として働き始めるまでの苦労や努力について調べる。	時間　空間　相互関係
医りょうにつくす③	4	○荻野吟子が北海道に移り住んでから行ったことについて調べる。 ・地域の医療に尽くした荻野吟子の取り組みについて調べる。	時間　空間　相互関係
医りょうにつくす④	1	○荻野吟子について調べたことをふり返ってまとめる。	時間　空間　相互関係 比較・分類　総合 関連付け

| 4年 | 日文（2021年度〜） | 教科書：p.158〜169　配当時数：9時間　配当月：1〜2月 |

6. わたしたちの住んでいる県

1. 伝統的な工業がさかんな地いき

関連する道徳の内容項目 C 勤労，公共の精神/伝統と文化の尊重，国や郷土を愛する態度　D 感動，畏敬の念

到達目標

》知識・技能
○県内の特色ある地域では，人々が協力して，特色あるまちづくりや観光などの産業の発展に努めていることがわかる。
○県内の特色ある地域の様子について，地図帳や様々な資料などで調べ，わかったことを県の白地図などにまとめることができる。

》思考・判断・表現
○特色ある地域の県内における位置，地形や気候，産業のおこりや成り立ちなどから，地域の特色を考え，文などで表現することができる。
○地域の特色について，白地図などにまとめたことをもとに説明することができる。

》主体的に学習に取り組む態度　※「主体的に学習に取り組む態度」は方向目標を示しています。
○県内の特色ある地域の様子について，学習問題をもとに粘り強く調べたり考えたりしようとする。
○学習をもとに，県内の特色ある地域の様子について関心をもって考えようとする。

評価規準

》知識・技能
○地図で，備前市の岡山県における位置を調べている。
○地図や資料で，備前市の土地の様子を調べている。
○資料で，備前焼の始まりや歴史を調べている。
○備前焼を守り，まちづくりに生かす備前市の様子を白地図などにまとめている。
○備前市では，人々が協力して，備前焼を生かしたまちづくりや観光などの産業の発展に努めていることを理解している。

● 対応する学習指導要領の項目：(5) ア (ア)(イ)

》思考・判断・表現
○備前市の備前焼を生かした産業やまちづくりの取り組みと地域の発展を関連付けて，備前市の特色を考えている。
○備前市の特色について考えたことを文章で表現している。
○備前市の特色について，白地図などにまとめたことをもとに説明している。

● 対応する学習指導要領の項目：(5) イ (ア)

》主体的に学習に取り組む態度
○県内の特色ある地域の様子に関する学習問題に対して，自分なりに工夫をして調べようとしている。
○県内の特色ある地域の様子について，調べたり考えたりしたことをわかりやすく説明しようとしている。
○「伝統的な工業がさかんな地いき」の学習をして，わかったことを自分でふり返ってまとめている。
○学習をもとに，さらに県内の特色ある地域の様子について関心をもって考えようとしている。

学習活動

小単元名	時数	学習活動	社会的な見方・考え方の例
大単元の導入	1	○地図や写真を見て，岡山県内の特色ある地域に関心をもつ。	空間　相互関係
1. 伝統的な工業がさかんな地いき①	1	○焼き物づくりがさかんな備前市について話し合い，学習問題をつくる。 ・写真を見て，備前焼や「備前焼まつり」の様子について話し合う。 ・年表を見て，備前焼の歴史について調べる。	時間　空間　相互関係
1. 伝統的な工業がさかんな地いき②	2	○備前市の様子や，備前市で備前焼づくりがさかんになった理由について調べる。 ・備前焼づくりがさかんな地域の土地やまちの様子について調べる。 ・備前焼の原料や燃料について調べる。	空間　相互関係
1. 伝統的な工業がさかんな地いき③	2	○備前焼がどのようにしてつくられているのか調べる。 ・備前焼づくりの工程について調べる。 ・備前焼をつくっている人の願いについて調べる。	空間　相互関係
1. 伝統的な工業がさかんな地いき④	1	○備前焼を広めるために行われている取り組みについて調べる。	時間　空間　相互関係
1. 伝統的な工業がさかんな地いき⑤	2	○備前焼を守り，生かす取り組みについて調べ，これまでの学習をふり返って話し合う。 ・備前市に来る観光客を増やすことを目指した取り組みについて調べる。 ・備前焼の作家を育てるための取り組みについて調べる。 ・調べたことをふり返り，備前焼や備前焼の作家，備前市の取り組みについて話し合う。	時間　空間　相互関係 比較・分類　総合 関連付け

2021年度〜 4年

4年 日文（2021年度〜）　　　　　　　　　　教科書：p.170〜179　配当時数：8時間　配当月：2月

6. わたしたちの住んでいる県（「土地の特色を生かした地いき」と「伝統的な文化を守る」は選択）

（選択単元）2. 土地の特色を生かした地いき

関連する道徳の内容項目　C 勤労，公共の精神　D 自然愛護/感動，畏敬の念

到達目標

≫知識・技能
○県内の特色ある地域では，人々が協力して，特色あるまちづくりや観光などの産業の発展に努めていることがわかる。
○県内の特色ある地域の様子について，地図帳や様々な資料などで調べ，わかったことを県の白地図などにまとめることができる。

≫思考・判断・表現
○特色ある地域の県内における位置，地形や気候，産業のおこりや成り立ち，様々な立場の人々の協力関係などから，地域の特色を考え，文などで表現することができる。
○地域の特色について，白地図などにまとめたことをもとに説明することができる。

≫主体的に学習に取り組む態度　※「主体的に学習に取り組む態度」は方向目標を示しています。
○県内の特色ある地域の様子について，学習問題をもとに粘り強く調べたり考えたりしようとする。
○学習をもとに，県内の特色ある地域の様子について関心をもって考えようとする。

評価規準

≫知識・技能
○地図で，真庭市の岡山県における位置を調べている。
○地図や資料で，真庭市の地形や土地利用の様子，気候などを調べている。
○資料で，真庭市の産業と自然環境との関係を調べている。
○資料で，真庭市の自然を産業やまちづくりに生かすための様々な立場の人々の協力や取り組みを調べている。
○自然を産業やまちづくりに生かす真庭市の様子を白地図などにまとめている。
○真庭市では，人々が協力して，自然を生かしたまちづくりや観光などの産業の発展に努めていることを理解している。
　　　　　　　　　　　　　　　　　　　　　　　　━● 対応する学習指導要領の項目：(5) ア (ア)(イ)

≫思考・判断・表現
○自然を生かした真庭市のまちづくりや観光などの産業と地域の発展を関連付けて，真庭市の特色を考えている。
○真庭市の特色について考えたことを文章で表現している。
○真庭市の特色について，白地図などにまとめたことをもとに説明している。
　　　　　　　　　　　　　　　　　　　　　　　　━● 対応する学習指導要領の項目：(5) イ (ア)

≫主体的に学習に取り組む態度
○県内の特色ある地域の様子に関する学習問題に対して，自分なりに工夫をして調べようとしている。
○県内の特色ある地域の様子について，調べたり考えたりしたことをわかりやすく説明しようとしている。
○「土地の特色を生かした地いき」の学習をして，わかったことを自分でふり返ってまとめている。
○学習をもとに，さらに県内の特色ある地域の様子について関心をもって考えようとしている。

学習活動

小単元名	時数	学習活動	社会的な見方・考え方の例
2. 土地の特色を生かした地いき①	1	○写真などを見て，真庭市について気づいたことを話し合い，学習問題をつくる。 ・地図や写真を見て，真庭市の岡山県における位置や，真庭市の土地の様子について調べる。	空間　相互関係
2. 土地の特色を生かした地いき②	2	○蒜山高原の自然を生かした観光の取り組みについて調べる。 ・観光地図や写真を見て，観光地としての蒜山高原の様子について調べる。 ・グラフを見て，蒜山高原の気候の特色を調べる。	空間　相互関係
2. 土地の特色を生かした地いき③	2	○蒜山高原の自然を生かした特産品について調べる。 ・ジャージー牛の放牧や，だいこんづくりについて調べる。 ・地図から，蒜山高原の地形や土地利用の様子を調べる。	空間　相互関係
2. 土地の特色を生かした地いき④	1	○真庭市の南部の森林を生かした産業や取り組みについて調べる。 ・林業や，木材加工の工場での取り組みを調べる。 ・木くずをバイオマスとして利用する取り組みについて調べる。	空間　相互関係
2. 土地の特色を生かした地いき⑤	2	○真庭市の取り組みについて調べ，これまでの学習をふり返って話し合う。 ・図などから，バイオマスを利用する真庭市の取り組みについて調べる。 ・真庭市の自然を生かす取り組みについて，調べたことをふり返って自分の考えを発表し，図にまとめる。	空間　相互関係 比較・分類　総合 関連付け

| 4年 | 日文（2021年度〜） | 教科書：p.180〜189　配当時数：8時間　配当月：2〜3月 |

6. わたしたちの住んでいる県

3. 世界とつながる地いき

関連する道徳の内容項目　B 相互理解，寛容　C 公正，公平，社会正義/国際理解，国際親善

到達目標

≫知識・技能
○県内の特色ある地域では，人々が協力して，特色あるまちづくりや観光などの産業の発展に努めていることがわかる。
○県内の特色ある地域の様子について，地図帳や様々な資料などで調べ，わかったことを県の白地図などにまとめることができる。

≫思考・判断・表現
○特色ある地域の県内における位置，人々の活動のおこりや成り立ち，様々な立場の人々の協力関係などから，地域の特色を考え，文などで表現することができる。
○地域の特色について，白地図などにまとめたことをもとに説明することができる。

≫主体的に学習に取り組む態度　※「主体的に学習に取り組む態度」は方向目標を示しています。
○県内の特色ある地域の様子について，学習問題をもとに粘り強く調べたり考えたりしようとする。
○学習をもとに，県内の特色ある地域の様子について関心をもって考えようとする。

評価規準

≫知識・技能
○地図で，総社市の岡山県における位置を調べている。
○資料で，総社市で国際交流がさかんになった背景を調べている。
○資料で，総社市での国際交流に関する様々な立場の人々の協力や取り組みを調べている。
○資料で，岡山県と外国とのつながりや，岡山県での国際交流の取り組みを調べている。
○地図帳などで，交流のある外国の名称と位置，国旗を調べている。
○国際交流に取り組む総社市の様子を白地図などにまとめている。
○総社市では，様々な人々が協力して，外国の人々と共にくらすまちづくりや国際交流の取り組みに努めていることを理解している。

●対応する学習指導要領の項目：(5) ア (ア)(イ)

≫思考・判断・表現
○総社市の外国の人々と共にくらすまちづくりの活動や国際交流と地域の発展を関連付けて，総社市の特色を考えている。
○総社市の特色について考えたことを文章で表現している。
○総社市の特色について，白地図などにまとめたことをもとに説明している。

●対応する学習指導要領の項目：(5) イ (ア)

≫ 主体的に学習に取り組む態度

○県内の特色ある地域の様子に関する学習問題に対して，自分なりに工夫をして調べようとしている。

○県内の特色ある地域の様子について，調べたり考えたりしたことをわかりやすく説明しようとしている。

○「世界とつながる地いき」の学習をして，わかったことを自分でふり返ってまとめている。

○学習をもとに，さらに県内の特色ある地域の様子について関心をもって考えようとしている。

学習活動

小単元名	時数	学習活動	社会的な見方・考え方の例
3. 世界とつながる地いき①	1	○写真を見て，総社市と外国とのつながりに関心をもち，学習問題をつくる。 ・総社市で行われている行事や，市で働く外国の人の仕事について調べる。	相互関係
3. 世界とつながる地いき②	1	○外国から来た人が，日本でのくらしの中で楽しんでいることについて調べる。	空間　相互関係
3. 世界とつながる地いき③	2	○外国の人の生活を支える市役所の取り組みについて調べる。 ・日本語教室事業や災害に備えた取り組みについて調べる。	相互関係
3. 世界とつながる地いき④	2	○岡山県と外国とのつながりについて調べる。 ・産業面での外国とのつながりについて調べる。 ・友好都市の関係など，岡山県や岡山市とほかの国や地域とのつながりを調べる。	空間　相互関係
3. 世界とつながる地いき⑤	2	○岡山県と外国の交通によるつながりについて調べ，これまでの学習をふり返って話し合う。 ・飛行機や船によるつながりについて調べる。 ・岡山県の特色ある地域についての学習をふり返り，カルタにまとめる。 ・特色ある地域や外国とのつながりなどに着目して，岡山県について学習したことを話し合う。	時間　空間　相互関係 比較・分類　総合 関連付け

2021年度〜

4年

| 4年 | 日文（2021年度〜） | 教科書：p.190〜191　配当時数：8時間　配当月：2月 |

6. わたしたちの住んでいる県（「土地の特色を生かした地いき」と「伝統的な文化を守る」は選択）

（選択単元）伝統的な文化を守る

関連する道徳の内容項目　C 勤労，公共の精神/伝統と文化の尊重，国や郷土を愛する態度　D 感動，畏敬の念

到達目標

≫知識・技能
○県内の特色ある地域では，人々が協力して，特色あるまちづくりや観光などの産業の発展に努めていることがわかる。
○県内の特色ある地域の様子について，地図帳や様々な資料などで調べ，わかったことを県の白地図などにまとめることができる。

≫思考・判断・表現
○特色ある地域の県内における位置，人々の活動のおこりや成り立ち，様々な立場の人々の協力関係などから，地域の特色を考え，文などで表現することができる。
○地域の特色について，白地図などにまとめたことをもとに説明することができる。

≫主体的に学習に取り組む態度　※「主体的に学習に取り組む態度」は方向目標を示しています。
○県内の特色ある地域の様子について，学習問題をもとに粘り強く調べたり考えたりしようとする。
○学習をもとに，県内の特色ある地域の様子について関心をもって考えようとする。

評価規準

≫知識・技能
○地図で，岡山市の岡山県における位置を調べている。
○資料で，岡山市にある古い建物や祭りの歴史を調べている。
○資料で，岡山市の古い建物や祭りを守り，まちづくりに生かすための様々な立場の人々の協力や取り組みを調べている。
○古い建物や祭りを守り生かす岡山市の様子を白地図などにまとめている。
○岡山市では，人々が協力して，古い建物や祭りを守り生かしたまちづくりや観光などの産業の発展に努めていることを理解している。

● 対応する学習指導要領の項目：(5) ア (ア)(イ)

≫思考・判断・表現
○古い建物や祭りを守り生かした岡山市のまちづくりや観光などの産業と地域の発展を関連付けて，岡山市の特色を考えている。
○岡山市の特色について考えたことを文章で表現している。
○岡山市の特色について，白地図などにまとめたことをもとに説明している。

● 対応する学習指導要領の項目：(5) イ (ア)

≫主体的に学習に取り組む態度
○県内の特色ある地域の様子に関する学習問題に対して，自分なりに工夫をして調べようとしている。
○県内の特色ある地域の様子について，調べたり考えたりしたことをわかりやすく説明しようとしている。
○「伝統的な文化を守る」の学習をして，わかったことを自分でふり返ってまとめている。
○学習をもとに，さらに県内の特色ある地域の様子について関心をもって考えようとしている。

学習活動

小単元名	時数	学習活動	社会的な見方・考え方の例
伝統的な文化を守る①	3	○西大寺観音院や周囲の町なみについて調べる。	時間　空間　相互関係
伝統的な文化を守る②	3	○西大寺観音院で行われる「西大寺会陽」について調べる。 ・祭りを安全に続けるための取り組みについて調べる。	時間　相互関係
伝統的な文化を守る③	2	○調べたことをふり返り，まとめる。	時間　空間　相互関係 比較・分類　総合 関連付け

| 5年 | 日文 | 教科書：p.6〜17　配当時数：6時間　配当月：4月 |

1. 日本の国土と人々のくらし

1. 世界から見た日本

関連する道徳の内容項目　C 伝統と文化の尊重，国や郷土を愛する態度/国際理解，国際親善

到達目標

≫知識・技能

○世界の中の日本の国土の位置，国土の構成，領土の範囲などが大まかにわかる。

○日本の国土について，地図帳や地球儀などで調べ，わかったことをまとめることができる。

≫思考・判断・表現

○世界の大陸と海洋，主な国の位置，海洋に囲まれ多数の島からなる国土の構成などから，日本の国土の特色を考えることができる。

○日本の国土の特色を，文などで表現したり，地図帳や地球儀を使って説明したりすることができる。

≫主体的に学習に取り組む態度　※「主体的に学習に取り組む態度」は方向目標を示しています。

○世界の中の日本の国土について，学習の進め方を見直しながら進んで調べたり考えたりしようとする。

○学習をもとに，日本の国土について関心をもって考えようとする。

評価規準

≫知識・技能

○地球儀や世界地図を見て，世界の大陸や大洋，主な国の位置を調べている。

○世界の中の日本の国土の位置を理解している。

○世界地図を見て，日本のまわりの国々や，日本の領土の範囲を調べている。

○日本の国土の構成，領土の範囲を理解している。

● 対応する学習指導要領の項目：(1) ア (ア)(ウ)

≫思考・判断・表現

○世界の国々や大陸，大洋から見た日本の位置の表し方を考え，文でまとめている。

○日本の国土の特色について話し合い，考えたことを発表している。

● 対応する学習指導要領の項目：(1) イ (ア)

≫主体的に学習に取り組む態度

○世界の中の日本の国土について，調べたいことを考え，自分で学習問題をつくっている。

○日本の国土について，調べたり考えたりしたことをわかりやすく発言しようとしている。

○「世界から見た日本」の学習をして，わかったことを自分でふり返ってまとめている。

○学習をもとに，さらに日本の国土について考えようとしている。

学習活動

小単元名	時数	学習活動	社会的な見方・考え方の例
大単元の導入	1	○地球の写真を見て，調べたいことを話し合う。	空間
1. 世界から見た日本①	1	○地球儀や地図帳を見て，世界の国や日本の国土について話し合い，学習問題をつくり，学習計画を立てる。 ・地球儀や地図帳を見て，地球の姿を調べる。 ・大陸や大洋について調べる。	空間　相互関係
1. 世界から見た日本②	2	○世界の主な国と国旗について調べる。 ・世界の主な国の名称や国旗，位置を地図帳で調べて，白地図にまとめる。 ・地球儀と地図の違いを調べる。 ・緯度や経度などによる位置の表し方を調べる。	空間　比較・分類
1. 世界から見た日本③	1	○日本の位置と領土の範囲，まわりの主な国々を調べる。 ・地球儀や地図帳で日本の位置や領土の範囲を調べる。 ・日本の位置と範囲についていろいろな表現で説明し合う。	空間　相互関係
1. 世界から見た日本④	1	○日本の領土をめぐる問題を調べる。 ・日本の領土と，領土をめぐる問題を調べる。 ○学習問題について，調べたことをふり返り，話し合う。	空間　相互関係 比較・分類　総合 関連付け

| 5年 | 日文 |

教科書：p.18〜27　配当時数：5時間　配当月：5月

1. 日本の国土と人々のくらし

2.日本の地形や気候

関連する道徳の内容項目　C 伝統と文化の尊重，国や郷土を愛する態度　D 感動，畏敬の念

到達目標

≫知識・技能

○国土の地形や気候について，資料や地図帳や地球儀などで調べ，わかったことをまとめることができる。

○国土の地形や気候の概要がわかる。

≫思考・判断・表現

○地形や気候から，国土の自然環境の特色を考えることができる。

○国土の気候や国土の特色を，文などで表現したり，白地図などにまとめたものをもとに説明したりすることができる。

≫主体的に学習に取り組む態度　※「主体的に学習に取り組む態度」は方向目標を示しています。

○国土の地形や気候について，学習の進め方を見直しながら進んで調べたり考えたりしようとする。

○学習をもとに，国土の地形や気候について関心をもって考えようとする。

評価規準

≫知識・技能

○統計資料や写真などで，国土の気候の概要を調べている。

○四季の変化が見られ，南北，太平洋側と日本海側で異なる国土の気候の特色を理解している。

○地図帳で，国土の地形の概要を調べている。

○山がちで平野が少ない国土の地形の特色を理解している。

● 対応する学習指導要領の項目：(1) ア（イ）（ウ）

≫思考・判断・表現

○国土の地形や気候の特色について話し合い，考えたことを発表している。

○国土の地形や気候の特色を白地図などにまとめている。

● 対応する学習指導要領の項目：(1) イ（イ）

≫主体的に学習に取り組む態度

○国土の地形や気候について，調べたいことを考え，自分で学習問題をつくっている。

○国土の地形や気候について，調べたり考えたりしたことをわかりやすく発言しようとしている。

○「日本の地形や気候」の学習をして，わかったことを自分でふり返ってまとめている。

○学習をもとに，さらに国土の地形や気候について調べている。

学習活動

小単元名	時数	学習活動	社会的な見方・考え方の例
2. 日本の地形や気候①	1	○地域による地形や気候の違いについて話し合い，学習問題をつくり，学習計画を立てる。 ・写真を見て，気づいたことを発表する。	時間　空間　比較・分類
2. 日本の地形や気候②	1	○国土の地形の特色について調べる。 ・日本の山地や山脈，平野，川などの位置や名前を地図帳で調べる。 ・日本の山地や平地の特色や広がり，川の特色を調べる。 ○日本の火山について調べる。 ・火山の噴火の，くらしや産業への影響について調べる。	空間　相互関係 比較・分類
2. 日本の地形や気候③	1	○日本の気候の特色について調べる。 ・日本のつゆや台風の特色を調べる。	空間　相互関係 比較・分類　関連付け
2. 日本の地形や気候④	1	○気温と降水量のグラフなどから，各地の気候の特色を調べる。	空間　相互関係 比較・分類　関連付け
2. 日本の地形や気候⑤	1	○気候と季節風の関わりについて調べる。 ○学習問題について，調べたことをふり返り，話し合う。	時間　空間　相互関係 比較・分類　総合 関連付け

| 5年 | 日文 |

教科書：p.28〜37　配当時数：5時間　配当月：5〜6月

1. 日本の国土と人々のくらし

(選択単元)3.さまざまな土地のくらし［1］あたたかい沖縄県に住む人々のくらし

関連する道徳の内容項目　C伝統と文化の尊重，国や郷土を愛する態度

到達目標

≫知識・技能

○あたたかい土地の自然条件の特色を調べ，まとめることができる。

○あたたかい土地に住む人々は，その自然条件に適応して生活していることがわかる。

≫思考・判断・表現

○あたたかい土地の自然条件と生活や産業を関連付けて考え，文などで表現したり，説明したりすることができる。

≫主体的に学習に取り組む態度　※「主体的に学習に取り組む態度」は方向目標を示しています。

○あたたかい土地のくらしについて，学習の進め方を見直しながら進んで調べたり考えたりしようとする。

○学習をもとに，あたたかい土地のくらしについて関心をもって考えようとする。

評価規準

≫知識・技能

○沖縄県の人の話から，あたたかい土地に住む人々の産業の工夫を調べ，まとめている。

○あたたかい土地に住む人々は，自然条件を生かした産業を行っていることを理解している。

○あたたかい土地に住む人々は，自然条件の中で工夫しながら生活していることを理解している。

○写真資料などから，沖縄の文化について調べ，まとめている。

●対応する学習指導要領の項目：(1) ア (イ)(ウ)

≫思考・判断・表現

○あたたかい土地の自然条件と，その土地の産業を関連付けて考えている。

○あたたかい土地の自然条件と，その土地に住む人々の生活を関連付けて考えている。

○学習したことを総合し，あたたかい土地に住む人々のくらしや産業の工夫について考え，ノートにまとめている。

●対応する学習指導要領の項目：(1) イ (イ)

≫主体的に学習に取り組む態度

○あたたかい土地のくらしについて，調べたいことを考え，自分で学習問題をつくっている。

○あたたかい土地のくらしについて，調べたり考えたりしたことをわかりやすく発言しようとしている。

○「あたたかい沖縄県に住む人々のくらし」の学習をして，わかったことを自分でふり返ってまとめている。

○学習したことをもとに，あたたかい土地のくらしについてさらに考えようとしている。

学習活動

小単元名	時数	学習活動	社会的な見方・考え方の例
単元の導入	1	○写真や資料を見て，地域による気候や地形の違いに関心をもち，気づいたり，疑問に思ったりしたことを話し合い，学習問題をつくり，学習計画を立てる。	空間　比較・分類
[1] あたたかい沖縄県に住む人々のくらし①	1	○沖縄県の位置や気候について調べる。 ・沖縄県の位置を教科書の地図や地図帳で調べる。 ・グラフなどの資料から沖縄県の気候の特色を調べる。	時間　空間　相互関係
[1] あたたかい沖縄県に住む人々のくらし②	1	○沖縄県の気候に合わせたくらしについて調べる。 ・沖縄県の家のつくりや工夫について調べる。	空間　相互関係
[1] あたたかい沖縄県に住む人々のくらし③	1	○沖縄県のあたたかい気候を生かした農業について調べる。 ・さとうきびづくりについて調べる。 ・小ぎくづくりの工夫について調べる。	空間　相互関係
[1] あたたかい沖縄県に住む人々のくらし④	1	○沖縄に多くの人が訪れる理由について調べる。 ・観光業について調べる。 ・調べたことをもとに，多くの人が訪れる理由を話し合う。 ○学習問題について，調べたことをふり返り，話し合う。	時間　空間　比較・分類　総合　関連付け

| 5年 | 日文 |

教科書：p.38〜45　配当時数：5時間　配当月：5〜6月

1. 日本の国土と人々のくらし

(選択単元)3. さまざまな土地のくらし 寒い土地のくらし-北海道旭川市-

関連する道徳の内容項目　C 伝統と文化の尊重，国や郷土を愛する態度

到達目標

≫知識・技能

○寒い土地の自然条件の特色を調べ，まとめることができる。

○寒い土地に住む人々は，その自然条件に適応して生活していることがわかる。

≫思考・判断・表現

○寒い土地の自然条件と生活や産業を関連付けて考え，文などで表現したり，説明したりすることができる。

≫主体的に学習に取り組む態度　※「主体的に学習に取り組む態度」は方向目標を示しています。

○寒い土地のくらしについて，学習の進め方を見直しながら進んで調べたり考えたりしようとする。

○学習をもとに，寒い土地のくらしについて関心をもって考えようとする。

評価規準

≫知識・技能

○寒い土地に住む人々の家の工夫を調べ，まとめている。

○寒い土地に住む人々は，自然条件の中で工夫しながら生活していることを理解している。

○寒い土地に住む人々は，自然条件を生かした産業を行っていることを理解している。

　　　　　　　　　　　　　　　　　　　　　　　　　　●対応する学習指導要領の項目：(1) ア (イ)(ウ)

≫思考・判断・表現

○寒い土地の自然条件と，その土地の産業を関連付けて考えている。

○寒い土地の自然条件と，その土地に住む人々の生活を関連付けて考えている。

○学習したことを総合し，寒い土地に住む人々のくらしや産業の工夫について考え，ノートにまとめている。

　　　　　　　　　　　　　　　　　　　　　　　　　　●対応する学習指導要領の項目：(1) イ (イ)

≫主体的に学習に取り組む態度

○寒い土地のくらしについて，調べたいことを考え，自分で学習問題をつくっている。

○寒い土地のくらしについて，調べたり考えたりしたことをわかりやすく発言しようとしている。

○「寒い土地のくらし-北海道旭川市-」の学習をして，わかったことを自分でふり返ってまとめている。

○学習したことをもとに，寒い土地のくらしについてさらに考えようとしている。

学習活動

小単元名	時数	学習活動	社会的な見方・考え方の例
単元の導入	1	○写真や資料を見て，気候や地形の違いに関心をもち，気づいたり，疑問に思ったりしたことを話し合い，学習問題をつくり，学習計画を立てる。	空間　比較・分類
寒い土地のくらし-北海道旭川市-①	1	○旭川市の位置や気候について調べる。 ・旭川市の位置を地図帳で調べる。 ・グラフなどの資料から旭川市の気候の特色を調べる。	時間　空間　相互関係
寒い土地のくらし-北海道旭川市-②	1	○旭川市の気候に合わせたくらしについて調べる。 ・旭川市の家のつくりや工夫について調べる。 ・雪への対策を調べる。	空間　相互関係
寒い土地のくらし-北海道旭川市-③	1	○旭川市の人々が行っている，気候を生かした農業を調べる。 ・旭川市の米作りについて調べる。 ・旭川市の野菜作りについて調べる。	空間　相互関係 関連付け
寒い土地のくらし-北海道旭川市-④	1	○旭川市に冬でも多くの観光客が訪れる理由について調べる。 ・旭川市の気候を生かした観光業を調べる。 ○学習問題について，調べたことをふり返り，話し合う。	時間　相互関係　総合 関連付け

| 5年 | 日文 | 教科書：p.46～55　配当時数：5時間　配当月：5～6月 |

1. 日本の国土と人々のくらし

(選択単元)3.さまざまな土地のくらし [2] 低地に住む岐阜県海津市の人々のくらし

関連する道徳の内容項目　C伝統と文化の尊重，国や郷土を愛する態度

到達目標

≫知識・技能
○低い土地の自然条件の特色を調べ，まとめることができる。
○低い土地に住む人々は，その自然条件に適応して生活していることがわかる。

≫思考・判断・表現
○低い土地の自然条件と生活や産業を関連付けて考え，文などで表現したり，説明したりすることができる。

≫主体的に学習に取り組む態度　※「主体的に学習に取り組む態度」は方向目標を示しています。
○低い土地のくらしについて，学習の進め方を見直しながら進んで調べたり考えたりしようとする。
○学習をもとに，低い土地のくらしについて関心をもって考えようとする。

評価規準

≫知識・技能
○昔の地図や写真資料などから，低い土地に住む人々の生活の変化を調べている。
○低い土地に住む人々は，自然条件の中で工夫しながら生活していることを理解している。
○海津市の人の話から，低い土地に住む人々の産業の工夫を調べ，まとめている。
○低い土地に住む人々は，自然条件を生かした産業を行っていることを理解している。

●対応する学習指導要領の項目：(1) ア (イ)(ウ)

≫思考・判断・表現
○低い土地の自然条件と，その土地に住む人々の生活を関連付けて考えている。
○低い土地の自然条件と，その土地の産業を関連付けて考えている。
○低い土地に住む人々のくらしや産業の工夫について考え，ノートにまとめている。

●対応する学習指導要領の項目：(1) イ (イ)

≫主体的に学習に取り組む態度
○低い土地のくらしについて，調べたいことを考え，自分で学習問題をつくっている。
○低い土地のくらしについて，調べたり考えたりしたことをわかりやすく発言しようとしている。
○「低地に住む岐阜県海津市の人々のくらし」の学習をして，わかったことを自分でふり返ってまとめている。
○学習をもとに，低い土地のくらしについてさらに考えようとしている。

学習活動

小単元名	時数	学習活動	社会的な見方・考え方の例
[2] 低地に住む岐阜県海津市の人々のくらし①	1	○海津市の土地の様子について調べる。 ・写真や資料を見て，海津市の土地や輪中の様子について調べる。	時間　空間　相互関係
[2] 低地に住む岐阜県海津市の人々のくらし②	1	○輪中に住む人々が，水害から生活を守ってきた様子を調べる。 ・昔の水害について調べる。 ・治水工事前後の洪水の被害の様子について調べる。 ・輪中に住む人々の水害からくらしを守る工夫について調べる。	時間　空間　相互関係 比較・分類
[2] 低地に住む岐阜県海津市の人々のくらし③	1	○輪中での農業の苦労や，豊かな水を生かした農業について調べる。 ・輪中での農業の歴史を調べる。 ・土地に合わせた農業の工夫を調べる。	時間　空間　相互関係 比較・分類
[2] 低地に住む岐阜県海津市の人々のくらし④	1	○今の海津市の人々の，水害への備えについて調べる。 ・海津市の消防署の人の話から調べる。 ○海津市の人々の，豊かな水の生活への生かし方を調べる。 ・海津市の自然を生かした施設や娯楽について調べる。	時間　空間　相互関係
[2] 低地に住む岐阜県海津市の人々のくらし⑤	1	○学習問題について，調べたことをふり返り，話し合う。 ・学習した二つの地域のくらしや産業の様子などを比較して，ふり返りシートにまとめる。	時間　相互関係　総合 関連付け

| 5年 | 日文 | 教科書：p.56〜63　配当時数：5時間　配当月：5〜6月 |

1. 日本の国土と人々のくらし

(選択単元)3. さまざまな土地のくらし 高い土地の くらし-群馬県嬬恋村-

関連する道徳の内容項目　C伝統と文化の尊重，国や郷土を愛する態度

到達目標

》知識・技能
○高い土地の自然条件の特色を調べ，まとめることができる。
○高い土地に住む人々は，その自然条件に適応して生活していることがわかる。

》思考・判断・表現
○高い土地の自然条件と生活や産業を関連付けて考え，文などで表現したり，説明したりすることができる。

》主体的に学習に取り組む態度　※「主体的に学習に取り組む態度」は方向目標を示しています。
○高い土地のくらしについて，学習の進め方を見直しながら進んで調べたり考えたりしようとする。
○学習をもとに，高い土地のくらしについて関心をもって考えようとする。

評価規準

》知識・技能
○嬬恋村の人の話などから，高い土地に住む人々の産業の工夫を調べ，まとめている。
○高い土地に住む人々は，自然条件を生かした産業を行っていることを理解している。
○写真資料などから，高い土地に住む人々の生活を調べている。
○高い土地に住む人々は，自然条件の中で工夫しながら生活していることを理解している。
　　　　　　　　　　　　　　　　　　　　　　　　　　　●対応する学習指導要領の項目：(1) ア (イ)(ウ)

》思考・判断・表現
○高い土地の自然条件と，その土地の産業を関連付けて考えている。
○高い土地の自然条件と，その土地に住む人々の生活を関連付けて考えている。
○高い土地に住む人々のくらしや産業の工夫について考え，ノートにまとめている。
　　　　　　　　　　　　　　　　　　　　　　　　　　●対応する学習指導要領の項目：(1) イ (イ)

》主体的に学習に取り組む態度
○高い土地のくらしについて，調べたいことを考え，自分で学習問題をつくっている。
○高い土地のくらしについて，調べたり考えたりしたことをわかりやすく発言しようとしている。
○「高い土地のくらし-群馬県嬬恋村-」の学習をして，わかったことを自分でふり返ってまとめている。
○学習をもとに，高い土地のくらしについてさらに考えようとしている。

学習活動

小単元名	時数	学習活動	社会的な見方・考え方の例
高い土地のくらし-群馬県嬬恋村-①	1	○嬬恋村の土地のようすや気候について調べる。 ・写真や資料を見て，嬬恋村の地形や土地利用，気候について話し合う。	時間　空間　相互関係
高い土地のくらし-群馬県嬬恋村-②	1	○嬬恋村のキャベツ作りについて調べる。 ・資料や農家の人の話などからキャベツ作りの工夫や努力を調べる。	時間　空間　相互関係
高い土地のくらし-群馬県嬬恋村-③	1	○気候を生かしたキャベツの出荷について調べる。 ・グラフやJAの人の話から，出荷の工夫を調べる。 ○嬬恋村がキャベツの産地にどのようにしてなったのかを調べる。 ・嬬恋村の開拓と農業の歴史を調べる。	時間　空間　相互関係
高い土地のくらし-群馬県嬬恋村-④	1	○嬬恋村に多くの観光客が訪れる理由について調べる。 ・資料や，村役場やジオパークの人の話から，気候や自然環境を生かした観光業について調べる。	時間　空間　相互関係
高い土地のくらし-群馬県嬬恋村-⑤	1	○学習問題について，調べたことをふり返り，話し合う。 ・学習した二つの地域のくらしや産業の様子などを比較して，ふり返りシートにまとめる。	時間　相互関係　総合 関連付け

| 5年 | 日文 | 教科書：p.66〜73　配当時数：4時間　配当月：6月 |

2. わたしたちの食生活を支える食料生産

1.食生活を支える食料の産地

関連する道徳の内容項目　C勤労，公共の精神/伝統と文化の尊重，国や郷土を愛する態度

到達目標

≫知識・技能
○食料生産は，自然条件を生かして営まれていることがわかる。
○食料の産地について，地図帳や統計資料などで調べ，わかったことをまとめることができる。

≫思考・判断・表現
○食料の産地から，日本の食料生産の特色を考え，文などで表したり，白地図などにまとめたものをもとに説明したりすることができる。

≫主体的に学習に取り組む態度　※「主体的に学習に取り組む態度」は方向目標を示しています。
○食料生産について，進んで調べたり考えたりしようとする。
○学習をもとに，日本の食料生産について考えようとする。

評価規準

≫知識・技能
○日本では様々な食料を生産していることを理解している。
○地図帳などを見て，食料の主な産地を調べ，白地図などにまとめている。
○食料の生産地は，自然条件を生かして広がっていることを理解している。
○食料生産の仕事について調べ，食料生産の概要を理解している。

● 対応する学習指導要領の項目：(2) ア (ア)(ウ)

≫思考・判断・表現
○食料の主な産地について考えたことをノートにまとめ，発表している。
○食料生産を支える人たちについて考えたことを話し合っている。

● 対応する学習指導要領の項目：(2) イ (ア)

≫主体的に学習に取り組む態度
○食料の産地について，調べたいことを考え，自分で学習問題をつくっている。
○食料の産地について，調べたり考えたりしたことをわかりやすく発言しようとしている。
○「食生活を支える食料の産地」の学習をして，わかったことを自分でふり返ってまとめている。
○学習をもとに，さらに日本の食料生産について調べている。

学習活動

小単元名	時数	学習活動	社会的な見方・考え方の例
大単元の導入	1	○自分がふだん食べているものを調べる。 ・学校の給食を調べ，話し合う。	比較・分類
1.食生活を支える食料の産地①	1	○自分たちが食べている食料品の産地を調べ，学習問題をつくり，学習計画を立てる。 ・店のちらしや店にある段ボール箱，値札などを見て産地調べをする。 ・白地図に調べたことをまとめ，産地マップをつくる。	空間　比較・分類
1.食生活を支える食料の産地②	1	○野菜，果物，畜産物の産地の広がりについて調べる。 ・つくった産地マップと教科書の地図を見て話し合う。	空間
1.食生活を支える食料の産地③	1	○食料生産を支える人たちについて考える。 ・食料が自分たちのもとに運ばれるまでを調べる。 ○学習問題について，自分の考えを発表し，話し合う。 ・さらに調べたいことをまとめ，学習計画を立てる。	空間　相互関係 比較・分類　総合 関連付け

129

| 5年 | 日文 | 教科書：p.74〜89　配当時数：7時間　配当月：6月 |

2. わたしたちの食生活を支える食料生産

2.米作りのさかんな地域

| 関連する道徳の内容項目 | C勤労，公共の精神

到達目標

》知識・技能

○米作りに関わる人々は，生産・輸送・販売方法などについて，様々な工夫や努力をして，食料生産を支えていることがわかる。
○米作りについて，地図帳や統計資料などで調べ，わかったことをまとめることができる。

》思考・判断・表現

○米作りの工程，働く人々の協力，生産技術の向上，輸送，価格や費用などから，米作りに関わる人々の工夫や努力について
　考え，文や関係図などで表現することができる。
○米作りに関わる人々の工夫や努力について，図表などにまとめたものをもとに説明することができる。

》主体的に学習に取り組む態度　　※「主体的に学習に取り組む態度」は方向目標を示しています。

○米作りに関わる人々の努力や工夫について，学習の進め方を見直しながら進んで調べたり考えたりしようとする。
○学習をもとに，今後の農業の発展について考えようとする。

評価規準

》知識・技能

○庄内平野で稲作がさかんな理由と自然条件の関わりを理解している。
○資料などから，米作りの1年間の仕事を読み取り，農作業ごよみにまとめている。
○庄内平野の農家の人々の米作りの仕事の工夫や努力について理解している。
○農業協同組合や農業試験場などが，農家の人たちの工夫や努力を支えていることを理解している。
○統計資料などから，米の値段には，どのような費用が含まれているかを調べている。
○米作り農家の人の話から，新しい取り組みについて調べている。

対応する学習指導要領の項目：(2) ア (イ)(ウ)

》思考・判断・表現

○庄内平野の自然条件と米作りに関わる人々の工夫や努力を関連付けて考えている。
○米の生産性の向上と米作りに関わる人々の工夫や努力を関連付けて考え，発表している。
○わたしたちのもとに米が届くまでにどのような人たちが関わっているかを考え，図にまとめている。

対応する学習指導要領の項目：(2) イ (イ)

》主体的に学習に取り組む態度

○庄内平野の米作りについて，調べたいことを考え，自分で学習問題をつくっている。
○米作りに関わる人々の工夫や努力について，調べたり考えたりしたことをわかりやすく発言しようとしている。
○米作りの仕事や工夫について考え，自分のことばでノートにまとめている。
○これからの米作りについて，友だちとの話し合いを通して自分の考えを見直している。
○「米作りのさかんな地域」の学習をして，わかったことを自分でふり返ってまとめている。
○学習をもとに，これからの農業の発展について考えようとしている。

学習活動

小単元名	時数	学習活動	社会的な見方・考え方の例
2.米作りのさかんな地域①	1	○自分たちのくらしと米との関わりについて，話し合う。 ・イラストを参考にして，米を使った料理や製品について話し合う。	空間　相互関係
2.米作りのさかんな地域②	1	○米作りに関する資料を見て話し合い，学習問題をつくり，学習計画を立てる。 ・統計資料などから，日本の米の産地を調べる。 ・庄内平野の米作りについて，調べたいことを考える。	空間　比較・分類
2.米作りのさかんな地域③	1	○庄内平野の写真や地図などを見て，気づいたことやわかったことを発表する。 ・空撮写真を見て，景観について話し合う。 ・土地利用図やグラフを読み取る。	空間　比較・分類
2.米作りのさかんな地域④	1	○米作りの作業の進め方を調べる。 ・農家の人の話や農事ごよみなどから，1年間の米作りの様子を調べる。	時間　空間
2.米作りのさかんな地域⑤	1	○米を大量に生産するための農家の人々の工夫について調べる。 ・グラフや写真から，農作業の変化について話し合う。 ・機械化と，ほ場整備について調べる。	時間　比較・分類
2.米作りのさかんな地域⑥	1	○安全でおいしい米をつくる取り組みについて調べる。 ・水田農業試験場で行われていることを調べる。 ・農薬や化学肥料を減らす取り組みを調べる。	相互関係
2.米作りのさかんな地域⑦	1	○庄内平野の米が消費者に届けられる様子を調べる。 ・米が届くまでについて調べる。 ・カントリーエレベーターについて調べる。 ○学習問題について，自分の考えを発表し，話し合う。	空間　相互関係 比較・分類　総合 関連付け

5年

| 5年 | 日文 | 教科書：p.90〜103　配当時数：7時間　配当月：7月 |

2. わたしたちの食生活を支える食料生産

(選択単元)3.水産業のさかんな地域

関連する道徳の内容項目　C勤労，公共の精神

到達目標

≫知識・技能
○水産業に関わる人々は，生産・輸送・販売方法などについて，様々な工夫や努力をして，食料生産を支えていることがわかる。
○水産業について，地図帳や統計資料などで調べ，わかったことをまとめることができる。

≫思考・判断・表現
○水産業の様子，働く人々の協力，生産技術の向上，輸送，価格や費用などから，水産業に関わる人々の工夫や努力について考え，文や関係図などで表現することができる。
○水産業に関わる人々の工夫や努力について，図表などにまとめたものをもとに発表することができる。

≫主体的に学習に取り組む態度　※「主体的に学習に取り組む態度」は方向目標を示しています。
○水産業に関わる人々の努力や工夫について，学習の進め方を見直しながら進んで調べたり考えたりしようとする。
○学習をもとに，今後の水産業について考えようとする。

評価規準

≫知識・技能
○日本近海で水産業がさかんな理由と自然条件の関わりを理解している。
○水産業で働く人にメールなどで質問して，仕事の様子を調べている。
○銚子市で沖合漁業をする人々の仕事の工夫や努力について理解している。
○資料から，とれた魚がどのように全国の消費地へ運ばれるかを読み取り，流れ図にまとめている。
○養殖業の仕事の様子や工夫を理解している。

● 対応する学習指導要領の項目：(2) ア (イ)(ウ)

≫思考・判断・表現
○水産業とわたしたちの生活を関連付けて考えている。
○わたしたちのもとに魚が届くまでにどのような人たちが関わっているかを考え，図にまとめている。
○水産業に関わる人々の工夫や努力を，食料生産を支える働きと関連付けて考え，発表している。
○地図資料やグラフなどを総合して，日本の水産業の現状と課題について考え，根拠を明確にしながら話し合っている。
○日本の水産業のかかえる課題と新しい取り組みを関連付けて考え，まとめている。

● 対応する学習指導要領の項目：(2) イ (イ)

≫主体的に学習に取り組む態度

○水産業について，調べたいことを考え，自分で学習問題をつくっている。

○水産業に関わる人々の工夫や努力について，調べたり考えたりしたことをわかりやすく発言しようとしている。

○水産業の現状と課題について考え，自分のことばでノートにまとめている。

○これからの水産業について，友だちとの話し合いを通して自分の考えを見直している。

○「水産業のさかんな地域」の学習をして，わかったことを自分でふり返ってまとめている。

○学習をもとに，さらに今後の水産業について考えようとしている。

学習活動

小単元名	時数	学習活動	社会的な見方・考え方の例
3. 水産業のさかんな地域①	1	○日本の水産業についての予想や疑問を出し合う。 ・普段どのような水産物を食べているかを話し合う。 ・資料を見て，水産業について考える。	空間
3. 水産業のさかんな地域②	1	○水産業に関する資料を見て話し合い，学習問題をつくり，学習計画を立てる。 ・資料から，日本の漁場や漁港の特色を見つける。	空間
3. 水産業のさかんな地域③	1	○千葉県銚子市でさかんな沖合漁業の様子を調べる。 ・まきあみ漁について調べる。	相互関係
3. 水産業のさかんな地域④	1	○銚子漁港のようすについて調べる。 ・写真から，銚子漁港やそのまわりの様子について調べる。 ・銚子漁港に水あげされた魚の動きと，漁港にある施設を調べる。	空間　相互関係
3. 水産業のさかんな地域⑤	1	○とった魚が消費者に届けられるまでについて調べる。 ・水あげされた魚が店に並ぶまでの流れを調べる。 ○学習問題について，自分の考えを発表し，話し合い，「さらに考えたい問題」をつくる。	時間　空間　相互関係
3. 水産業のさかんな地域⑥	1	○養殖業について調べる。 ・写真や資料から，有明海ののりの養殖について調べる。	相互関係
3. 水産業のさかんな地域⑦	1	○養殖業のかかえる問題について調べる。 ・日本の養殖業について調べる。 ・養殖業で起こっている問題を調べる。 ○学習についてふり返り，まとめる。 ・「さらに考えたい問題」について，自分の考えを発表する。	相互関係　比較・分類 総合　関連付け

5年

| 5年 | 日文 |

教科書：p.104～109　配当時数：7時間　配当月：7月

2. わたしたちの食生活を支える食料生産

（選択単元）畜産業のさかんな宮崎県

| 関連する道徳の内容項目 | C勤労，公共の精神

到達目標

》知識・技能

○畜産業に関わる人々は，生産・輸送・販売方法などについて，様々な工夫や努力をして，食料生産を支えていることがわかる。
○畜産業について，地図帳や統計資料などで調べ，わかったことをまとめることができる。

》思考・判断・表現

○畜産業の工程，働く人々の協力，生産技術の向上，輸送，価格や費用などから，畜産業に関わる人々の工夫や努力について考え，文や関係図などで表現することができる。
○畜産業に関わる人々の工夫や努力について，図表などにまとめたものをもとに説明することができる。

》主体的に学習に取り組む態度　※「主体的に学習に取り組む態度」は方向目標を示しています。

○畜産業に関わる人々の努力や工夫について，学習の進め方を見直しながら進んで調べたり考えたりしようとする。
○学習をもとに，今後の農業の発展について考えようとする。

評価規準

》知識・技能

○宮崎県で畜産業がさかんな理由と自然条件の関わりを理解している。
○資料などから，畜産業の1年間の仕事を読み取り，理解している。
○農家の人々の肉牛の飼育の仕事の工夫や努力について理解している。
○農業協同組合や農業試験場などが，農家の人たちの工夫や努力を支えていることを理解している。
○宮崎県で発生した口蹄疫の被害からの復興について調べている。
○宮崎県庁の人の話から，新しい取り組みについて調べている。

●対応する学習指導要領の項目：(2) ア (イ)(ウ)

》思考・判断・表現

○宮崎県の自然条件と畜産業に関わる人々の工夫や努力を関連付けて考えている。
○畜産業の生産性の向上と畜産業に関わる人々の工夫や努力を関連付けて考え，発表している。
○わたしたちのもとに牛肉が届くまでにどのような人たちが関わっているかを考え，図にまとめている。
○日本の畜産業の現状と努力について考え，根拠を示しながら話し合っている。
○畜産農家のかかえる課題と新しい取り組みを関連付けて考え，まとめている。

●対応する学習指導要領の項目：(2) イ (イ)

≫ 主体的に学習に取り組む態度

○宮崎県の畜産業について，調べたいことを考え，自分で学習問題をつくっている。

○畜産業に関わる人々の工夫や努力について，調べたり考えたりしたことをわかりやすく発言しようとしている。

○畜産業の現状と課題について考え，自分のことばでノートにまとめている。

○これからの畜産業について，友だちとの話し合いを通して自分の考えを見直している。

○「畜産業のさかんな宮崎県」の学習をして，わかったことを自分でふり返ってまとめている。

○学習をもとに，これからの農業の発展について考えようとしている。

学習活動

小単元名	時数	学習活動	社会的な見方・考え方の例
畜産業のさかんな宮崎県①	1	○宮崎県の畜産業に関する資料を見て話し合い，学習問題をつくる。 ・畜産業に適した自然条件について調べる。	空間　相互関係 比較・分類
畜産業のさかんな宮崎県②	1	○肉牛の繁殖農家の仕事を調べる。 ・写真や資料，農家の人の話から調べる。	相互関係
畜産業のさかんな宮崎県③	1	○肉牛の肥育農家の仕事を調べる。 ・写真や資料，農家の人の話から調べる。	相互関係
畜産業のさかんな宮崎県④	1	○肉牛の出荷までの流れを調べる。	時間　相互関係
畜産業のさかんな宮崎県⑤	1	○畜産農家の努力について調べる。 ・口蹄疫の被害からの復興について調べる。	相互関係
畜産業のさかんな宮崎県⑥	2	○宮崎県の宮崎牛の消費を増やす取り組みについて調べる。 ○学習問題について，自分の考えを発表し，話し合う。	相互関係　比較・分類 総合　関連付け

5年

| 5年 | 日文 |

教科書：p.110～111　配当時数：7時間　配当月：7月

2. わたしたちの食生活を支える食料生産

(選択単元) くだもの作りのさかんな和歌山県

| 関連する道徳の内容項目 | C勤労，公共の精神

到達目標

≫知識・技能

○果物作りに関わる人々は，生産・輸送・販売方法などについて，様々な工夫や努力をして，食料生産を支えていることがわかる。

○果物作りについて，地図帳や統計資料などで調べ，わかったことをまとめることができる。

≫思考・判断・表現

○果物作りの工程，働く人々の協力，生産技術の向上，輸送，価格や費用などから，果物作りに関わる人々の工夫や努力について考え，文や関係図などで表現することができる。

○果物作りに関わる人々の工夫や努力について，図表などにまとめたものをもとに説明することができる。

≫主体的に学習に取り組む態度　※「主体的に学習に取り組む態度」は方向目標を示しています。

○果物作りに関わる人々の努力や工夫について，学習の進め方を見直しながら進んで調べたり考えたりしようとする。

○学習をもとに，今後の農業の発展について考えようとする。

評価規準

≫知識・技能

○和歌山県有田市で果物作りがさかんな理由と自然条件の関わりを理解している。

○資料などから，果物作りの1年間の仕事を読み取り，理解している。

○農家の人々の果物作りの仕事の工夫や努力について理解している。

○農業協同組合や農業試験場などが，農家の人たちの工夫や努力を支えていることを理解している。

○果物作り農家の人の話から，新しい取り組みについて調べている。

●対応する学習指導要領の項目：(2) ア (イ)(ウ)

≫思考・判断・表現

○和歌山県有田市の自然条件と果物作りに関わる人々の工夫や努力を関連付けて考えている。

○果物の生産性の向上と果物作りに関わる人々の工夫や努力を関連付けて考え，発表している。

●対応する学習指導要領の項目：(2) イ (イ)

≫主体的に学習に取り組む態度

○和歌山県有田市の果物作りについて，調べたいことを考え，自分で学習問題をつくっている。

○果物作りに関わる人々の工夫や努力について，調べたり考えたりしたことをわかりやすく発言しようとしている。

○果物作りの仕事や工夫について考え，自分のことばでノートにまとめている。

○これからの果物作りについて，友だちとの話し合いを通して自分の考えを見直している。

○「くだもの作りのさかんな和歌山県」の学習をして，わかったことを自分でふり返ってまとめている。

○学習をもとに，これからの農業の発展について考えようとしている。

学習活動

小単元名	時数	学習活動	社会的な見方・考え方の例
くだもの作りのさかんな和歌山県①	2	○和歌山県有田市のみかん作りに関する資料を見て話し合い，学習問題をつくる。	空間　相互関係 比較・分類
くだもの作りのさかんな和歌山県②	1	○みかん作りに適した自然条件について調べる。	空間　相互関係 比較・分類
くだもの作りのさかんな和歌山県③	1	○みかん作りの仕事について調べる。	相互関係
くだもの作りのさかんな和歌山県④	1	○みかんの加工品をつくる会社を調べる。 ・写真や会社の人の話から調べる。	時間　相互関係
くだもの作りのさかんな和歌山県⑤	2	○学習問題について，自分の考えを発表し，話し合う。	相互関係　比較・分類 総合　関連付け

5年

| 5年 | 日文 | 教科書：p.112〜113　配当時数：7時間　配当月：7月 |

2. わたしたちの食生活を支える食料生産

（選択単元）野菜作りのさかんな高知県

関連する道徳の内容項目　C勤労，公共の精神

到達目標

≫知識・技能

○野菜作りに関わる人々は，生産・輸送・販売方法などについて，様々な工夫や努力をして，食料生産を支えていることがわかる。

○野菜作りについて，地図帳や統計資料などで調べ，わかったことをまとめることができる。

≫思考・判断・表現

○野菜作りの工程，働く人々の協力，生産技術の向上，輸送，価格や費用などから，野菜作りに関わる人々の工夫や努力について考え，文や関係図などで表現することができる。

○野菜作りに関わる人々の工夫や努力について，図表などにまとめたものをもとに説明することができる。

≫主体的に学習に取り組む態度　※「主体的に学習に取り組む態度」は方向目標を示しています。

○野菜作りに関わる人々の努力や工夫について，学習の進め方を見直しながら進んで調べたり考えたりしようとする。

○学習をもとに，今後の農業の発展について考えようとする。

評価規準

≫知識・技能

○野菜作りがさかんな理由と自然条件の関わりを理解している。

○資料などから，野菜作りの1年間の仕事を読み取り，理解している。

○農家の人々の野菜作りの仕事の工夫や努力について理解している。

○野菜作りの農家の出荷の工夫について理解している。

●対応する学習指導要領の項目：(2) ア (イ)(ウ)

≫思考・判断・表現

○自然条件と野菜作りに関わる人々の工夫や努力を関連付けて考えている。

○野菜の生産性の向上と野菜作りに関わる人々の工夫や努力を関連付けて考え，発表している。

○わたしたちのもとに野菜が届くまでにどのような人たちが関わっているかを考え，図にまとめている。

●対応する学習指導要領の項目：(2) イ (イ)

≫主体的に学習に取り組む態度

○野菜作りについて，調べたいことを考え，自分で学習問題をつくっている。

○野菜作りに関わる人々の工夫や努力について，調べたり考えたりしたことをわかりやすく発言しようとしている。

○野菜作りの現状と課題について考え，自分のことばでノートにまとめている。

○これからの野菜作りについて，友だちとの話し合いを通して自分の考えを見直している。

○「野菜作りのさかんな高知県」の学習をして，わかったことを自分でふり返ってまとめている。

○学習をもとに，これからの農業の発展について考えようとしている。

学習活動

小単元名	時数	学習活動	社会的な見方・考え方の例
野菜作りのさかんな高知県①	2	○高知県安芸市の野菜作りに関する資料を見て話し合い，学習問題をつくる。 ・野菜作りに適した自然条件について調べる。	空間　相互関係 比較・分類
野菜作りのさかんな高知県②	1	○野菜作りの仕事について調べる。	相互関係
野菜作りのさかんな高知県③	1	○野菜作りの工夫について調べる。	相互関係
野菜作りのさかんな高知県④	1	○野菜の出荷の工夫について調べる。	相互関係
野菜作りのさかんな高知県⑤	2	○学習問題について，自分の考えを発表し，話し合う。	相互関係　比較・分類 総合　関連付け

| 5年 | 日文 |

教科書：p.114〜129　配当時数：8時間　配当月：9月

2. わたしたちの食生活を支える食料生産

4.これからの食料生産

関連する道徳の内容項目　C 勤労，公共の精神/伝統と文化の尊重，国や郷土を愛する態度　D 自然愛護

到達目標

≫知識・技能

○食料生産は，わたしたちの食料を確保する重要な役割を果たしていることがわかる。

○食料生産の現状と課題について，統計資料などで調べ，わかったことをまとめることができる。

≫思考・判断・表現

○食料生産とわたしたちの生活を関連付けて考えることができる。

○食料生産がわたしたちの生活に果たす役割について，生産者と消費者の立場から多角的に考え，文で表したり，根拠を明確にして話し合ったりすることができる。

≫主体的に学習に取り組む態度　※「主体的に学習に取り組む態度」は方向目標を示しています。

○日本の食料生産の課題について，進んで調べたり考えたりしようとする。

○学習をもとに，これからの食料生産について考えようとする。

評価規準

≫知識・技能

○統計資料などで，日本と主な国の食料自給率について調べ，まとめている。

○日本の食料生産がかかえる課題を調べ，まとめている。

○食生活の変化により，日本の食料生産に変化があったことを理解している。

○食の安全・安心のための取り組みが行われていることを理解している。

○食料を安定して確保するための取り組みについて理解している。

● 対応する学習指導要領の項目：(2) ア (ア)(イ)(ウ)

≫思考・判断・表現

○食料生産とわたしたちの生活を関連付けて考えている。

○統計資料などを見て，日本の食料生産の現状と課題について，根拠や理由をもって話し合っている。

○日本の食料生産のかかえる課題と新しい取り組みを関連付けて考え，これからの食料生産について考えている。

● 対応する学習指導要領の項目：(2) イ (ア)(イ)

≫主体的に学習に取り組む態度

○これからの食料生産について，調べたいことを考え，自分で学習問題をつくっている。

○食料生産の現状と課題について考え，自分のことばでノートにまとめている。

○これからの食料生産について，友だちとの話し合いを通して自分の考えを見直している。

○「これからの食料生産」の学習をして，わかったことを自分でふり返ってまとめている。

○学習をもとに，さらにこれからの食料生産について考えようとしている。

学習活動

小単元名	時数	学習活動	社会的な見方・考え方の例
4. これからの食料生産 ①	1	○日本の食料の輸入について話し合い，学習問題をつくり，学習計画を立てる。 ・輸入している食料についての疑問を話し合う。	空間　比較・分類
4. これからの食料生産 ②	1	○日本の食料の自給率について調べる。 ・グラフから日本の食料自給率の移り変わりを調べる。 ・グラフなどから，食料の輸入が増えた理由を考える。 ・日本の食料生産の現状を調べる。	相互関係　比較・分類
4. これからの食料生産 ③	1	○食生活と食料の輸入との関わりについて調べる。 ・食料を輸入に頼ることで起こる問題について調べる。 ・世界の食料事情について調べる。	相互関係　関連付け
4. これからの食料生産 ④	1	○日本の食料生産をめぐる問題について調べる。 ・グラフから漁業の現状を調べる。 ・グラフから農業の現状を調べる。 ○学習問題について，自分の考えを発表し，話し合い，「さらに考えたい問題」をつくる。	相互関係　比較・分類 総合　関連付け
4. これからの食料生産 ⑤	1	○水産資源を守る取り組みについて調べる。 ・銚子市の漁師の話から調べる。 ・国や県の水産物の資源管理について調べる。	相互関係
4. これからの食料生産 ⑥	1	○農業の新しい取り組みについて調べる。 ・資料や米農家の人の話から，むだなく高品質の農作物をつくる取り組みを調べる。 ・野菜の生産性を上げる取り組みを調べる。	相互関係
4. これからの食料生産 ⑦	1	○国産の食料のよさを広める取り組みについて調べる。 ・地産地消の取り組みについて調べる。 ・トレーサビリティについて調べる。 ・国産の食料の輸出について調べる。 ○さらに考えたい問題について，自分の考えを発表する。	相互関係　比較・分類 総合　関連付け
4. これからの食料生産 ⑧	1	○これからの食料生産のあり方を生産者と消費者の立場から考えて，話し合う。 ・これからの食料生産と食料消費をどうすればよいか，自分たちはどのように行動すればよいかを考え，ノートにまとめる。	総合　関連付け

5年

| 5年 | 日文 |

教科書：p.132〜139　配当時数：4時間　配当月：10月

3. 工業生産とわたしたちのくらし

1. くらしや産業を支える工業生産

関連する道徳の内容項目　C勤労，公共の精神

到達目標

≫知識・技能
○日本では様々な工業生産が行われていることがわかる。
○工業のさかんな地域の広がりがわかる。
○工業生産について，地図帳や統計資料などで調べ，わかったことをまとめることができる。

≫思考・判断・表現
○工業の種類や工業のさかんな地域の分布から，日本の工業生産の特色を考え，文で表したり，根拠を明確にして話し合ったりすることができる。

≫主体的に学習に取り組む態度　　※「主体的に学習に取り組む態度」は方向目標を示しています。
○工業生産について，進んで調べたり考えたりしようとする。
○学習をもとに，日本の工業生産について考えようとする。

評価規準

≫知識・技能
○グラフなどを読み取り，日本の工業生産の特色を理解している。
○地図帳などを見て，工業のさかんな地域を調べ，白地図などにまとめている。
○工業のさかんな地域の分布と特色を理解している。
　　　　　　　　　　　　　　　　　　　　　　●対応する学習指導要領の項目：(3) ア (ア)(エ)

≫思考・判断・表現
○工業のさかんな地域の特色について考えたことをノートにまとめている。
　　　　　　　　　　　　　　　　　　　　　　●対応する学習指導要領の項目：(3) イ (ア)

≫主体的に学習に取り組む態度
○工業製品について，調べたいことを考え，自分で学習問題をつくっている。
○日本の工業生産について，調べたり考えたりしたことをわかりやすく発言しようとしている。
○「くらしや産業を支える工業生産」の学習をして，わかったことを自分でふり返ってまとめている。
○学習をもとに，さらに日本の工業生産について考えようとしている。

学習活動

小単元名	時数	学習活動	社会的な見方・考え方の例
大単元の導入	1	○身のまわりの工業製品について気づいたことを話し合う。 ・身のまわりの工業製品をカードに書く。 ・電話の移り変わりを調べる。	時間　比較・分類 関連付け
1. くらしや産業を支える工業生産①	1	○身のまわりにある工業製品について，学習問題をつくって，学習計画を立てる。 ・日本の工業の分類を調べる。	空間　比較・分類
1. くらしや産業を支える工業生産②	1	○日本の工業地帯・地域を調べる。 ・地図や統計資料などで調べる。	空間
1. くらしや産業を支える工業生産③	1	○工業がさかんな地域の分布と特色を調べる。 ・太平洋側に工場が集まっているわけを調べ，話し合う。 ○学習問題についてふり返り，まとめる。 ・さらに調べたいことをまとめ，学習計画を立てる。	空間　比較・分類 総合　関連付け

| 5年 | 日文 |

教科書：p.140～157　配当時数：8時間　配当月：10～11月

3. 工業生産とわたしたちのくらし

2.自動車工業のさかんな地域

関連する道徳の内容項目　C勤労，公共の精神

到達目標

≫知識・技能

○自動車の生産に関わる人々は，消費者のニーズや社会の変化に対応し，優れた製品をつくるために様々な工夫や努力をして，工業生産を支えていることがわかる。

○自動車生産について，地図や統計資料などで調べ，わかったことをまとめることができる。

≫思考・判断・表現

○自動車の製造工程，工場相互の協力，優れた技術などから，自動車づくりに関わる人々の工夫や努力について考え，文や関係図などで表現することができる。

○自動車づくりに関わる人々の工夫や努力について，新聞などにまとめたものをもとに発表することができる。

≫主体的に学習に取り組む態度　※「主体的に学習に取り組む態度」は方向目標を示しています。

○自動車の生産に関わる人々の努力や工夫について，学習の進め方を見直しながら進んで調べたり考えたりしようとする。

○学習をもとに，これからの自動車づくりについて考えようとする。

評価規準

≫知識・技能

○資料を見て，自動車をつくる工業がさかんな地域について理解している。

○自動車の製造工程の様子を理解している。

○自動車の組み立て工場の人々の仕事の工夫や努力について理解している。

○関連工場と組み立て工場の関係について理解している。

○資料から，完成した自動車がどのように国内や海外に運ばれるかを読み取り，流れ図にまとめている。

○資料などから，自動車の値段には，どのような費用が含まれているかを調べている。

○自動車会社の人の話などから，人々の願いに合わせた自動車開発について調べている。

● 対応する学習指導要領の項目：(3) ア (イ)(エ)

≫思考・判断・表現

○自動車の製造工程と働く人々の工夫や努力を関連付けて考えている。

○自動車工場と関連工場の協力関係について考え，発表している。

○自動車に乗る人々の願いと新しい自動車の開発を関連付けて考えている。

○自動車の現地生産が増えている理由について考え，友だちと話し合っている。

● 対応する学習指導要領の項目：(3) イ (イ)

≫主体的に学習に取り組む態度

○自動車づくりについて，調べたいことを考え，自分で学習問題をつくっている。

○自動車づくりに関わる人々の工夫や努力について，調べたり考えたりしたことをわかりやすく発言しようとしている。

○自動車開発について，友だちとの話し合いを通して自分の考えを見直している。

○「自動車工業のさかんな地域」の学習をして，わかったことを自分でふり返ってまとめている。

○学習をもとに，さらにこれからの自動車づくりについて考えようとしている。

学習活動

小単元名	時数	学習活動	社会的な見方・考え方の例
2.自動車工業のさかんな地域①	1	○日本の自動車工業について，学習問題をつくり，学習計画を立てる。 ・写真や統計資料などから，中京工業地帯でさかんな工業について調べる。 ・写真やグラフなどから，中京工業地帯の自動車工業を調べる。 ・普段のくらしでの，自動車の使われ方を話し合う。	空間　比較・分類
2.自動車工業のさかんな地域②	1	○自動車工場の仕事の様子を調べる。 ・流れ作業の様子を調べる。 ・自動車づくりの工夫を調べる。 ・自動車工場の見学の計画を立てる。	空間　相互関係
2.自動車工業のさかんな地域③	2	○組み立て工場で働く人々の仕事の工夫について調べる。 ・職場の作業の工夫について調べる。 ・働く人の勤務時間について調べる。	空間　相互関係
2.自動車工業のさかんな地域④	1	○自動車の部品がつくられている関連工場について調べる。 ・シートをつくる工場の仕事を調べる。 ・関連工場と組み立て工場のつながりについて話し合う。	相互関係
2.自動車工業のさかんな地域⑤	1	○完成した自動車が消費者のもとに届けられるまでについて調べる。 ・自動車の注文から納品までの流れを調べる。 ・自動車会社の現地生産について調べる。 ・自動車の生産・販売にかかる費用を調べる。	空間　相互関係
2.自動車工業のさかんな地域⑥	1	○安全で人にやさしい自動車づくりについて調べる。 ・自動車会社の人の話から調べる。	相互関係　関連付け
2.自動車工業のさかんな地域⑦	1	○環境にやさしい自動車づくりについて調べる。 ・環境に負荷をかけない自動車について調べる。 ・自動車のリサイクルについて調べる。 ○学習問題について，自分の考えを発表し，話し合う。	相互関係　比較・分類 総合　関連付け

| 5年 | 日文 | 教科書：p.158〜161　配当時数：8時間　配当月：10〜11月 |

3. 工業生産とわたしたちのくらし

(選択単元)わたしたちのくらしを支える食料品工業

関連する道徳の内容項目　C勤労，公共の精神

到達目標

≫知識・技能

○食料品工業に関わる人々は，社会の変化に対応し，優れた製品をつくるために様々な工夫や努力をして，工業生産を支えていることがわかる。

○食料品の工場について，地図や統計資料などで調べ，わかったことをまとめることができる。

≫思考・判断・表現

○食料品の生産工程，優れた技術などから，食料品の生産に関わる人々の工夫や努力について考え，文や関係図などで表現することができる。

○食料品の生産に関わる人々の工夫や努力について，まとめたものをもとに発表することができる。

≫主体的に学習に取り組む態度　　※「主体的に学習に取り組む態度」は方向目標を示しています。

○食料品の生産に関わる人々の努力や工夫について，学習の進め方を見直しながら進んで調べたり考えたりしようとする。

○学習をもとに，これからの食料品工業について考えようとする。

評価規準

≫知識・技能

○資料を見て，しょうゆの生産がさかんな地域について理解している。

○しょうゆの生産工程の様子を理解している。

○しょうゆ工場の人々の仕事の工夫や努力について理解している。

○資料から，完成したしょうゆがどのように出荷されるのかを読み取っている。

○しょうゆ工場で働く人の努力や工夫について理解している。

●対応する学習指導要領の項目：(3) ア (イ)(エ)

≫思考・判断・表現

○しょうゆの生産工程と働く人々の工夫や努力を関連付けて考えている。

○しょうゆの利用について考え，友だちと話し合っている。

○日本のしょうゆの生産の重要性を考え，根拠を示しながらまとめている。

●対応する学習指導要領の項目：(3) イ (イ)

》主体的に学習に取り組む態度

○しょうゆの生産について，調べたいことを考え，自分で学習問題をつくっている。

○しょうゆの生産に関わる人々の工夫や努力について，調べたり考えたりしたことをわかりやすく発言しようとしている。

○しょうゆの生産に関わる人々の取り組みについて，友だちとの話し合いを通して自分の考えを見直している。

○「わたしたちのくらしを支える食料品工業」の学習をして，わかったことを自分でふり返ってまとめている。

○学習をもとに，さらにこれからの食料品工業について考えようとしている。

学習活動

小単元名	時数	学習活動	社会的な見方・考え方の例
わたしたちのくらしを支える食料品工業①	1	○日本の食料品工業について話し合い，学習問題をつくる。 ・しょうゆを使った料理について話し合う。	空間　相互関係
わたしたちのくらしを支える食料品工業②	2	○しょうゆの生産がさかんな地域について調べる。 ・しょうゆの生産がさかんになった理由を調べる。 ・しょうゆの種類や原料を調べる。	空間　相互関係
わたしたちのくらしを支える食料品工業③	2	○しょうゆができるまでについて調べる。 ・しょうゆの生産工程を調べる。	空間　相互関係
わたしたちのくらしを支える食料品工業④	2	○しょうゆ工場で働く人の努力や思いを調べる。	空間　相互関係
わたしたちのくらしを支える食料品工業⑤	1	○学習問題について，自分の考えを発表し，話し合う。	相互関係　比較・分類 総合　関連付け

5年

| 5年 | 日文 |

教科書：p.162〜165　配当時数：8時間　配当月：10〜11月

3. 工業生産とわたしたちのくらし

（選択単元）わたしたちのくらしを支える製鉄業

関連する道徳の内容項目　C勤労，公共の精神

到達目標

≫知識・技能
○製鉄に関わる人々は，社会の変化に対応し，優れた製品をつくるために様々な工夫や努力をして，工業生産を支えていることがわかる。
○製鉄所について，地図や統計資料などで調べ，わかったことをまとめることができる。

≫思考・判断・表現
○鉄をつくる工程，優れた技術などから，製鉄に関わる人々の工夫や努力について考え，文や関係図などで表現することができる。
○製鉄に関わる人々の工夫や努力について，まとめたものをもとに発表することができる。

≫主体的に学習に取り組む態度　※「主体的に学習に取り組む態度」は方向目標を示しています。
○製鉄に関わる人々の努力や工夫について，学習の進め方を見直しながら進んで調べたり考えたりしようとする。
○学習をもとに，これからの製鉄について考えようとする。

評価規準

≫知識・技能
○資料を見て，製鉄がさかんな地域について理解している。
○鉄の製造工程の様子を理解している。
○製鉄所の人々の仕事の工夫や努力について理解している。
○資料から，完成した鉄がどのように出荷されるのかを読み取っている。

● 対応する学習指導要領の項目：(3) ア (イ)(エ)

≫思考・判断・表現
○鉄の製造工程と働く人々の工夫や努力を関連付けて考えている。
○鉄の利用について考え，友だちと話し合っている。
○日本の製鉄の重要性を考え，根拠を示しながらまとめている。

● 対応する学習指導要領の項目：(3) イ (イ)

≫主体的に学習に取り組む態度
○製鉄について，調べたいことを考え，自分で学習問題をつくっている。
○製鉄に関わる人々の工夫や努力について，調べたり考えたりしたことをわかりやすく発言しようとしている。
○製鉄に関わる人々の取り組みについて，友だちとの話し合いを通して自分の考えを見直している。
○「わたしたちのくらしを支える製鉄業」の学習をして，わかったことを自分でふり返ってまとめている。
○学習をもとに，さらにこれからの製鉄について考えようとしている。

学習活動

小単元名	時数	学習活動	社会的な見方・考え方の例
わたしたちのくらしを支える製鉄業①	1	○日本の鉄の生産について話し合い，学習問題をつくる。 ・身のまわりの鉄が使われているものについて話し合う。	空間　相互関係 比較・分類
わたしたちのくらしを支える製鉄業②	1	○日本の主な製鉄所の位置を調べる。	空間　相互関係
わたしたちのくらしを支える製鉄業③	2	○鉄ができるまでについて調べる。 ・鉄の原料と入手の方法について調べる。 ・鉄の生産工程を調べる。	空間　相互関係
わたしたちのくらしを支える製鉄業④	2	○製鉄所で働く人の工夫や努力を調べる。	空間　相互関係
わたしたちのくらしを支える製鉄業⑤	1	○製鉄所の資源やエネルギーをむだにしない技術について調べる。 ・資料から，日本の製鉄所のリサイクルの技術を調べる。	相互関係　比較・分類
わたしたちのくらしを支える製鉄業⑥	1	○学習問題について，自分の考えを発表し，話し合う。	相互関係　比較・分類 総合　関連付け

| 5年 | 日文 |

教科書：p.166〜169　配当時数：8時間　配当月：10〜11月

3. 工業生産とわたしたちのくらし

（選択単元）わたしたちのくらしを支える石油工業

関連する道徳の内容項目　C勤労，公共の精神

到達目標

≫知識・技能

○石油工業に関わる人々は，社会の変化に対応し，優れた製品をつくるために様々な工夫や努力をして，工業生産を支えていることがわかる。

○石油工業について，地図や統計資料などで調べ，わかったことをまとめることができる。

≫思考・判断・表現

○石油製品ができるまでの工程，優れた技術などから，石油工業に関わる人々の工夫や努力について考え，文や関係図などで表現することができる。

○石油工業に関わる人々の工夫や努力について，まとめたものをもとに発表することができる。

≫主体的に学習に取り組む態度　※「主体的に学習に取り組む態度」は方向目標を示しています。

○石油工業に関わる人々の努力や工夫について，学習の進め方を見直しながら進んで調べたり考えたりしようとする。

○学習をもとに，これからの石油工業について考えようとする。

評価規準

≫知識・技能

○資料を見て，製油所がある地域について理解している。

○石油製品ができるまでの工程の様子を理解している。

○製油所の人々の仕事の工夫や努力について理解している。

○資料から，石油がどのように加工されるのかを読み取っている。

●対応する学習指導要領の項目：(3) ア (イ)(エ)

≫思考・判断・表現

○石油製品ができるまでの工程と働く人々の工夫や努力を関連付けて考えている。

○石油の利用について考え，友だちと話し合っている。

○日本の石油工業の重要性を考え，根拠を示しながらまとめている。

●対応する学習指導要領の項目：(3) イ (イ)

≫主体的に学習に取り組む態度

○石油工業について，調べたいことを考え，自分で学習問題をつくっている。

○石油工業に関わる人々の工夫や努力について，調べたり考えたりしたことをわかりやすく発言しようとしている。

○石油工業に関わる人々の取り組みについて，友だちとの話し合いを通して自分の考えを見直している。

○「わたしたちのくらしを支える石油工業」の学習をして，わかったことを自分でふり返ってまとめている。

○学習をもとに，さらにこれからの石油工業について考えようとしている。

学習活動

小単元名	時数	学習活動	社会的な見方・考え方の例
わたしたちのくらしを支える石油工業①	2	○日本の石油工業について話し合い，学習問題をつくる。 ・資料で石油製品の種類を見て，話し合う。 ・石油の主な輸入先を調べる。 ・日本の主な製油所や石油化学コンビナート，タンカーについて調べる。	空間　相互関係 比較・分類
わたしたちのくらしを支える石油工業②	2	○原油から様々な工業製品になるまでの流れについて調べる。	空間　相互関係
わたしたちのくらしを支える石油工業③	2	○製油所のまわりの様子を調べる。 ・製油所の安全対策や環境を守るための取り組みについて調べる。	空間　相互関係
わたしたちのくらしを支える石油工業④	1	○製油所の地域とのつながりについて調べる。	空間　相互関係
わたしたちのくらしを支える石油工業⑤	1	○学習問題について，自分の考えを発表し，話し合う。	相互関係　比較・分類 総合　関連付け

| 5年 | 日文 | 教科書：p.170〜185　配当時数：8時間　配当月：11月 |

3. 工業生産とわたしたちのくらし

3.日本の貿易とこれからの工業生産

関連する道徳の内容項目 C勤労，公共の精神/国際理解，国際親善

到達目標

≫知識・技能

○貿易や運輸は，原材料の入手や製品の販売などにおいて，工業生産を支えていることがわかる。

○貿易や運輸について，地図や統計資料などで調べ，わかったことをまとめることができる。

○日本の工業を支える，各地の伝統を生かした工業や中小工場の技術を生かした工夫について調べ，まとめることができる。

○日本の工業生産の課題と，解決するための取り組みについてわかる。

≫思考・判断・表現

○交通網の広がり，外国との関わりなどから，貿易や運輸について考え，工業生産における役割を文などで表したり，まとめたものをもとに話し合ったりすることができる。

○日本の工業生産の課題について考えることができる。

○日本の工業生産について，消費者や生産者の立場から多角的に考え，これからの工業の発展について，自分の考えをまとめることができる。

≫主体的に学習に取り組む態度　※「主体的に学習に取り組む態度」は方向目標を示しています。

○貿易や運輸について，学習の進め方を見直しながら進んで調べたり考えたりしようとする。

○学習をもとに，貿易や運輸と工業生産の関わりについて，さらに考えようとする。

○これからの工業生産について，学習の進め方を見直しながら進んで調べたり考えたりしようとする。

○学習をもとに，これからの工業生産について，さらに考えようとする。

評価規準

≫知識・技能

○グラフや地図資料から，工業製品の輸送について調べている。

○工業生産は，運輸の働きによって支えられていることを理解している。

○統計資料などから，日本の輸出入の様子を調べ，日本の貿易の特色を理解している。

○工業生産と貿易の関わりを理解している。

　　　　　　　　　　　　　　　　　　　　　　　● 対応する学習指導要領の項目：(3) ア (ウ)(エ)

○技術を生かした中小工場の工夫について理解している。

○日本の工業の課題を解決するためにいろいろな取り組みが行われていることを理解している。

　　　　　　　　　　　　　　　　　　　　　　　● 対応する学習指導要領の項目：(3) ア (イ)(エ)

≫思考・判断・表現

○交通網の広がりと工業製品の輸送を関連付けて考えている。

○輸出入を通した外国との関わりと工業生産を関連付けて考えている。

○工業生産における貿易や運輸の役割を考え，まとめている。

　　　　　　　　　　　　　　　　　　　　　　　● 対応する学習指導要領の項目：(3) イ (ウ)

○写真やグラフなどの資料を見て，日本の工業生産の課題について根拠を示しながら話し合っている。

○学習をふり返り，これからの工業生産で大切なことを話し合ってまとめている。

● 対応する学習指導要領の項目：(3) イ (イ)

≫主体的に学習に取り組む態度

○貿易と運輸や工業生産について，調べたいことを考え，自分で学習問題をつくっている。

○貿易と運輸や工業生産の課題について，調べたり考えたりしたことをわかりやすく発言しようとしている。

○工業生産と貿易と運輸の関わりや工業生産の今後について，友だちとの話し合いを通して自分の考えを見直している。

○「日本の貿易とこれからの工業生産」の学習をして，わかったことを自分でふり返ってまとめている。

○学習をもとに，貿易や運輸と工業生産の関わりについて，さらに考えようとしている。

学習活動

小単元名	時数	学習活動	社会的な見方・考え方の例
3. 日本の貿易とこれからの工業生産①	1	○日本の工業を支える運輸や貿易について話し合い，学習問題をつくり，学習計画を立てる。 ・国内外の輸送の内わけを調べる。 ・日本の主な交通網を調べる。	空間　相互関係
3. 日本の貿易とこれからの工業生産②	1	○日本の輸入の特色を調べる。 ・主な原料・エネルギー資源の輸入先を調べる。 ・主な原料・エネルギー資源の輸入量と国内生産の割合を調べる。 ・輸入品の移り変わりを調べる。	時間　空間　比較・分類
3. 日本の貿易とこれからの工業生産③	1	○日本の輸出の特色を調べる。 ・輸出品の移り変わりを調べる。 ・加工貿易について調べる。 ・日本と貿易の多い国や地域を調べる。	時間　空間　比較・分類
3. 日本の貿易とこれからの工業生産④	1	○これからの貿易について考える。 ・貿易摩擦について調べる。 ・産業の空洞化について調べる。 ・自由な貿易について調べる。 ○学習問題について，自分の考えを発表し，話し合い，「さらに考えたい問題」をつくる。	相互関係　総合 関連付け
3. 日本の貿易とこれからの工業生産⑤	1	○大工場と中小工場の違いを調べる。 ・グラフから大工場と中小工場の違いについて話し合う。 ・大阪府東大阪市の中小工場について調べる。	相互関係　比較・分類
3. 日本の貿易とこれからの工業生産⑥	1	○中小工場の特色について調べる。 ・工場の人の話から，中小工場の高い技術を生かしたものづくりを調べる。 ・中小工場のつながりの強みについて話し合う。	空間　相互関係
3. 日本の貿易とこれからの工業生産⑦	1	○社会の変化に合わせた工業生産について調べる。 ・高い技術を生かした新しい工業生産について調べる。	相互関係
3. 日本の貿易とこれからの工業生産⑧	1	○これまでの学習をふり返り，「さらに考えたい問題」について話し合う。 ・工業生産を発展させるために大切なことについて考える。	空間　相互関係

| 5年 | 日文 |

教科書：p.188〜203　配当時数：8時間　配当月：11〜12月

4. 情報社会に生きるわたしたち

(選択単元)1.情報をつくり，伝える

| 関連する道徳の内容項目 | A 善悪の判断，自律，自由と責任　C公正，公平，社会正義/勤労，公共の精神

到達目標

≫知識・技能

○新聞について，聞き取り調査や映像や新聞などの資料で調べ，まとめることができる。

○新聞は，わたしたちのくらしに大きな影響を及ぼしていることがわかる。

○情報の活用は，わたしたちのくらしを向上させていることがわかる。

≫思考・判断・表現

○新聞社が情報を集め発信するまでの工夫や努力などについて考え，流れ図などで表すことができる。

○新聞がわたしたちのくらしに果たす役割を考え，文で表したり，根拠を明確にして話し合ったりすることができる。

○新聞から得る情報の活用を送り手と受け手の立場から多角的に考え，受け手としての正しい判断や送り手として責任を持つことが大切であることに気づくことができる。

○情報化社会の課題やよさについて考え，文で表したり，根拠を明確にして話し合ったりすることができる。

≫主体的に学習に取り組む態度　※「主体的に学習に取り組む態度」は方向目標を示しています。

○新聞に関わる人々の努力や工夫について，学習の進め方を見直しながら進んで調べたり考えたりしようとする。

○学習をもとに，情報産業のくらしへの生かし方について考えようとする。

○情報の活用について，学習の進め方を見直しながら進んで調べたり考えたりしようとする。

評価規準

≫知識・技能

○新聞社で記事をつくる仕事の様子を理解している。

○新聞社で働く人の話から，記事づくりに関わる人々は，正確な情報をわかりやすく速く伝えるために働いていることを理解している。

> 対応する学習指導要領の項目：(4) ア (ア)(ウ)

○新聞などで報道される情報の影響と上手な生かし方について理解している。

> 対応する学習指導要領の項目：(4) ア (ア)

○情報を活用する際のルールやマナーについて理解している。

○情報を正しく活用するために必要なことを理解している。

> 対応する学習指導要領の項目：(4) ア (イ)(ウ)

≫思考・判断・表現

○新聞社で働く人々の工夫や努力について考えている。

○新聞社などから発信される情報とわたしたちのくらしを関連付けて考えている。

○情報が届けられるまでの流れを総合し，大切にされていることについて考えている。

> 対応する学習指導要領の項目：(4) イ (ア)

○情報の活用について話し合ったことを総合し，大切だと思うことを文にまとめている。

> 対応する学習指導要領の項目：(4) イ (イ)

≫主体的に学習に取り組む態度

○新聞社や情報の活用について，調べたいことを考え，自分で学習問題をつくっている。

○新聞社の記事づくりに関わる人々の工夫や努力について，調べたり考えたりしたことをわかりやすく発言しようとしている。

○報道される情報の影響やインターネットの利用のしかたについて，友だちとの話し合いを通して自分の考えを見直している。

○「情報をつくり，伝える」の学習をして，わかったことを自分でふり返ってまとめている。

○学習をもとに，情報産業のくらしへの生かし方についてさらに考えようとしている。

学習活動

小単元名	時数	学習活動	社会的な見方・考え方の例
大単元の導入	1	○くらしのなかでどのような情報をどのような方法で入手しているかを話し合う。 ・イラストや写真を見て，話し合う。	相互関係
1. 情報をつくり，伝える①	1	○主なメディアの特徴について話し合い，学習問題をつくり，学習計画を立てる。	比較・分類
1. 情報をつくり，伝える②	1	○新聞に掲載されている情報について調べる。 ・自分や家族の人たちが新聞のどんな情報を読んでいるかを発表する。 ・新聞の紙面を見て，どんな情報が掲載されているかを調べる。	比較・分類
1. 情報をつくり，伝える③	1	○新聞の記事の情報がどのように集められているかを調べる。 ・取材記者の仕事について調べる。	相互関係
1. 情報をつくり，伝える④	1	○新聞が配達されるまでの仕事の内容や流れを調べる。 ・編集局のしくみを調べる。 ・新聞社で働く人の話から，仕事の様子を調べる。	相互関係
1. 情報をつくり，伝える⑤	1	○マスメディアがくらしに与える影響を考える。 ・二つの新聞を見比べ，気づいたことを出し合う。 ・いろいろなマスメディアがくらしに与える影響について調べる。	相互関係　比較・分類
1. 情報をつくり，伝える⑥	1	○学習問題について，自分の考えを発表し，話し合い，「さらに考えたい問題」をつくる。 ○個人のメディアの活用について調べる。	相互関係　総合 関連付け
1. 情報をつくり，伝える⑦	1	○情報社会で起きている問題について調べる。 ・インターネットの利用上の問題点について調べる。 ○これまでの学習をふり返り，「さらに考えたい問題」について発表する。 ・資料から，インターネットでの情報のやり取りの注意点を考える。	相互関係　比較・分類 総合　関連付け

| 5年 | 日文 | 教科書：p.204〜207　配当時数：8時間　配当月：11〜12月 |

4. 情報社会に生きるわたしたち
（選択単元）放送局のはたらき

関連する道徳の内容項目　Ａ善悪の判断，自律，自由と責任　Ｃ公正，公平，社会正義/勤労，公共の精神

到達目標

》知識・技能
○放送産業について，聞き取り調査や映像や新聞などの資料で調べ，まとめることができる。
○放送産業は，わたしたちのくらしに大きな影響を及ぼしていることがわかる。

》思考・判断・表現
○放送局が情報を集め発信するまでの工夫や努力などについて考え，流れ図などで表すことができる。
○放送産業がわたしたちのくらしに果たす役割を考え，文で表したり，根拠を明確にして話し合ったりすることができる。
○放送産業から得る情報の活用を送り手と受け手の立場から多角的に考え，受け手としての正しい判断や送り手として責任を持つことが大切であることに気づくことができる。

》主体的に学習に取り組む態度　※「主体的に学習に取り組む態度」は方向目標を示しています。
○放送産業に関わる人々の努力や工夫について，学習の進め方を見直しながら進んで調べたり考えたりしようとする。
○学習をもとに，情報産業のくらしへの生かし方について考えようとする。

評価規準

》知識・技能
○放送局でニュース番組をつくる仕事の様子を理解している。
○放送局で働く人の話から，ニュース番組づくりに関わる人々は，正確な情報をわかりやすく速く伝えるために働いていることを理解している。
　　　　　　　　　　　　　　　　　　　　　　　　　　● 対応する学習指導要領の項目：(4) ア (ア)(ウ)
○テレビなどで放送される情報の影響と上手な生かし方について理解している。
　　　　　　　　　　　　　　　　　　　　　　　　　　　● 対応する学習指導要領の項目：(4) ア (ア)

》思考・判断・表現
○放送局で働く人々の工夫や努力について考えている。
○放送局などから発信される情報とわたしたちのくらしを関連付けて考えている。
○情報が届けられるまでの流れを総合し，大切にされていることについて考えている。
　　　　　　　　　　　　　　　　　　　　　　　　　　　● 対応する学習指導要領の項目：(4) イ (ア)

》主体的に学習に取り組む態度
○放送局について，調べたいことを考え，自分で学習問題をつくっている。
○ニュース番組づくりに関わる人々の工夫や努力について，調べたり考えたりしたことをわかりやすく発言しようとしている。
○放送される情報の影響について，友だちとの話し合いを通して自分の考えを見直している。
○「放送局のはたらき」の学習をして，わかったことを自分でふり返ってまとめている。
○学習をもとに，情報産業のくらしへの生かし方についてさらに考えようとしている。

学習活動

小単元名	時数	学習活動	社会的な見方・考え方の例
大単元の導入	1	○くらしのなかでどのような情報をどのような方法で入手しているかを話し合う。 ・イラストや写真を見て，話し合う。	相互関係
放送局のはたらき①	2	○テレビ番組にはどのようなものがあるかを話し合い，学習問題をつくる。 ・新聞のテレビ欄をもとに話し合う。 ・ニュース番組について疑問を出し合う。	比較・分類
放送局のはたらき②	1	○放送局を見学する計画を立てる。	相互関係
放送局のはたらき③	3	○ニュース番組が放送されるまでの仕事の内容と流れを調べる。 ○放送局で働く人の工夫や努力を調べる。 ・プロデューサーの話から調べる。 ・アナウンサーの人が気をつけていることを調べる。	相互関係
放送局のはたらき④	1	○これまでの学習をふり返り，学習問題について話し合う。	相互関係　総合 関連付け

| 5年 | 日文 |

教科書：p.208〜221　配当時数：7時間　配当月：1月

4. 情報社会に生きるわたしたち

（選択単元）2.情報を生かして発展する産業

関連する道徳の内容項目　C勤労，公共の精神

到達目標

≫知識・技能
○産業における情報の生かし方について，聞き取り調査や映像や新聞などの資料で調べ，わかったことをまとめることができる。
○大量の情報や情報通信技術の活用は，様々な産業を発展させ，わたしたちのくらしをよりよくしていることがわかる。

≫思考・判断・表現
○情報を活用した産業の変化や発展とわたしたちのくらしの向上を関連付けて考え，文で表したり，根拠を明確にして話し合ったりすることができる。

≫主体的に学習に取り組む態度　※「主体的に学習に取り組む態度」は方向目標を示しています。
○情報を生かした産業に関わる人々の努力や工夫について，学習の進め方を見直しながら進んで調べたり考えたりしようとする。
○学習をもとに，情報化社会のよさや課題について考えようとする。

評価規準

≫知識・技能
○気象情報を生かしたサービスの提供をする会社のサービスのしくみを理解している。
○食品を生産する仕事では，商品の生産に情報が活用されていることを理解している。
○情報の活用で，食品の生産の仕事や販売の仕事，わたしたちのくらしが変化していることを理解している。

● 対応する学習指導要領の項目：(4) ア (イ)(ウ)

≫思考・判断・表現
○食品の生産と情報の活用を関連付けて考えている。
○情報通信技術の発達と産業の情報活用の広がりを関連付けて考えている。
○学習を総合し，情報活用について，「わたしたち」と「産業の立場」を比較してまとめている。

● 対応する学習指導要領の項目：(4) イ (イ)

≫主体的に学習に取り組む態度
○産業における情報の活用について，調べたいことを考え，自分で学習問題をつくっている。
○情報を生かす産業について，調べたり考えたりしたことをわかりやすく発言しようとしている。
○食品の生産や販売の仕事における情報活用について，友だちとの話し合いを通して自分の考えを見直している。
○「情報を生かして発展する産業」の学習をして，わかったことを自分でふり返ってまとめている。
○学習をもとに，情報化社会のよさや課題についてさらに考えようとしている。

学習活動

小単元名	時数	学習活動	社会的な見方・考え方の例
2. 情報を生かして発展する産業①	1	○気象情報とくらしとの関わりを調べる。 ・天気予報がどんなときに役に立っているかを話し合う。 ・ウェブサイトでいろいろな気象情報を調べる。 ・気象情報が役立っているものを出し合う。	相互関係
2. 情報を生かして発展する産業②	1	○気象情報を生かしたサービスについて話し合い，学習問題をつくり，学習計画を立てる。 ・気象情報を提供する会社のサービスのしくみを調べる。	相互関係
2. 情報を生かして発展する産業③	1	○アイスクリームをつくる会社で予測情報がどのように活用されているかを調べる。 ・資料や会社の人の話から調べる。	相互関係
2. 情報を生かして発展する産業④	1	○とうふをつくる会社で予測情報がどのように活用されているかを調べる。 ・資料や会社の人の話から調べる。	時間　相互関係
2. 情報を生かして発展する産業⑤	1	○提供される商品の生産や出荷量の情報を生かすうえで大切なことを調べる。 ・食品を生産する会社へ提供する予測情報について，疑問に思ったことを話し合う。 ・情報を提供する会社の人の話から調べる。 ○学習問題について，自分の考えを発表し，話し合い，「さらに考えたい問題」をつくる。	相互関係
2. 情報を生かして発展する産業⑥	1	○産業で販売情報がどのように生かされているかを調べる。 ・資料から，販売情報を生かした取り組みを調べる。 ・情報化の進行でくらしや社会にどのような影響があるのかを調べる。	相互関係　関連付け
2. 情報を生かして発展する産業⑦	1	○これまでの学習をふり返り，「さらに考えたい問題」について発表する。 ・産業で情報を活用することのよさと課題に分けて発表する。 ・写真を参考にして，これからの社会での情報の生かし方について，「わたしたち」と「産業の立場」から話し合う。	相互関係　総合 関連付け

| 5年 | 日文 | 教科書：p.222～227　配当時数：7時間　配当月：1月 |

4. 情報社会に生きるわたしたち

（選択単元）情報を生かして発展する観光業

関連する道徳の内容項目　C勤労，公共の精神

到達目標

≫知識・技能

○産業における情報の生かし方について，聞き取り調査や映像や新聞などの資料で調べ，わかったことをまとめることができる。

○大量の情報や情報通信技術の活用は，様々な産業を発展させ，わたしたちのくらしをよりよくしていることがわかる。

≫思考・判断・表現

○情報を活用した産業の変化や発展とわたしたちのくらしの向上を関連付けて考え，文で表したり，根拠を明確にして話し合ったりすることができる。

≫主体的に学習に取り組む態度　※「主体的に学習に取り組む態度」は方向目標を示しています。

○情報を生かした産業に関わる人々の努力や工夫について，学習の進め方を見直しながら進んで調べたり考えたりしようとする。

○学習をもとに，情報化社会のよさや課題について考えようとする。

評価規準

≫知識・技能

○働く人の話から，観光業では，情報を活用して観光の仕事をしていることを理解している。

○観光の仕事では，観光客へのサービスに情報が活用されていることを理解している。

○情報通信技術の活用で，販売の仕事やわたしたちのくらしが変化していることを理解している。

● 対応する学習指導要領の項目：(4) ア (イ)(ウ)

≫思考・判断・表現

○観光業をさかんにする取り組みと情報の活用を関連付けて考えている。

○情報通信技術の発達と観光業のサービスの広がりを関連付けて考えている。

○学習を総合し，観光業での情報活用について，「わたしたち」と「産業の立場」を比較してまとめている。

● 対応する学習指導要領の項目：(4) イ (イ)

≫主体的に学習に取り組む態度

○産業における情報の活用について，調べたいことを考え，自分で学習問題をつくっている。

○情報を生かす産業について，調べたり考えたりしたことをわかりやすく発言しようとしている。

○観光業における情報活用について，友だちとの話し合いを通して自分の考えを見直している。

○「情報を生かして発展する観光業」の学習をして，わかったことを自分でふり返ってまとめている。

○学習をもとに，情報化社会のよさや課題についてさらに考えようとしている。

学習活動

小単元名	時数	学習活動	社会的な見方・考え方の例
情報を生かして発展する観光業①	2	○兵庫県豊岡市の城崎温泉に観光客が増えた理由について話し合い，学習問題をつくる。 ・写真やグラフを見て，気づいたことを発表する。 ・市役所の人の話から調べる。	空間　相互関係 比較・分類
情報を生かして発展する観光業②	2	○外国人観光客の要望に対応した情報サービスについて調べる。 ・外国人観光客が日本で困ることを調べる。 ・外国人観光客への情報提供の取り組みやしくみを調べる。 ・資料や関係する人の話から調べる。	相互関係
情報を生かして発展する観光業③	1	○市では，情報や情報通信機器が観光をさかんにするためにどのように活用されているかを調べる。 ・外国人観光客の移動に関する情報の生かし方について，話し合う。 ・市の取り組みについて調べる。 ・観光案内所や旅館，ホテルの取り組みを調べる。	相互関係
情報を生かして発展する観光業④	2	○これまでの学習をふり返り，学習問題について考えを出し合い，話し合う。 ・産業で情報を活用することのよさと課題に分けて発表する。 ・写真を参考にして，これからの社会での情報の生かし方について，「わたしたち」と「産業の立場」から話し合う。	相互関係　総合 関連付け

5年

| 5年 | 日文 |

教科書：p.228〜233　配当時数：7時間　配当月：1月

4. 情報社会に生きるわたしたち

（選択単元）医療に生かされる情報ネットワーク

関連する道徳の内容項目　C勤労，公共の精神

到達目標

≫知識・技能

○産業における情報の生かし方について，聞き取り調査や映像や新聞などの資料で調べ，わかったことをまとめることができる。

○大量の情報や情報通信技術の活用は，様々な産業を発展させ，わたしたちのくらしをよりよくしていることがわかる。

≫思考・判断・表現

○情報を活用した産業の変化や発展とわたしたちのくらしの向上を関連付けて考え，文で表したり，根拠を明確にして話し合ったりすることができる。

≫主体的に学習に取り組む態度　※「主体的に学習に取り組む態度」は方向目標を示しています。

○情報を生かした産業に関わる人々の努力や工夫について，学習の進め方を見直しながら進んで調べたり考えたりしようとする。

○学習をもとに，情報化社会のよさや課題について考えようとする。

評価規準

≫知識・技能

○働く人の話から，医療の現場では，情報を活用して医療の仕事をしていることを理解している。

○医療の仕事では，患者の診療や治療に情報が活用されていることを理解している。

○情報通信技術の活用で，医療の仕事やわたしたちのくらしが変化していることを理解している。

● 対応する学習指導要領の項目：(4) ア (イ)(ウ)

≫思考・判断・表現

○医療と情報の活用を関連付けて考えている。

○情報通信技術の発達と医療サービスの広がりを関連付けて考えている。

○学習を総合し，産業での情報活用について，「わたしたち」と「産業の立場」を比較してまとめている。

● 対応する学習指導要領の項目：(4) イ (イ)

≫主体的に学習に取り組む態度

○産業における情報の活用について，調べたいことを考え，自分で学習問題をつくっている。

○情報を生かす産業について，調べたり考えたりしたことをわかりやすく発言しようとしている。

○医療における情報活用について，友だちとの話し合いを通して自分の考えを見直している。

○「医療に生かされる情報ネットワーク」の学習をして，わかったことを自分でふり返ってまとめている。

○学習をもとに，情報化社会のよさや課題についてさらに考えようとしている。

学習活動

小単元名	時数	学習活動	社会的な見方・考え方の例
医療に生かされる情報ネットワーク①	2	○「アザレアネット」（くるめ診療情報ネットワーク）のしくみについて話し合い，学習問題をつくる。 ・メールを読んで，話し合う。 ・「アザレアネット」のしくみについて調べる。	空間　相互関係 比較・分類
医療に生かされる情報ネットワーク②	2	○アザレアネットがどのようにしてつくられ，利用されているのかを調べる。 ・医師の話から，福岡県久留米市の状況について調べる。 ・「アザレアネット」のよさについて調べる。	相互関係　関連付け
医療に生かされる情報ネットワーク③	1	○地域をこえた医療情報ネットワークの広がりについて調べる。 ・「アザレアネット」の登録患者数の移り変わりを調べる。 ・「アザレアネット」の使用の際に気をつけていることを調べる。	空間　相互関係
医療に生かされる情報ネットワーク④	2	○これまでの学習をふり返り，学習問題について考えを出し合い，話し合う。 ・医療で情報を活用することのよさと課題に分けて発表する。 ・写真を参考にして，これからの社会での情報の生かし方について，「わたしたち」と「産業の立場」から話し合う。	相互関係　総合 関連付け

| 5年 | 日文 | 教科書：p.236〜247　配当時数：6時間　配当月：2月

5. 国土の環境を守る

(選択単元)1.環境とわたしたちのくらし

| 関連する道徳の内容項目 | A 節度，節制　D 生命の尊さ/自然愛護

到達目標

≫知識・技能

○環境を守る取り組みについて調べ，関係機関や地域の人々の様々な努力により公害の防止や生活環境の改善が図られてきたことがわかる。

○公害から国土の環境や国民の健康な生活を守ることの大切さがわかる。

≫思考・判断・表現

○公害防止の取り組みの働きについて考え，文で表したり，白地図や図表などにまとめたことをもとに説明したりすることができる。

○公害防止の取り組みの働きについて，根拠を明確にして話し合うことができる。

○国土の環境保全について，自分たちにできることなどを考えたり，選択・判断したりすることができる。

≫主体的に学習に取り組む態度　　※「主体的に学習に取り組む態度」は方向目標を示しています。

○公害について，学習の進め方を見直しながら進んで調べたり考えたりしようとする。

○学習をもとに，公害からくらしを守るためにできることについて考えようとする。

評価規準

≫知識・技能

○資料から，三重県四日市市の環境の変化について調べている。

○四日市市の環境を守るための取り組みについて理解している。

○公害防止の取り組みの大切さについて理解している。

　　　　　　　　　　　　　　　　　　　　　　　　●対応する学習指導要領の項目：(5) ア (ウ)(エ)

≫思考・判断・表現

○四日市市の環境を守る取り組みと，地域の環境や人々の健康な生活を関連付けて考えている。

○四日市市の環境を守る取り組みの働きを立場ごとにまとめ，活動への協力について話し合っている。

　　　　　　　　　　　　　　　　　　　　　　　　　　●対応する学習指導要領の項目：(5) イ (ウ)

≫主体的に学習に取り組む態度

○四日市市の環境について，調べたいことを考え，自分で学習問題をつくっている。

○四日市市の環境について，調べたり考えたりしたことをわかりやすく発言しようとしている。

○四日市市の環境を守る取り組みについて，友だちとの話し合いを通して自分の考えを見直している。

○「環境とわたしたちのくらし」の学習をして，わかったことを自分でふり返ってまとめている。

○学習をもとに，公害からくらしを守るためにできることについてさらに考えようとしている。

学習活動

小単元名	時数	学習活動	社会的な見方・考え方の例
大単元の導入	1	○わたしたちのくらしと環境との関わりについて話し合う。 ・年表や写真から調べる。	時間　相互関係
1. 環境とわたしたちの くらし①	1	○今と昔の四日市市の様子を見て，変化について話し合い，学習問題をつくり，学習計画を立てる。 ・写真や市の人の話から調べる。 ・当時の四日市市の人々の様子について調べる。	時間　相互関係
1. 環境とわたしたちの くらし②	1	○四日市市の公害で苦しむ人たちや国や県，市の取り組みについて調べる。 ・国や県，市の取り組みを調べる。 ・公害患者が訴えた裁判について調べる。	時間　相互関係
1. 環境とわたしたちの くらし③	1	○国や県，市，工場の裁判後の対策について調べる。 ・県庁の人の話から調べる。 ・四大公害病について調べる。	時間　相互関係
1. 環境とわたしたちの くらし④	1	○環境をよりよくするための人々の取り組みについて調べる。 ・「四日市公害と環境未来館」の活動について調べる。 ・市の取り組みについて調べる。	相互関係　関連付け
1. 環境とわたしたちの くらし⑤	1	○学習をふり返り，学習問題について，考えを発表する。 ・環境を守るために自分たちにできることを話し合う。 ・環境について興味をもったことを調べ，まとめる。	相互関係　総合 関連付け

5年

| 5年 | 日文 |

教科書：p.248〜251　配当時数：6時間　配当月：2月

5. 国土の環境を守る

（選択単元）大和川とわたしたちのくらし

関連する道徳の内容項目　A 節度，節制　D 生命の尊さ/自然愛護

到達目標

》知識・技能

○環境を守る取り組みについて調べ，関係機関や地域の人々の様々な努力により公害の防止や生活環境の改善が図られてきたことがわかる。

○公害から国土の環境や国民の健康な生活を守ることの大切さがわかる。

》思考・判断・表現

○公害防止の取り組みの働きについて考え，文で表したり，白地図や図表などにまとめたことをもとに説明したりすることができる。

○公害防止の取り組みの働きについて，根拠を明確にして話し合うことができる。

○国土の環境保全について，自分たちにできることなどを考えたり，選択・判断したりすることができる。

》主体的に学習に取り組む態度　※「主体的に学習に取り組む態度」は方向目標を示しています。

○公害について，学習の進め方を見直しながら進んで調べたり考えたりしようとする。

○学習をもとに，公害からくらしを守るためにできることについて考えようとする。

評価規準

》知識・技能

○資料から，大和川の環境の変化について調べている。

○大和川の環境を守るための取り組みについて理解している。

○公害防止の取り組みの大切さについて理解している。

●対応する学習指導要領の項目：(5) ア (ウ)(エ)

》思考・判断・表現

○大和川を守る取り組みと地域の環境や人々の健康な生活を関連付けて考えている。

○大和川を守る取り組みの働きを立場ごとにまとめ，活動への協力について話し合っている。

●対応する学習指導要領の項目：(5) イ (ウ)

》主体的に学習に取り組む態度

○大和川の環境について，調べたいことを考え，自分で学習問題をつくっている。

○大和川の環境について，調べたり考えたりしたことをわかりやすく発言しようとしている。

○大和川を守る取り組みについて，友だちとの話し合いを通して自分の考えを見直している。

○「大和川とわたしたちのくらし」の学習をして，わかったことを自分でふり返ってまとめている。

○学習をもとに，公害からくらしを守るためにできることについてさらに考えようとしている。

学習活動

小単元名	時数	学習活動	社会的な見方・考え方の例
大単元の導入	1	○わたしたちのくらしと環境との関わりについて話し合う。 ・年表や写真から調べる。	時間　相互関係
大和川とわたしたちの くらし①	1	○今と昔の大和川の様子を見て，変化について話し合い，学習問題をつくる。 ・地図で，大和川の位置と周辺の様子を調べる。	時間　空間
大和川とわたしたちの くらし②	1	○大和川の汚れの原因を調べる。 ・公害が広がった時期を調べる。	時間
大和川とわたしたちの くらし③	1	○大和川の水質をよくするための取り組みについて調べる。 ・国や府県，流域の市町村の取り組みを調べる。 ・流域に住む人たちの取り組みを調べる。	空間　相互関係
大和川とわたしたちの くらし④	1	○川の環境に関心をもつための取り組みについて調べる。 ・子どもたちが水辺に親しむための活動について調べる。	空間　相互関係
大和川とわたしたちの くらし⑤	1	○学習をふり返り，学習問題について，考えを発表する。 ・環境を守るために自分たちにできることを話し合う。 ・環境について興味をもったことを調べ，まとめる。	比較・分類　総合 関連付け

5年

| 5年 | 日文 |

教科書：p.252〜263　配当時数：6時間　配当月：2月

5. 国土の環境を守る

2.森林とわたしたちのくらし

関連する道徳の内容項目　C 伝統と文化の尊重，国や郷土を愛する態度　D 生命の尊さ/自然愛護

到達目標

≫知識・技能

○地図帳などの資料で，森林の分布や働きについて調べ，まとめることができる。

○森林は，その育成や保護を行う人々の様々な工夫や努力により，国土の保全などの重要な役割を果たしていることがわかる。

≫思考・判断・表現

○森林の分布や働きなどから，森林の果たす役割を考え，文で表したり，白地図などにまとめたことをもとに説明したり，根拠や理由を明確にして話し合ったりすることができる。

≫主体的に学習に取り組む態度　※「主体的に学習に取り組む態度」は方向目標を示しています。

○日本の森林について，学習の進め方を見直しながら進んで調べたり考えたりしようとする。

○学習をもとに，森林を守るためにできることについて考えようとする。

評価規準

≫知識・技能

○統計資料などから，日本では国土に占める森林面積の割合が高いことを理解している。

○森林の様々な働きについて理解している。

○林業で働く人たちの仕事の様子を理解している。

● 対応する学習指導要領の項目：(5) ア (イ)(エ)

≫思考・判断・表現

○森林と国土の保全を関連付けて考えている。

○森林の果たす役割と保護の大切さを考え，自分たちにできることを，根拠や理由をもって話し合っている。

● 対応する学習指導要領の項目：(5) イ (イ)

≫主体的に学習に取り組む態度

○日本の森林について，調べたいことを考え，自分で学習問題をつくっている。

○森林について，調べたり考えたりしたことをわかりやすく発言しようとしている。

○森林の役割について，友だちとの話し合いを通して自分の考えを見直している。

○「森林とわたしたちのくらし」の学習をして，わかったことを自分でふり返ってまとめている。

○学習をもとに，森林を守るためにできることについてさらに考えようとしている。

学習活動

小単元名	時数	学習活動	社会的な見方・考え方の例
2. 森林とわたしたちの くらし①	1	○写真やイラスト，グラフなどの資料を見て，森林について話し合い，学習問題をつくり，学習計画を立てる。 ・天然林と人工林の写真やグラフなどを見て話し合う。	空間
2. 森林とわたしたちの くらし②	1	○林業で働く人たちについて調べる。 ・林業の仕事について調べる。 ・林業の現状と課題について調べる。	相互関係　関連付け
2. 森林とわたしたちの くらし③	1	○森林の手入れの必要性と森林の働きについて調べる。 ・写真を見て，人工林の手入れについて話し合う。 ・人工林の増加による影響を調べる。	相互関係
2. 森林とわたしたちの くらし④	1	○森林資源を活用する取り組みについて調べる。 ・国産木材の利用の取り組みについて調べる。 ○学習問題について，自分の考えを発表し，話し合い，「さらに考えたい問題」をつくる。	相互関係
2. 森林とわたしたちの くらし⑤	1	○自然を守るための取り組みについて調べる。 ・狭山丘陵の保全活動について調べる。 ・ナショナルトラスト運動，ラムサール条約，世界自然遺産について調べる。	空間　相互関係
2. 森林とわたしたちの くらし⑥	1	○これまでの学習をふり返り，「さらに考えたい問題」について発表する。 ・自然を守るために自分たちにできることを話し合う。	空間　相互関係　総合 関連付け

5年

| 5年 | 日文 | 教科書：p.264〜277　配当時数：6時間　配当月：3月 |

5. 国土の環境を守る

3.自然災害から人々を守る

関連する道徳の内容項目 A 節度，節制　C 勤労，公共の精神　D 生命の尊さ

到達目標

》知識・技能

○自然災害について調べ，国土の自然条件などと関連して発生していることがわかる。

○自然災害から国土や国民生活を守るために国や県などが進めている取り組みについてわかる。

》思考・判断・表現

○国土の自然災害の状況と自然条件との関連を考え，文などに表したり，まとめたことをもとに説明したりすることができる。

》主体的に学習に取り組む態度　※「主体的に学習に取り組む態度」は方向目標を示しています。

○自然災害について，学習の進め方を見直しながら進んで調べたり考えたりしようとする。

○学習をもとに，自然災害を防ぐ取り組みについて考えようとする。

評価規準

》知識・技能

○年表や地図資料などから，自然災害が多い日本の国土について理解している。

○地震災害への取り組みについて理解している。

○津波災害への取り組みについて理解している。

○風水害への取り組みについて理解している。

○火山の噴火や大雪への取り組みについて理解している。

● 対応する学習指導要領の項目：(5) ア (ア)(エ)

》思考・判断・表現

○自然災害と自然条件の関連を考え，話し合っている。

○様々な自然災害に対する防災の取り組みについて考え，ノートにまとめている。

● 対応する学習指導要領の項目：(5) イ (ア)

》主体的に学習に取り組む態度

○自然災害について，調べたいことを考え，自分で学習問題をつくっている。

○自然災害について，調べたり考えたりしたことをわかりやすく発言しようとしている。

○自然災害について，友だちとの話し合いを通して自分の考えを見直している。

○「自然災害から人々を守る」の学習をして，わかったことを自分でふり返ってまとめている。

○学習をもとに，自然災害を防ぐ取り組みについてさらに考えようとしている。

学習活動

小単元名	時数	学習活動	社会的な見方・考え方の例
3. 自然災害から人々を守る①	1	○写真や表を見て，日本で起きる自然災害について話し合い，学習問題をつくり，学習計画を立てる。	空間　相互関係
3. 自然災害から人々を守る②	1	○地形や気候と自然災害との関わりを調べる。 ・日本に自然災害が多い理由について話し合う。	相互関係
3. 自然災害から人々を守る③	1	○地震による被害について調べる。 ・東日本大震災の被害について調べる。	相互関係
3. 自然災害から人々を守る④	1	○自然災害による産業への影響について調べる。 ・東日本大震災のときの水産業や農業，工業などへの被害について調べる。 ○学習問題について，自分の考えを発表し，話し合い，「さらに考えたい問題」をつくる。	相互関係
3. 自然災害から人々を守る⑤	1	○自然災害の被害を防ぐための取り組みについて調べる。 ・砂防ダム，防潮堤，かさあげ工事，津波避難タワー，避難訓練，緊急地震速報，ハザードマップなど	相互関係
3. 自然災害から人々を守る⑥	1	○自然災害から命を守るために大切なことについて話し合う。 ・公助，共助，自助について調べる。 ○これまでの学習をふり返り，「さらに考えたい問題」について発表する。 ・自分たちの命を守るために必要な備えについて話し合う。	空間　相互関係　総合関連付け

5年

171

| 6年 | 日文 |

教科書：p.6〜27　配当時数：10 時間　配当月：4〜5 月

1. わが国の政治のはたらき

1. 憲法と政治のしくみ

関連する道徳の内容項目　C 規則の尊重/公正，公平，社会正義/勤労，公共の精神

到達目標

》知識・技能

○日本国憲法は，国民主権，基本的人権の尊重，平和主義の基本的な考え方にもとづいて，天皇の地位，国民としての権利や義務など，国や人々のくらしの基本を定めていることがわかる。

○現在の民主政治は，日本国憲法の基本的な考え方にもとづいて行われていることがわかる。

○国会 (立法)・内閣 (行政)・裁判所 (司法) がそれぞれ独立し，国の政治を分担して進めていることがわかる。

○日本国憲法の基本的な考え方に着目して，見学・調査したり，資料を調べたりして，わかったことをまとめることができる。

》思考・判断・表現

○公共施設の設備などの身の回りの事例から，日本国憲法と人々のくらしの関係について多角的に考え，文などで表現することができる。

○国会，内閣，裁判所の各機関が関わり合って国の政治が行われていることや，各機関と国民との関係から，国民としての政治への関わり方について多角的に考え，文などで表現することができる。

》主体的に学習に取り組む態度　※「主体的に学習に取り組む態度」は方向目標を示しています。

○日本国憲法や国の政治と人々のくらしとの関係について，学習の進め方を見直しながら進んで調べたり考えたりしようとする。

○学習をもとに，日本国憲法や国の政治が人々のくらしに果たす役割の大切さについて，関心をもって考えようとする。

評価規準

》知識・技能

○国や地方公共団体の政治は，日本国憲法にもとづいていることを理解している。

○日本国憲法の基本的な考え方として，三つの原則があることを理解している。

○国民主権，基本的人権の尊重，平和主義について，意味や内容を調べ，ノートにまとめている。

○国会，内閣，裁判所の働きやしくみについて理解している。

○三権分立の関係や三権と国民との関係について調べ，図に整理している。

○資料などから，税金のしくみや働きについて調べている。

●対応する学習指導要領の項目：(1) ア (ア)(ウ)

》思考・判断・表現

○日本国憲法と政治が，人々のくらしとどのように関わっているのかを多角的に考え，文などにまとめている。

○国民の権利と義務について，人々のくらしとどのような関わりがあるか考え，発表している。

○基本的人権の尊重の考え方と，人々のくらしとの関わりについて考え，文などにまとめている。

○平和への国民の願いが，日本国憲法や政治に，どのように生かされているか考え，話し合っている。

○政治に参加することの大切さについて，政治を人々のくらしと関連付けて考え，根拠を明確にしながら話し合っている。

●対応する学習指導要領の項目：(1) イ (ア)

≫主体的に学習に取り組む態度

○日本国憲法と政治が，人々のくらしとどのようにつながっているのか，調べたいことを考え，自分で学習問題をつくっている。

○「憲法と政治のしくみ」の学習をして，わかったことを自分でふり返ってまとめている。

○学習をもとに，これから自分のくらしの中で，どのように日本国憲法を生かすことができるのか考え，自分のことばでまとめている。

学習活動

小単元名	時数	学習活動	社会的な見方・考え方の例
大単元の導入	1	○写真資料などをもとに，これまでに学習した政治に関わりのありそうな法やきまりについてふり返る。	時間　空間　相互関係
1. 憲法と政治のしくみ①	1	○調布市の政治に関わりのありそうな催しや施設について調べる。 ・調布市について調べたり，市役所の人の話を聞いたりする。	空間　相互関係
		○日本国憲法がどのようなものなのか調べ，気づいたことや疑問に思ったことを話し合い，学習問題をつくる。	相互関係
1. 憲法と政治のしくみ②	1	○日本国憲法の「国民主権」について調べ，国民主権と民主政治との関係について話し合う。 ・日本国憲法の前文を読んで気がついたことを話し合う。	相互関係
1. 憲法と政治のしくみ③	1	○日本国憲法の「基本的人権」について調べ，基本的人権がどのように守られているのか話し合う。 ・調布市の公共施設や市役所の人の話などから，まちづくりの考え方と基本的人権との関係についてまとめる。 ・国民の基本的人権，国民の義務について調べる。	相互関係
1. 憲法と政治のしくみ④	1	○社会の変化とともに広がった基本的人権の種類と課題について調べ，それをもとに話し合う。	時間　相互関係
1. 憲法と政治のしくみ⑤	1	○日本国憲法の「平和主義」と平和を守る取り組みについて調べる。 ・平和主義と戦争の関係について調べる。 ・調布市や日本各地の平和を守る取り組みについて調べる。	時間　空間　相互関係
1. 憲法と政治のしくみ⑥	1	○国会のしくみや働きについて調べる。 ・選挙や法律ができるまでの流れ，国民の祝日について調べる。	相互関係
1. 憲法と政治のしくみ⑦	1	○内閣のしくみや働き，税金について調べ，国の政治がどのように進められているのか話し合う。	相互関係
1. 憲法と政治のしくみ⑧	1	○裁判所のしくみや働き，裁判員制度，三権分立について調べる。	相互関係
1. 憲法と政治のしくみ⑨	1	○学習問題について，調べたことをまとめる。 ・学習問題について，気づいたことや考えたことを話し合う。 ・日本国憲法の三つの原則のうち，自分や学校の生活に最も関係が深いと思うものについて，理由とともに書く。 ・選挙，予算，税金，裁判員制度の中から1つ選び，自分との関わりについて書く。	時間　相互関係 比較・分類　総合 関連付け

6年

| 6年 | 日文 |

教科書：p.28〜37　配当時数：5時間　配当月：5月

1. わが国の政治のはたらき

(選択単元)2. わたしたちの願いと政治のはたらき

関連する道徳の内容項目　C 規則の尊重/公正，公平，社会正義/勤労，公共の精神

到達目標

≫知識・技能

○地方公共団体や国の政治は，国民主権の考え方にもとづいて，人々のくらしの安定と向上を図るために大切な働きをしていることがわかる。

○地方公共団体や国の政策の内容や取り組みについて，見学・調査したり，資料を調べたりして，わかったことをまとめることができる。

≫思考・判断・表現

○地方公共団体や国の政策の内容や取り組みと人々のくらしを関連付け，人々のくらしにおける政治の働きについて考えることができる。

○地方公共団体や国の政策の内容や計画から実施までの過程，実施するための法令や予算との関わりなどから，国民としての政治への関わり方について多角的に考え，文などで表現することができる。

≫主体的に学習に取り組む態度　※「主体的に学習に取り組む態度」は方向目標を示しています。

○地方公共団体や国の政策の内容や取り組みと人々のくらしとの関係について，学習の進め方を見直しながら進んで調べたり考えたりしようとする。

○学習をもとに，地方公共団体や国の政治が人々のくらしに果たす役割の大切さについて，関心をもって考えようとする。

評価規準

≫知識・技能

○子どもをもつ家庭のなやみや願いを理解している。

○見学・調査などをして，足立区の子育て支援について調べている。

○住区センターの取り組みには，区民の願いが生かされていることを理解している。

○区民の願いを実現するための区役所や区議会のしくみや働きについて理解している。

○区民の願いが実現するまでの流れと，区民，区役所，区議会の関係を調べ，図にまとめている。

○区民の願いの実現に向けて，区が都や国と協力していることを理解している。

○公共施設の建設・運営の費用には，税金が使われていることを理解している。

● 対応する学習指導要領の項目：(1) ア (イ)(ウ)

≫思考・判断・表現

○公共施設の活動を区民の願いと関連付けて考え，話し合っている。

○区民と区役所，区議会の関係の図をもとに，区民の願いが実現するまでの政治の働きについて，根拠を示しながら話し合っている。

○区民が区の政治に関わる大切さについて多角的に考え，発表している。

○福祉のための費用と税金を関連付けて考え，話し合っている。

● 対応する学習指導要領の項目：(1) イ (イ)

≫主体的に学習に取り組む態度

○区民の願いを実現するための政治の働きについて，調べたいことを考え，自分で学習問題をつくっている。

○区や都，国の政治の働きが住民生活に果たす役割の大切さを考え，自分の生活と関連付けて考えようとしている。

○「わたしたちの願いと政治のはたらき」の学習をして，わかったことを自分でふり返ってまとめている。

○学習をもとに，今後どのように自分たちがくらすまちの政治に関わることができるか，考えようとしている。

学習活動

小単元名	時数	学習活動	社会的な見方・考え方の例
2. わたしたちの願いと政治のはたらき①	1	○子どもをもつ家庭には，どのようななやみや願いがあるのか調べて，話し合う。 ・学童保育と待機児童についての新聞記事を見て，気づいたことを話し合う。 ・学童保育と待機児童の問題について，グラフをもとに考え，話し合う。	時間　相互関係 比較・分類
2. わたしたちの願いと政治のはたらき②	1	○足立区の子育てに関する問題について調べて，学習問題をつくる。 ・足立区の学童保育に関する資料を見て，気づいたことを話し合う。 ・住区センターの人の話を聞く。	時間　相互関係
2. わたしたちの願いと政治のはたらき③	1	○足立区の住区センターの取り組みについて調べる。 ・住区センターの人と地域の管理運営委員長の人に話を聞く。 ・資料を見て，住区センターに関する疑問を話し合う。 ・住区センターに関する疑問について，足立区役所の係の人の話を聞く。	時間　相互関係
2. わたしたちの願いと政治のはたらき④	1	○区民の願いの実現と区役所，区議会との関わりについて，住区センターの建設を例に調べる。 ・住区センターができるまでの流れを，区役所や区議会，都や国と関連付けて調べる。 ・区役所の人の話や写真から，区役所と区議会の働きについて調べる。	相互関係
2. わたしたちの願いと政治のはたらき⑤	1	○税金について調べる。 ・どのような税があるか，また，税金の使い道などについて調べる。	相互関係
		○学習問題について，調べたことをまとめる。 ・学習問題についてふり返り，住区センターについてわかったことや課題などについて話し合う。 ・住民の願いを実現するための区の取り組みについて，考えたことやわかったことなどをノートにまとめる。	時間　相互関係 比較・分類　総合 関連付け

| 6年 | 日文 |

教科書：p.38〜43　配当時数：5時間　配当月：5月

1. わが国の政治のはたらき

(選択単元)2. 自然災害からの復旧や復興の取り組み

関連する道徳の内容項目 C 規則の尊重/公正，公平，社会正義/勤労，公共の精神

到達目標

≫知識・技能

○地方公共団体や国の政治は，国民主権の考え方にもとづいて，人々のくらしの安定と向上を図るために大切な働きをしていることがわかる。

○災害からの復旧・復興における，地方公共団体や国の政治の働きについて，見学・調査したり，資料を調べたりして，わかったことをまとめることができる。

≫思考・判断・表現

○災害からの復旧・復興における，地方公共団体や国の取り組みと人々のくらしを関連付け，人々のくらしにおける政治の働きについて考えることができる。

○地方公共団体や国の政治の取り組みにおける計画から実施までの過程，実施するための法令や予算との関わりなどから，国民としての政治への関わり方について多角的に考え，文などで表現することができる。

≫主体的に学習に取り組む態度　※「主体的に学習に取り組む態度」は方向目標を示しています。

○災害からの復旧・復興における，地方公共団体や国の政治と人々のくらしとの関係について，学習の進め方を見直しながら進んで調べたり考えたりしようとする。

○学習をもとに，地方公共団体や国の政治が人々のくらしに果たす役割の大切さについて，関心をもって考えようとする。

評価規準

≫知識・技能

○災害の被害の様子について理解している。

○資料などから，災害直後の市や県，国の緊急対応について調べ，図にまとめている。

○災害時に備えて，国や県，市は日頃から協力して，災害に対応する体制を整えていることを理解している。

○復興を実現するための市役所の働きについて理解している。

○復興を進めるための国や県の取り組みについて理解している。

○復旧・復興にかかる費用には税金が使われていることを理解している。

○復興に向けたまちづくりに関わる市民の工夫や努力について理解している。

●対応する学習指導要領の項目：(1) ア (イ)(ウ)

≫思考・判断・表現

○被災地が復旧・復興するまで，国や県，市がどのような取り組みをしているかを考え，文などにまとめている。

○災害発生直後から現在のまちの姿になるまで，どのように変化したのか考え，話し合っている。

○災害にあった人々の願いを国や県，市の政治の働きと関連付けて考え，文などにまとめている。

○税金の使われ方について考え，話し合っている。

●対応する学習指導要領の項目：(1) イ (イ)

≫ 主体的に学習に取り組む態度

○災害からの復旧・復興における，国や県，市の政治と市民のくらしとの関係について，調べたいことを考え，自分で学習問題をつくっている。

○復興に向けた新しいまちづくりを進めていくうえで大切なことは何か，自分のことばでノートにまとめている。

○「自然災害からの復旧や復興の取り組み」の学習をして，わかったことを自分でふり返ってまとめている。

○学習をもとに，今後どのように自分たちがくらすまちの政治に関わることができるか，考えようとしている。

学習活動

小単元名	時数	学習活動	社会的な見方・考え方の例
2. 自然災害からの復旧や復興の取り組み①	1	○広島豪雨災害の発生とまちの人たちの願いについて話し合い，学習問題をつくる。 ・資料から，広島市の位置や被害の状況を調べる。 ・被災したときの人々の願いを調べる。 ・災害発生当時と復旧・復興後のまちの様子の写真を比較して，気づいたことを話し合う。	時間　空間　相互関係 比較・分類
2. 自然災害からの復旧や復興の取り組み②	2	○広島豪雨災害が発生したときの国や県，市の取り組みや対応について調べて，考えたことを話し合う。 ・資料をもとに，災害発生時の国や県，市の政治の働きについて調べる。 ・災害ボランティアセンターについて調べる。	相互関係
2. 自然災害からの復旧や復興の取り組み③	2	○災害復興に向けた，国や県，広島市の取り組みについて調べたことをもとに，話し合う。 ・写真やまちづくりのイメージなどをもとに，どのようなまちづくりをめざしているのか調べる。 ・災害復興について調べたことをもとに，考えたことを発表して，話し合う。	相互関係　総合 関連付け

| 6年 | 日文 |

教科書：p.44〜47　配当時数：5時間　配当月：5月

1. わが国の政治のはたらき

(選択単元)2. 経験をむだにしないまちづくり

関連する道徳の内容項目　C 規則の尊重/公正, 公平, 社会正義/勤労, 公共の精神

到達目標

≫知識・技能

○地方公共団体や国の政治は，国民主権の考え方にもとづいて，人々のくらしの安定と向上を図るために大切な働きをしていることがわかる。

○地方公共団体や国の地域の課題への取り組みについて，見学・調査したり，資料を調べたりして，わかったことをまとめることができる。

≫思考・判断・表現

○地方公共団体や国の地域の課題への取り組みと人々のくらしを関連付け，人々のくらしにおける政治の働きについて考えることができる。

○地方公共団体や国の地域の課題への取り組みにおける計画から実施までの過程，実施するための法令や予算との関わりなどから，国民としての政治への関わり方について多角的に考え，文などで表現することができる。

≫主体的に学習に取り組む態度　　※「主体的に学習に取り組む態度」は方向目標を示しています。

○地方公共団体や国の地域の課題への取り組みと人々のくらしとの関係について，学習の進め方を見直しながら進んで調べたり考えたりしようとする。

○学習をもとに，地方公共団体や国の政治が人々のくらしに果たす役割の大切さについて，関心をもって考えようとする。

評価規準

≫知識・技能

○水俣市の環境への取り組みは，市に住む人々の願いの実現をめざしたものだと理解している。

○資料をもとに，水俣市の環境対策について調べている。

○市民の願いを実現するための市役所の果たす役割について理解している。

○環境への取り組みは市と地域の人たちの協力によって成り立っていることを理解している。

○写真などから，水俣市の地域の活性化をめざすまちづくりについて調べ，ノートなどに整理している。

○環境と経済の活性化のための取り組みは，市と県や国とが連携して行っていることを理解している。

○水俣市では，水俣病の経験をむだにせず，まちづくりを進めていることを理解している。

●対応する学習指導要領の項目：(1) ア (イ)(ウ)

≫思考・判断・表現

○市役所の仕事を，市民の願いと関連付けて考え，話し合っている。

○市民の願いが実現するまでの市や県，国の政治の働きについて，根拠を示しながら話し合っている。

○市民が市の政治に関わる大切さについて多角的に考え，発表している。

●対応する学習指導要領の項目：(1) イ (イ)

》主体的に学習に取り組む態度

○水俣市の今までの経験をむだにしない，環境対策やまちの活性化への取り組みについて，調べたいことを考え，自分で学習問題をつくっている。

○市や県，国の政治の働きが市民のくらしに果たす役割の大切さを考え，自分のくらしと関連付けて考えようとしている。

○「経験をむだにしないまちづくり」の学習をして，わかったことを自分でふり返ってまとめている。

○学習をもとに，市民として今後どのように自分がくらす市の政治に関わることができるか考えようとしている。

学習活動

小単元名	時数	学習活動	社会的な見方・考え方の例
2. 経験をむだにしないまちづくり①	3	○水俣市の人たちの願いについて調べて，話し合う。 ・資料をもとに，水俣市の位置や水俣病について調べる。 ・水俣病の語り部の人の話を聞く。 ○住みよいまちづくりのための市や市民の取り組みについて調べる。 ・写真や年表などの資料をもとに，市民や水俣市の環境や健康に対する取り組みについて調べる。 ・水俣条約について調べる。 ○水俣市の人々が水俣病の経験をむだにせず，環境対策を行ったことについて，気づいたことなどを話し合う。	時間　空間　相互関係
2. 経験をむだにしないまちづくり②	2	○水俣市の活性化実現のための取り組みについて調べる。 ・写真などの資料から，活性化のための様々な取り組みについて調べる。 ・水俣市役所の人の話や写真などの資料から，市役所の果たしている役割について調べる。 ・市と国や県との連携についてノートにまとめる。 ○水俣市の人々の願いの実現のための政治の働きについて話し合う。	時間　空間　相互関係

6年	日文

教科書：p.50〜69　配当時数：9時間　配当月：5〜6月

2. 日本のあゆみ

1. 大昔のくらしとくにの統一

関連する道徳の内容項目　C 伝統と文化の尊重，国や郷土を愛する態度　D 生命の尊さ

到達目標

≫知識・技能

○狩猟・採集の生活や農耕の生活，古墳，大和朝廷（大和政権）による統一の様子から，世の中の様子がむらからくにへと変化したことがわかる。

○国が形成されるまでの世の中の変化について，遺跡や遺物，想像図や地図，年表などの資料で調べ，わかったことをまとめることができる。

≫思考・判断・表現

○狩猟・採集の生活と農耕の生活の様子から，当時の人々のくらしの変化について考え，文などで表現することができる。

○農耕の広がりによるむらの変化，前方後円墳の分布と大和朝廷の支配などから，世の中の様子の変化について考え，文などで表現することができる。

≫主体的に学習に取り組む態度　※「主体的に学習に取り組む態度」は方向目標を示しています。

○農耕の始まりによる世の中の様子の変化について，学習の進め方を見直しながら進んで調べたり考えたりしようとする。

○学習をもとに，日本の国の成り立ちや国の形成について考えようとする。

評価規準

≫知識・技能

○写真や想像図などの資料から，縄文のむらと弥生のむらについて調べている。

○米作りが伝わり，むらの様子が変化したことを理解している。

○強い力をもったむらが周辺のむらを従え，くにへと発展していったことを理解している。

○卑弥呼についての文章資料を読んで，当時の世の中の様子を理解している。

○写真資料などから，渡来人によってどのようなものが伝えられたかを調べている。

○古墳や出土品の写真，古墳づくりの様子の想像図などの資料から，古墳について調べている。

○古墳の分布図や写真資料などから，大和朝廷がどのように力を広げていったかについて調べている。

○神話・伝承などを手がかりに，国の統一について調べている。

●対応する学習指導要領の項目：(2) ア (ア)(シ)

≫思考・判断・表現

○縄文のむらと弥生のむらの想像図を比較して，むらの様子の変化について考え，話し合っている。

○弥生時代になり，むらどうしで争いが起きた原因について考え，文などにまとめている。

○巨大な古墳と古墳づくりの作業をしている様子について，王や豪族の力の大きさと関連付けて文などにまとめている。

○全国の前方後円墳の分布を表す地図と2つの古墳から発見された刀剣の写真から，大和朝廷の力の広がりやその後の国の統一を関連付けて考え，発表している。

●対応する学習指導要領の項目：(2) イ (ア)

≫主体的に学習に取り組む態度

○縄文のむらと弥生のむらの想像図を比較して，疑問に思うことを見出し，自分で学習問題をつくっている。

○米作りが始まる前後のくらしや米作りの広がりによる世の中の変化について，自分のことばでノートにまとめている。

○「大昔のくらしとくにの統一」の学習の中で，友だちとの話し合いを通して自分の考えを見直している。

○「大昔のくらしとくにの統一」の学習をして，わかったことを自分でふり返ってまとめている。

学習活動

小単元名	時数	学習活動	社会的な見方・考え方の例
大単元の導入	1	○歴史の学習方法について確かめる。 ・身近にある遺跡や史跡，文化財について調べる。 ・歴史学習をするうえでの手がかりについて話し合う。	時間　空間　比較・分類
1. 大昔のくらしとくにの統一①	2	○今から約5500〜4000年前と今から約2000〜1700年前の集落の様子の想像図を見て話し合う。 ・2つの想像図を比較して，人々のくらしの相違点などを話し合う。 ○2つの想像図の比較から，大昔の人々のくらしの変化について疑問を見出し，学習問題をつくる。	時間　空間　相互関係 比較・分類
1. 大昔のくらしとくにの統一②	1	○三内丸山遺跡や加曽利貝塚の写真や資料から，縄文時代の人々のくらしと社会の様子について調べる。	時間　空間　相互関係 比較・分類
1. 大昔のくらしとくにの統一③	1	○登呂遺跡をもとに，弥生時代の人々のくらしや米作りについて調べる。	時間　空間　相互関係
1. 大昔のくらしとくにの統一④	1	○米作りの広がりによって，むらからくにへどのように変化したのかを調べる。 ・吉野ヶ里遺跡の想像図や出土品などの写真や銅鐸の絵から，当時の社会の様子について調べる。 ・「邪馬台国と卑弥呼」の資料から，当時の王やくにの様子を読み取る。	時間　空間　相互関係
1. 大昔のくらしとくにの統一⑤	1	○古墳の写真や想像図などの資料から，巨大古墳をつくった目的や当時の豪族の力の大きさについて話し合う。 ・古墳づくりの様子の想像図を見て，気づいたことを話し合う。	時間　空間　相互関係
1. 大昔のくらしとくにの統一⑥	1	○大和朝廷の力の広がりや地方の豪族との関係，渡来人の果たした役割について調べる。 ・前方後円墳の分布の特徴と2つの地域で出土した鉄剣と鉄刀について調べる。 ・資料から，渡来人が伝えたものについて調べる。	時間　空間　相互関係
1. 大昔のくらしとくにの統一⑦	1	○「古事記」や「日本書紀」，「風土記」に書かれた国の成り立ちや当時の人々の様子について調べる。	時間　空間　比較・分類
		○学習問題について，調べたことをまとめる。 ・大昔の様子についてわかったことをノートなどにまとめ，それをもとに社会の変化について話し合う。	時間　空間　比較・分類 総合　関連付け

6年

181

| 6年 | 日文 |

教科書：p.70〜85　配当時数：8時間　配当月：6〜7月

2. 日本のあゆみ

2. 天皇を中心とした政治

関連する道徳の内容項目　C 伝統と文化の尊重，国や郷土を愛する態度　D 生命の尊さ

到達目標

》知識・技能

○聖徳太子の業績，大化の改新，大仏の造営などから，大陸文化を取り入れた天皇中心の政治が確立されたことがわかる。

○天皇中心の国づくりに関わった人たちの願いや当時の人々のくらしの様子がわかる。

○聖徳太子の時代から聖武天皇の時代までのできごとについて，写真・地図・年表などの資料で調べ，わかったことをまとめることができる。

》思考・判断・表現

○聖徳太子がめざした新しい国づくり，大化の改新後に進められた天皇中心の政治，聖武天皇が行った政治などから，この頃の世の中の様子について考え，文などで表現することができる。

○法隆寺の建築や大仏の規模などから，大陸文化の特色や天皇の力の大きさについて考え，文などで表現することができる。

》主体的に学習に取り組む態度　※「主体的に学習に取り組む態度」は方向目標を示しています。

○天皇中心の国づくりについて，学習の進め方を見直しながら進んで調べたり考えたりしようとする。

○学習をもとに，聖徳太子や聖武天皇の国づくりへの思いや願い，それらを支えた人々のくらしについて考えようとする。

評価規準

》知識・技能

○聖徳太子がめざした政治のしくみや業績と，大陸の政治・文化との関係について調べている。

○大化の改新とその後の政治のしくみや税について理解している。

○聖徳太子の取り組みや大化の改新から，天皇中心の国づくりをめざしたことを理解している。

○地図や年表などの資料から，聖武天皇が位についた頃の世の中の様子について調べている。

○聖武天皇が仏教の力で国を治めようとしたことを理解している。

○大仏づくりに協力した行基の業績と役割について調べ，ノートにまとめている。

○聖武天皇の発案により大仏が造営された頃には，天皇中心の政治が全国にまで及んでいたことを理解している。

○木簡などの資料から，平城京が都だった頃の人々のくらしについて調べ，ノートにまとめている。

○写真や地図などの資料から，遣唐使の行路や正倉院の宝物が渡来した経路などについて調べている。

● 対応する学習指導要領の項目：(2) ア (イ)(シ)

》思考・判断・表現

○聖徳太子がめざした政治のしくみについて考え，話し合っている。

○都のにぎわいを支えるために，地方の人々が重い税で苦しんでいたことを大化の改新後の政治のしくみや税と関連付けて考えている。

○聖武天皇がどのような願いや思いをもって国分寺建立や大仏造営をしようとしたのかを考え，文などにまとめている。

○遣唐使や鑑真の来日，正倉院の宝物などを関連付けて，日本と世界との関係について考え，発表している。

● 対応する学習指導要領の項目：(2) イ (ア)

≫主体的に学習に取り組む態度

○天皇を中心とした政治が確立される過程について，調べたいことを考え，自分で学習問題をつくっている。

○「天皇を中心とした政治」の学習の中で，友だちとの話し合いを通して自分の考えを見直している。

○「天皇を中心とした政治」の学習をして，わかったことを自分でふり返ってまとめている。

学習活動

小単元名	時数	学習活動	社会的な見方・考え方の例
2. 天皇を中心とした政治①	1	○法隆寺の写真や法隆寺をつくっている様子の想像図を見て，気づいたことや疑問などについて話し合う。 ・法隆寺や世界文化遺産について調べる。	時間　空間　相互関係
2. 天皇を中心とした政治②	1	○聖徳太子がめざした政治について調べて，学習問題をつくる。 ・資料や年表をもとに，聖徳太子の様々な取り組みについて調べ，疑問などを話し合う。	時間　空間　相互関係
2. 天皇を中心とした政治③	1	○聖徳太子の死後の新しい国づくりについて調べる。 ・大化の改新と大化の改新後の政治や税のしくみについて調べる。 ・「藤原京の市のようす」の想像図などの資料をもとに，藤原京について調べる。	時間　空間　相互関係
2. 天皇を中心とした政治④	1	○資料や年表をもとに，聖武天皇について調べる。 ・写真や年表などから，聖武天皇の生きた時代の社会の様子について調べる。 ・聖武天皇の願いの資料を読み，国分寺を建てたり，大仏をつくったりした意味について話し合う。	時間　空間　相互関係
2. 天皇を中心とした政治⑤	1	○大仏づくりの様子と大仏のつくり方の想像図や資料から，大仏造営について話し合う。 ・行基について調べる。 ・資料から，大仏造営の規模などについて気づいたことを話し合う。	空間　相互関係
2. 天皇を中心とした政治⑥	1	○平城京跡から出土した木簡などをもとに，当時の人々のくらしについて調べ，気づいたことについて話し合う。 ・木簡と地図から，都と地方の関係について話し合う。 ・貴族の食事と農民の食事や住居の写真などから，貴族と農民のくらしについて比較し，話し合う。	空間　比較・分類 相互関係
2. 天皇を中心とした政治⑦	1	○正倉院の宝物やシルクロードと遣唐使の行路などを調べ，アジアの国々との交流について話し合う。	時間　空間 比較・分類　相互関係
2. 天皇を中心とした政治⑧	1	○鑑真と阿倍仲麻呂について調べる。	空間　比較・分類 相互関係
		○学習問題について，調べたことをまとめる。 ・学習した二つの時代の特徴を表にまとめ，気づいたことをノートに書く。 ・ノートや資料を見ながら，二つの時代について，わかったことなどを話し合う。	時間　空間　比較・分類 総合　関連付け

| 6年 | 日文 |

教科書：p.86〜93　配当時数：4時間　配当月：7月

2. 日本のあゆみ

3. 貴族が生み出した新しい文化

関連する道徳の内容項目　C 伝統と文化の尊重，国や郷土を愛する態度　D 生命の尊さ

到達目標

≫知識・技能

○貴族が政治の中心になって大きな力をもつとともに，はなやかなくらしをしていたことがわかる。

○貴族が生み出した新しい文化が現在まで受けつがれていることがわかる。

○貴族のくらしの様子や文化について写真や絵画などの資料で調べ，わかったことをまとめることができる。

≫思考・判断・表現

○貴族のくらし，世の中の様子などから京都に都が置かれた頃の文化の特色を考え，文などで表現することができる。

≫主体的に学習に取り組む態度　※「主体的に学習に取り組む態度」は方向目標を示しています。

○貴族が生み出した新しい文化について，学習の進め方を見直しながら進んで調べたり考えたりしようとする。

○学習をもとに，京都に都が置かれた頃の文化の特色について関心をもって考えようとする。

評価規準

≫知識・技能

○天皇にかわり，貴族が政治の中心になっていることを理解している。

○貴族のやしきの様子の想像図から，貴族のくらしの様子について調べている。

○絵画や写真，想像図などの資料から，貴族のくらしの中からどのような行事や文化が生まれたのか調べている。

○藤原道長について調べ，ノートにまとめている。

○朝廷に仕えた女性たちが多くの文学作品を残していることを理解している。

○貴族が生み出した文化で，今に伝えられているものについて調べ，ノートにまとめている。

○写真などの資料から，当時の貴族の願いについて調べている。

● 対応する学習指導要領の項目：(2) ア (ウ)(シ)

≫思考・判断・表現

○藤原氏がどのようにして大きな力をもったかについて考え，話し合っている。

○貴族が政治の中心になって大きな力をもったことを貴族が生み出した新しい文化の様子と関連付けて考えている。

○貴族のくらしの様子や服装，年中行事，かな文字や和歌などから文化の特色について考え，文などにまとめている。

○平安時代に生まれた文化と現在のくらしを関連付けて考え，発表している。

● 対応する学習指導要領の項目：(2) イ (ア)

≫主体的に学習に取り組む態度

○貴族が生み出した新しい文化について，調べたいことを考え，自分で学習問題をつくっている。

○貴族のくらしの中から生まれ，現在まで受けつがれているものを，これからも大切にしていこうと考えている。

○「貴族が生み出した新しい文化」の学習をして，わかったことを自分でふり返ってまとめている。

学習活動

小単元名	時数	学習活動	社会的な見方・考え方の例
3. 貴族が生み出した新しい文化①	1	○貴族のやしきの様子の想像図や当時の貴族の服装の写真を見て、気づいたことを話し合う。	空間　相互関係
3. 貴族が生み出した新しい文化②	1	○藤原道長と当時の社会の様子について調べ、疑問点などを出し合い、学習問題をつくる。 ・藤原道長がよんだ歌などから、貴族が力をもった様子やその理由について調べる。 ・貴族が政治の中心になった頃の貴族のくらしについて調べる。	時間　空間　相互関係
3. 貴族が生み出した新しい文化③	1	○貴族が生み出した新しい文化にはどのようなものがあるか調べ、また、その特色について話し合う。 ・菅原道真や当時の社会の様子について調べる。 ・かな文字、文学作品、大和絵、けまり、年中行事などに着目してノートにまとめる。 ・貴族が生み出した新しい文化には、どのような特色があるか話し合う。	時間　空間　相互関係
3. 貴族が生み出した新しい文化④	1	○貴族たちがかかえていたなやみや苦しみと願いについて調べる。 ・貴族たちのあいだに広まっていた考え方と当時の仏教の教えについて調べる。	時間　空間　相互関係
		○学習問題について、調べたことをまとめる。 ・学習したことをノートにまとめ、自分たちの意見を出し合う。	時間　空間　比較・分類 総合　関連付け

6年

| 6年 | 日文 |

教科書：p.96～107　配当時数：5時間　配当月：9月

2. 日本のあゆみ

4. 武士による政治のはじまり

関連する道徳の内容項目　C 伝統と文化の尊重，国や郷土を愛する態度　D 生命の尊さ

到達目標

≫知識・技能
○源平の戦い，鎌倉幕府の始まり，元との戦いの様子から，貴族にかわって，武士による政治が始まったことがわかる。
○源平の戦い，鎌倉幕府の始まり，元との戦いの様子について年表や地図，写真などの資料で調べ，わかったことをまとめることができる。

≫思考・判断・表現
○武士の台頭や源平の戦いの様子，鎌倉幕府のしくみ，元との戦いなどから，武士による政治が始まった頃の世の中の様子について考え，文などで表現することができる。
○源平の戦いや鎌倉幕府の政治のしくみ，元との戦いに関わる人物の働きなどから，武士による政治について考え，文などで表現することができる。

≫主体的に学習に取り組む態度　※「主体的に学習に取り組む態度」は方向目標を示しています。
○貴族にかわり武士による政治が始まったことについて，学習の進め方を見直しながら進んで調べたり考えたりしようとする。
○学習をもとに，源平の戦いや鎌倉幕府による政治，元との戦いなどに関わった人々の思いや願いについて考えようとする。

評価規準

≫知識・技能
○武士のやしきの様子の想像図から，武士のくらしについて調べている。
○武士が力をつけて政治を動かすようになったことを理解している。
○平氏と源氏が互いに争っていたことを理解している。
○源平の戦いを示す絵図や地図などの資料から，勢力の変化について読み取っている。
○朝廷から認められた源頼朝が，征夷大将軍となり，鎌倉幕府を開き，武士による政治のしくみをつくったことを理解している。
○御恩と奉公の関係について理解している。
○源氏の将軍が絶えた後，北条氏が政治を行ったことを理解している。
○絵図や地図などの資料から，元との戦いの様子について調べている。
○元との戦いの後，鎌倉幕府の力が弱まったことを理解している。

●対応する学習指導要領の項目：(2) ア (エ)(シ)

≫思考・判断・表現
○武士のくらしと貴族のくらしの違いを比較して，文などにまとめている。
○源平の戦いを示す絵図や年表，地図などの資料から，平氏が源氏に負けた理由を考え，話し合っている。
○源頼朝が鎌倉に幕府を開いた理由を考え，文などにまとめている。
○元との戦いの様子を御恩と奉公の関係と関連付けて考え，話し合っている。

●対応する学習指導要領の項目：(2) イ (ア)

≫主体的に学習に取り組む態度

○武士による政治の始まりについて，調べたいことを考え，自分で学習問題をつくっている。

○元との戦いに参加した武士たちの思いや願いを自分のことばで説明しようとしている。

○「武士による政治のはじまり」の学習をして，わかったことを自分でふり返ってまとめている。

学習活動

小単元名	時数	学習活動	社会的な見方・考え方の例
4.武士による政治のは じまり①	1	○武士の登場について，武士のやしきの様子の想像図を見て，気づ いたことを話し合う。 ・武士が登場した背景について調べる。 ○武士と貴族のくらしを比較して，気づいたことや疑問を出し合い， 学習問題をつくる。	時間　空間 比較・分類　相互関係
4.武士による政治のは じまり②	1	○平氏による政治や源平の戦いについて調べ，武士が力をのばして いった理由を話し合う。 ・平清盛と平氏による政治について調べる。 ・源氏と平氏の戦いについて経緯や戦いにまつわるエピソードを調 べる。	時間　空間　相互関係
4.武士による政治のは じまり③	1	○鎌倉幕府の政治について調べる。 ・資料から，鎌倉幕府のしくみと御恩と奉公の関係について調べる。 ・承久の乱での北条政子のうったえについて話し合う。	空間　相互関係
4.武士による政治のは じまり④	1	○元との戦いについて調べる。 ・元の勢力範囲や元軍の進路について，地図などで調べる。 ・絵図や写真などの資料から，元軍と武士たちの戦いについて調 べる。	空間　相互関係
4.武士による政治のは じまり⑤	1	○元との戦いの後の武士と幕府の関係について話し合う。	相互関係
		○学習問題について，調べたことをまとめる。 ・学習したことをノートにまとめ，武士による政治が始まった頃に ついて考えたことを話し合う。	時間　比較・分類 総合　関連付け

6年

187

| 6年 | 日文 | 教科書：p.108〜119　配当時数：5時間　配当月：9月 |

2. 日本のあゆみ

5. 今に伝わる室町の文化と人々のくらし

関連する道徳の内容項目 C 伝統と文化の尊重，国や郷土を愛する態度　D 生命の尊さ

到達目標

≫知識・技能

○京都の室町に幕府が置かれた頃につくられた建造物や絵画などから，現在のくらしにつながる室町文化が生まれたことがわかる。

○金閣や銀閣などの建造物や水墨画などの絵画，芸能について，写真や絵図，地図や年表などの資料で調べ，わかったことをまとめることができる。

≫思考・判断・表現

○代表的な建造物や絵画，世の中の様子から，京都に幕府が置かれた頃の文化の特色を考え，文などで表現することができる。

≫主体的に学習に取り組む態度　　※「主体的に学習に取り組む態度」は方向目標を示しています。

○代表的な建造物や絵画について，学習の進め方を見直しながら進んで調べたり考えたりしようとする。

○学習をもとに，京都の室町に幕府が置かれた頃の文化の特色について，関心をもって考えようとする。

評価規準

≫知識・技能

○足利義満が建てた金閣と足利義政が建てた銀閣について理解している。

○写真などの資料から，東求堂の書院造の部屋の特徴について調べている。

○武士や民衆の中から生まれた茶の湯・生け花・能・狂言など，現在に残る室町文化や習慣について理解している。

○絵画などの資料から，雪舟と雪舟のえがいた水墨画について調べている。

○絵画や写真などの資料から，室町時代の産業や人々のくらしについて調べている。

● 対応する学習指導要領の項目：(2) ア (オ)(シ)

≫思考・判断・表現

○今までの学習の中で出てきた建物や文化の特色をふり返り，発表している。

○東求堂の書院造の部屋と現在の和室を比較して，共通点や相違点について考え，話し合っている。

○室町時代に生まれた生活習慣を現在のくらしと関連付けて考えている。

○室町時代に生まれた文化が現在も受けつがれている理由を考え，発表している。

● 対応する学習指導要領の項目：(2) イ (ア)

≫主体的に学習に取り組む態度

○室町幕府が置かれた頃の文化について，調べたいことを考え，自分で学習問題をつくっている。

○現在のくらしに受けつがれているものについて，今もなお人々に親しまれていることに気づき，これからも大切にしていこうと考えている。

○「今に伝わる室町の文化と人々のくらし」の学習をして，わかったことを自分でふり返ってまとめている。

学習活動

小単元名	時数	学習活動	社会的な見方・考え方の例
5. 今に伝わる室町の文化と人々のくらし①	1	○京都に幕府が置かれた頃に生まれた文化について，調べたいことを話し合い，学習問題をつくる。 ・「洛中洛外図屏風」を見て，当時と今の祇園祭を比較したり，人々のくらしについて話し合ったりする。 ・京都市内に残っている室町時代の建物や当時の文化と関係の深いものなどについて調べる。	時間　空間　比較・分類
5. 今に伝わる室町の文化と人々のくらし②	1	○金閣と銀閣について調べて，文化の特色や気づいたことを話し合う。 ・足利義満と金閣について調べる。 ・足利義政と銀閣について調べ，東求堂の書院造の部屋と，現在の和室と比べて話し合う。	時間　空間　比較・分類
5. 今に伝わる室町の文化と人々のくらし③	1	○室町文化の特色や現在のくらしとのつながりについて調べて話し合う。 ・写真などから，人々のくらしの中から生まれた文化(能や狂言)について調べる。 ・武士や貴族のあいだで広まった文化(茶の湯や生け花)について調べる。	時間　相互関係
5. 今に伝わる室町の文化と人々のくらし④	1	○雪舟の水墨画にえがかれている場所の写真や資料をもとに，水墨画を大成させた雪舟について調べる。	時間　空間　相互関係
5. 今に伝わる室町の文化と人々のくらし⑤	1	○新しい文化を生み出す背景となった鎌倉・室町時代の人々のくらしの様子と産業の発達について調べる。 ・絵図や写真などの資料から，人々のくらしや産業について気づいたことを話し合う。 ○学習問題について，調べたことをまとめる。 ・室町時代の文化の特色をたしかめ，学習問題について話し合う。	時間　空間　比較・分類 総合　関連付け

| 6年 | 日文 |

教科書：p.122〜131　配当時数：5時間　配当月：10月

2. 日本のあゆみ

6. 戦国の世の統一

関連する道徳の内容項目　C 伝統と文化の尊重，国や郷土を愛する態度　D 生命の尊さ

到達目標

≫知識・技能

○戦国大名の群雄割拠の状態から，織田信長・豊臣秀吉によって，戦国の世が統一されたことがわかる。

○徳川家康が関ケ原の戦いに勝利を収め，その後，江戸幕府を開いたことがわかる。

○キリスト教の伝来の様子や織田信長と豊臣秀吉の政策について，地図や絵図，年表などの資料で調べ，わかったことをまとめることができる。

≫思考・判断・表現

○戦国の世に果たした織田信長や豊臣秀吉，徳川家康の役割を考え，文などで表現している。

≫主体的に学習に取り組む態度　※「主体的に学習に取り組む態度」は方向目標を示しています。

○戦国の世が統一されていった経過について，学習の進め方を見直しながら進んで調べたり考えたりしようとする。

○学習をもとに，天下統一に向けての織田信長や豊臣秀吉，徳川家康の思いや願いについて，関心をもって考えようとする。

評価規準

≫知識・技能

○戦国の世の中になった理由と戦国大名について理解している。

○「長篠合戦図屏風」などの資料から，当時の戦いの様子について調べている。

○織田信長が天下統一をめざして行った政策について調べ，ノートにまとめている。

○キリスト教の伝来について理解している。

○豊臣秀吉が天下統一を果たし，武士の社会のしくみを整えていったことを理解している。

○徳川家康が関ケ原の戦いに勝利して，江戸幕府を開き，江戸幕府の基礎をつくったことを理解している。

○織田信長と豊臣秀吉，徳川家康の業績や相互関係について調べている。

● 対応する学習指導要領の項目：(2) ア (カ)(キ)(シ)

≫思考・判断・表現

○「長篠合戦図屏風」を見て，戦い方の工夫について考え，話し合っている。

○キリスト教の伝来を織田信長の政策や豊臣秀吉の政策と関連付けて考えている。

○織田信長がどのようにして勢力をのばしたかについて考え，文などにまとめている。

○豊臣秀吉がどのようにして天下統一を達成したかについて考え，文などにまとめている。

○徳川家康がどのようにして江戸幕府を開いたのかについて考え，文などにまとめている。

○織田信長と豊臣秀吉，徳川家康の政策から，天下統一における3人の役割について考え，発表している。

● 対応する学習指導要領の項目：(2) イ (ア)

190

》主体的に学習に取り組む態度

○戦国の世が統一されたことについて，調べたいことを考え，自分で学習問題をつくっている。

○天下統一をめざした織田信長と豊臣秀吉，徳川家康の思いや願いを自分のことばで説明しようとしている。

○「戦国の世の統一」の学習をして，わかったことを自分でふり返ってまとめている。

学習活動

小単元名	時数	学習活動	社会的な見方・考え方の例
6. 戦国の世の統一①	1	○今から約500年前の市の様子の想像図を見て，気づいたことを話し合う。 ・想像図を読み取り，室町時代の京都のまちの様子と比較したり，疑問点を出したりする。	時間　空間 比較・分類　関連付け
6. 戦国の世の統一②	1	○「長篠合戦図屏風」を見て，気づいたことや疑問点を話し合い，学習問題をつくる。 ・屏風絵の右側と左側の戦い方の違いなどを読み取り，戦国の世の戦いの様子について，話し合う。 ・長篠の戦いについて調べる。	時間　空間　相互関係 比較・分類　関連付け
6. 戦国の世の統一③	1	○織田信長の業績と役割について調べる。 ・地図から戦国大名と織田信長の勢力の変化を調べる。 ・織田信長の政策について調べる。 ・キリスト教の伝来について調べる。	時間　空間　相互関係
6. 戦国の世の統一④	1	○豊臣秀吉の業績と役割について調べる。 ・豊臣秀吉の政策について調べる。	時間　空間　相互関係
6. 戦国の世の統一⑤	1	○徳川家康の業績と役割について調べる。 ・絵図などをもとに，徳川家康が江戸幕府を開いた経緯について調べる。 ・地図などから，江戸のまちの位置や広がりについて調べる。	時間　空間　相互関係
		○学習問題について，調べたことをまとめる。 ・天下統一を進めた3人の武将について，業績や果たした役割，それについての自分の考えをノートにまとめる。	時間　空間　相互関係 比較・分類　総合 関連付け

6年	日文

教科書：p.132〜143　配当時数：5時間　配当月：10月

2. 日本のあゆみ

7. 武士による政治の安定

関連する道徳の内容項目　C 伝統と文化の尊重，国や郷土を愛する態度　D 生命の尊さ

到達目標

≫知識・技能

○江戸幕府が政治を行った頃，武士による政治が安定したことがわかる。

○徳川家光の業績，江戸幕府の政策について，地図や絵図，年表などの資料で調べ，わかったことをまとめることができる。

≫思考・判断・表現

○江戸幕府の大名配置，武家諸法度，参勤交代，鎖国，身分制などから，江戸幕府の政策の意図や社会の様子について考え，文などで表現することができる。

≫主体的に学習に取り組む態度　※「主体的に学習に取り組む態度」は方向目標を示しています。

○江戸幕府の政治が長期にわたり安定した背景について，学習の進め方を見直しながら進んで調べたり考えたりしようとする。

○学習をもとに，武士による安定した政治のしくみをつくり上げていった徳川家康や徳川家光の思いや願いについて，考えようとする。

評価規準

≫知識・技能

○徳川家康が開いた江戸幕府の支配体制が，徳川家光の頃に確立したことを理解している。

○資料をもとに，江戸幕府が行った政策について調べている。

○武士を中心とする身分制が定着したことを理解している。

○江戸幕府の身分制のもとでの人々のくらしについて理解している。

○江戸幕府が鎖国政策をするまでの経過について理解している。

○江戸幕府の鎖国政策のもとで行われた外国との交流について調べ，ノートにまとめている。

● 対応する学習指導要領の項目：(2) ア (キ)(シ)

≫思考・判断・表現

○江戸幕府がどのように大名を支配したのかについて，参勤交代などの政策と関連付けて考え，文などにまとめている。

○江戸幕府が武士以外の人々をどのように支配したのか，身分制と人々のくらしから考え，文や表などにまとめている。

○鎖国政策を行う前と後の日本の外交の変化について考え，話し合っている。

○江戸幕府が政治を安定させるために人々に対して行ったことを整理し，それぞれの立場の人がどのように思ったかを考えて，文などにまとめている。

● 対応する学習指導要領の項目：(2) イ (ア)

≫主体的に学習に取り組む態度

○武士による政治が安定したことについて，調べたいことを考え，自分で学習問題をつくっている。

○江戸幕府の政治を安定させようとした徳川家光の思いや願いを，自分のことばで説明しようとしている。

○「武士による政治の安定」の学習をして，わかったことを自分でふり返ってまとめている。

学習活動

小単元名	時数	学習活動	社会的な見方・考え方の例
7. 武士による政治の安定①	1	○大名行列の様子の想像図や資料を読み取り，疑問点などを出し合い，学習問題をつくる。 ・大名行列の様子の想像図を見て，気づいたことについて話し合う。 ・地図やグラフをもとに，大名行列について，日数や行程，費用などについて調べる。	空間　相互関係
7. 武士による政治の安定②	1	○江戸幕府による大名の支配について調べる。 ・江戸幕府による大名配置や，武家諸法度，参勤交代などについて調べる。 ・徳川家光について調べ，家光の「生まれながらの将軍」発言について話し合う。	時間　空間　相互関係
7. 武士による政治の安定③	1	○江戸幕府の身分制による支配と，それぞれの身分の人々のくらしについて調べる。 ・武士・町人・百姓の絵から，身分による人々のくらしの様子の違いを読み取る。 ・百姓のくらしについて調べる。	時間　空間　相互関係 比較・分類
7. 武士による政治の安定④	1	○幕府がとったキリスト教禁止と鎖国政策について調べる。 ・年表などを使って，鎖国までの流れを調べる。 ・キリスト教の取りしまりについて，写真などをもとに調べる。 ・鎖国下での貿易について調べる。	時間　空間　相互関係
7. 武士による政治の安定⑤	1	○鎖国のもとで行われた外国との交流について調べる。	空間　相互関係
		○学習問題について，調べたことをまとめる。 ・江戸幕府が行った政治や外国との関係について話し合う。	時間　空間　相互関係 比較・分類　総合 関連付け

| 6年 | 日文 |

教科書：p.144〜157　配当時数：6時間　配当月：11月

2. 日本のあゆみ

8. 江戸の社会と文化・学問

関連する道徳の内容項目　C 伝統と文化の尊重，国や郷土を愛する態度　D 生命の尊さ

到達目標

≫知識・技能

○江戸幕府が政治を行った頃，町人の文化が栄え，新しい学問が生まれたことがわかる。

○歌舞伎や浮世絵，国学や蘭学について，地図や絵図，年表などの資料で調べ，わかったことをまとめることができる。

≫思考・判断・表現

○歌舞伎や浮世絵が町人の間に広がったことや，国学や蘭学などの新しい学問が生まれたことから，江戸に幕府が置かれた頃の文化の特色を考え，文などで表現することができる。

○町人の文化や新しい学問を生み出した人物の業績を考え，文などで表現することができる。

≫主体的に学習に取り組む態度　※「主体的に学習に取り組む態度」は方向目標を示しています。

○江戸幕府が政治を行った頃，町人の文化が栄え，新しい学問が生まれたことについて，学習の進め方を見直しながら進んで調べたり考えたりしようとする。

○学習をもとに，江戸に幕府が置かれた頃の文化の特色について，関心をもって考えようとする。

評価規準

≫知識・技能

○社会の安定によって，町人の文化や新しい学問が生まれたことを理解している。

○資料から，江戸時代の産業の発展と，それにともなう人々のくらしについて調べている。

○江戸時代の交通と大阪や江戸のまちのにぎわいとの関わりや，町人が力をつけたことを理解している。

○歌舞伎や人形浄瑠璃，浮世絵を生み出した人物について理解している。

○歌舞伎や人形浄瑠璃，浮世絵が人々の間で親しまれ，広まったことを理解している。

○江戸時代に広がった国学や寺子屋について理解している。

○蘭学について調べ，杉田玄白や前野良沢，伊能忠敬の業績について，ノートに整理している。

● 対応する学習指導要領の項目：(2) ア (ク)(シ)

≫思考・判断・表現

○江戸時代のまちや人々の様子をこの頃の社会の安定と関連付けて，話し合っている。

○平安文化や室町文化と比較して，江戸時代の文化の特色を考え，文や表などにまとめている。

○歌舞伎や人形浄瑠璃，浮世絵が流行した背景について考え，文などにまとめている。

○国学や蘭学が政治や社会にあたえた影響を考えて，文などにまとめている。

● 対応する学習指導要領の項目：(2) イ (ア)

≫主体的に学習に取り組む態度

○町人の文化が栄え，新しい学問が生まれたことについて，調べたいことを考え，自分で学習問題をつくっている。

○江戸時代に生まれた町人の文化や学問の中で，今もなお人々に親しまれているものについて，これからも大切にしていこうと考えている。

○町人の文化や新しい学問を生み出した人物の思いや願いを自分のことばで説明しようとしている。

○「江戸の社会と文化・学問」の学習をして，わかったことを自分でふり返ってまとめている。

学習活動

小単元名	時数	学習活動	社会的な見方・考え方の例
8. 江戸の社会と文化・学問①	1	○「江戸図屏風」を見て，気づいたことや疑問を出し合い，学習問題をつくる。	空間　比較・分類
8. 江戸の社会と文化・学問②	1	○江戸時代の産業の発展について調べる。 ・発達した農具の絵図や写真などの資料から，農村での生産の様子について調べる。 ・江戸時代の主な特産物の地図などから，各地での産業の発展と特産物について調べる。	空間　相互関係 比較・分類
8. 江戸の社会と文化・学問③	1	○江戸時代の町人のくらしについて調べ，話し合う。 ・にぎわう大阪の港の様子や江戸の呉服店の資料から，大阪と江戸のまちの様子について調べる。 ・大阪と江戸のまちの発展と江戸時代の交通との関わりについて調べる。	空間　相互関係 比較・分類
8. 江戸の社会と文化・学問④	1	○江戸時代に生まれた文化について調べる。 ・歌舞伎や人形浄瑠璃，浮世絵について調べる。	時間　空間　相互関係
8. 江戸の社会と文化・学問⑤	1	○国学と子どもの教育について調べる。 ・幕府や藩が重んじてきた儒学について調べる。 ・本居宣長の業績について調べる。 ・資料をもとに，寺子屋について調べる。	時間　空間　相互関係
8. 江戸の社会と文化・学問⑥	1	○蘭学について調べる。 ・杉田玄白・前野良沢の業績について調べる。 ・伊能忠敬の業績について調べる。	時間　空間　相互関係
		○学習問題について，調べたことをまとめる。 ・江戸時代の人々のくらしや文化・学問について調べたことをノートにまとめ，考えたことなどを話し合う。	時間　空間　相互関係 比較・分類　総合 関連付け

6年

| 6年 | 日文 |

教科書：p.160〜173　配当時数：6時間　配当月：11月

2. 日本のあゆみ

9. 明治の新しい国づくり

関連する道徳の内容項目　C 伝統と文化の尊重，国や郷土を愛する態度　D 生命の尊さ

到達目標

≫知識・技能

○明治維新以降，日本が欧米の文化を取り入れつつ近代化を進めたことがわかる。

○黒船の来航，廃藩置県や四民平等などの改革，文明開化について，地図や年表などの資料で調べ，わかったことをまとめることができる。

≫思考・判断・表現

○明治新政府がつくった政治のしくみや世の中の様子の変化について考え，文などで表現することができる。

○明治の新しい国づくりに関わった人物の働きやその思いや願いを考え，関係図や文などで表現することができる。

≫主体的に学習に取り組む態度　※「主体的に学習に取り組む態度」は方向目標を示しています。

○明治維新以降の日本の近代化について，学習の進め方を見直しながら進んで調べたり考えたりしようとする。

○学習をもとに，明治の新しい国づくりに関わった人物の思いや願いについて関心をもって考えようとする。

評価規準

≫知識・技能

○黒船来航により，日本が開国したことを理解している。

○幕末の世の中の様子と幕府への人々の不満について理解している。

○江戸幕府が外国と条約を結んだことを理解している。

○資料から，江戸幕府の政権返上までの流れについて調べている。

○明治新政府が行った改革について理解している。

○明治新政府に関わった人物たちの業績について調べ，表などにまとめている。

○文明開化による人々のくらしの変化について理解している。

●対応する学習指導要領の項目：(2) ア (ケ)(シ)

≫思考・判断・表現

○江戸時代末期と明治時代初期の絵図を比較して世の中の変化について考え，話し合っている。

○明治新政府がめざした新しい国について，明治新政府が行った改革と関連付けて考えている。

○新しい世の中に対する福沢諭吉の思いや願いについて考え，話し合っている。

○明治維新以降に活躍した人々の相互関係を整理し，関係図にまとめている。

●対応する学習指導要領の項目：(2) イ (ア)

≫主体的に学習に取り組む態度

○明治の新しい国づくりについて，調べたいことを考え，自分で学習問題をつくっている。

○開国による人々のくらしの変化や明治新政府の改革などについて，調べたり考えたりしたことをわかりやすく発言しようとしている。

○明治の新しい国づくりに関わった人物たちの思いや願いを自分のことばで説明しようとしている。

○「明治の新しい国づくり」の学習をして，わかったことを自分でふり返ってまとめている。

学習活動

小単元名	時数	学習活動	社会的な見方・考え方の例
9. 明治の新しい国づくり①	1	○江戸時代の終わり頃の江戸の様子と明治時代の東京の様子をえがいた絵画を比較して，相違点を話し合う。 ○江戸時代の寺子屋と明治時代の学校の様子の絵画を比較して，疑問などを話し合い，学習問題をつくる。	時間　空間　相互関係 比較・分類
9. 明治の新しい国づくり②	1	○黒船来航とその際の幕府の対応について調べる。 ・絵図から，黒船来航が人々や幕府にあたえた影響を読み取る。 ・黒船が来航した目的について調べる。 ・幕府が外国と結んだ条約について調べる。	時間　空間　相互関係
9. 明治の新しい国づくり③	1	○幕末の世の中の様子と江戸幕府がたおれた経緯を調べる。 ・幕末の米の値段の移り変わりのグラフなどから，江戸幕府に対する人々の不満を読み取る。 ・武士たちによる江戸幕府にかわる新しい政治のしくみをつくろうとする動きについて調べる。 ・明治維新を進めた人物たちについて調べる。	時間　空間　相互関係
9. 明治の新しい国づくり④	1	○明治新政府の新しい国づくりについて調べる。 ・五か条の御誓文から，政府がどのような方針で国づくりを進めたのかを読み取る。 ・明治新政府が行った改革について調べる。	相互関係
9. 明治の新しい国づくり⑤	1	○明治政府が進めた産業などの政策について調べる。 ・富国強兵，徴兵令，地租改正，殖産興業について調べる。	時間　空間　相互関係
9. 明治の新しい国づくり⑥	1	○文明開化による人々のくらしの変化について調べる。 ・人々のくらしや学校制度の変化などを，絵図や年表をもとに調べる。 ・福沢諭吉について調べる。	時間　空間　相互関係 比較・分類
		○学習問題について，調べたことをまとめる。 ・時代の変化を年表にまとめ，学習問題について話し合う。	時間　空間　相互関係 比較・分類　総合 関連付け

6年

| 6年 | 日文 |

教科書：p.174〜191　配当時数：9時間　配当月：12月

2. 日本のあゆみ

10. 国力の充実をめざす日本と国際社会

関連する道徳の内容項目　C 伝統と文化の尊重，国や郷土を愛する態度　D 生命の尊さ

到達目標

≫知識・技能
○大日本帝国憲法の発布，日清・日露の戦争，不平等な条約の改正，科学の発展などから，日本の国力が充実し，国際的地位が向上したことがわかる。
○自由民権運動の進展，大日本帝国憲法の発布や国会の開設，日清・日露の戦争，不平等な条約の改正，科学の発展などについて，地図や年表などの資料で調べ，わかったことをまとめることができる。

≫思考・判断・表現
○日本の国際的地位の向上をめざす明治政府の意図や世の中の様子について考え，文などで表現することができる。
○日清・日露の戦争，不平等な条約の改正，科学の発展などで活躍した人物の働きやその思いや願いについて，文などで表現することができる。

≫主体的に学習に取り組む態度　※「主体的に学習に取り組む態度」は方向目標を示しています。
○日本の国力や国際的地位の変化について，学習の進め方を見直しながら進んで調べたり考えたりしようとする。
○学習をもとに，日清・日露の戦争，不平等な条約の改正，科学の発展などで活躍した人物の思いや願いについて，関心をもって考えようとする。

評価規準

≫知識・技能
○板垣退助を中心に自由民権運動が日本各地に広まったことを理解している。
○大日本帝国憲法にもとづく国のしくみと，国会の開設について調べている。
○江戸幕府が幕末に欧米諸国と結んだ条約が不平等な内容で，それにより日本が不利な状況であったことを理解している。
○条約改正の交渉が日本の近代化の遅れを理由に進まなかったことを理解している。
○条約改正を実現した陸奥宗光や小村寿太郎の働きを理解している。
○日清・日露の戦争について理解している。
○日本が朝鮮を植民地にしたことを理解している。
○国際社会で活躍した人物の業績について調べている。
○産業の発展によって，人々のくらしや社会が変化し，自由・権利などを求める社会運動が起こったことを理解している。

●対応する学習指導要領の項目：(2) ア (コ)(シ)

≫思考・判断・表現
○大日本帝国憲法にもとづく国のしくみについて，現在の日本のしくみと比較して考えている。
○ノルマントン号事件が起きた原因を江戸幕府が結んだ不平等な条約と関連付けて考え，発表している。
○日清・日露の戦争について整理し，中国やロシアとの関係や国際社会にあたえた影響などを考え，文などにまとめている。
○条約改正や国際社会での日本人の活躍を日本の国際的地位の向上と関連付けて考えている。
○産業の発展によって起こった問題に関わった人々の思いや願いについて考え，話し合っている。

●対応する学習指導要領の項目：(2) イ (ア)

≫主体的に学習に取り組む態度

○日本の国際的地位が変化し，条約改正を達成するまでの経過について，調べたいことを考え，自分で学習問題をつくっている。

○日本の国力の充実や国際的地位の向上に関わった人物たちの思いや願いを自分のことばで説明しようとしている。

○「国力の充実をめざす日本と国際社会」の学習をして，わかったことを自分でふり返ってまとめている。

学習活動

小単元名	時数	学習活動	社会的な見方・考え方の例
10. 国力の充実をめざす日本と国際社会①	1	○明治維新後の様子をえがいた絵画や写真を見て，気づいたことを話し合い，学習問題をつくる。	時間　空間　相互関係
10. 国力の充実をめざす日本と国際社会②	1	○自由民権運動の高まりについて調べる。 ・政府の改革への不満や士族の反乱について調べる。 ・資料などから，自由民権運動に人々が求めたことと，運動の広がりについて調べる。	時間　空間　相互関係
10. 国力の充実をめざす日本と国際社会③	1	○大日本帝国憲法の発布について調べる。 ・選挙の様子をえがいた資料をもとに，気づいたことを話し合う。 ・資料を手がかりに，大日本帝国憲法の発布までの流れや内容を調べる。	時間　空間　相互関係
10. 国力の充実をめざす日本と国際社会④	1	○国会開設と新しい政治のしくみについて調べる。	時間　相互関係
		○学習をふり返り，わかったことや疑問点について話し合う。	時間　空間　相互関係 比較・分類
10. 国力の充実をめざす日本と国際社会⑤	1	○江戸幕府が結んだ不平等な条約の改正の歩みについて調べる。 ・不平等な条約の内容とノルマントン号事件について調べる。 ・条約改正における陸奥宗光と小村寿太郎の働きについて調べる。	時間　空間　相互関係
10. 国力の充実をめざす日本と国際社会⑥	1	○当時の日本を取り巻くアジアの様子や日清・日露の戦争について調べる。	時間　空間　相互関係 比較・分類
10. 国力の充実をめざす日本と国際社会⑦	1	○日露戦争後の日本とアジアや欧米諸国との関係について調べる。 ・日本の朝鮮植民地化や第一次世界大戦参戦について調べる。 ○科学の分野などで，国際社会で活躍した日本人について調べる。	時間　空間　相互関係
10. 国力の充実をめざす日本と国際社会⑧	1	○日清・日露戦争が起こった頃の国内の産業とその発展による人々のくらしの変化について調べる。 ・資料から，軽工業と重工業の発展について調べる。 ・産業の発展のかげで起こった，公害問題について調べる。	時間　空間　相互関係
10. 国力の充実をめざす日本と国際社会⑨	1	○人々の生活を守るための運動について調べる。 ・大正時代の自分たちの願いを政治に生かそうとする社会運動，平塚らいてう，全国水平社について調べる。 ・普通選挙について調べる。	時間　空間　相互関係
		○学習問題について，調べたことをまとめる。 ・調べたことをノートなどにまとめ，学習問題について話し合う。	時間　空間　比較・分類 総合　関連付け

6年

199

| 6年 | 日文

教科書：p.194〜209　配当時数：7時間　配当月：1月

2. 日本のあゆみ

11. アジア・太平洋に広がる戦争

関連する道徳の内容項目　C 伝統と文化の尊重，国や郷土を愛する態度　D 生命の尊さ

到達目標

≫知識・技能

○日中戦争や日本に関わる第二次世界大戦から，戦争の広がりや人々のくらしの変化についてわかる。

○日本が戦争を続ける中で，日本国民やアジア・太平洋の国々や地域に住む人々が大きな被害を受けたことがわかる。

○日中戦争や日本に関わる第二次世界大戦について，地図や年表，写真などの資料で調べ，わかったことをまとめることができる。

≫思考・判断・表現

○戦争中の人々のくらしの様子から，人々が大きな被害を受けたことについて考え，文などで表現することができる。

○日中戦争や日本に関わる第二次世界大戦から，戦争の悲惨さや平和の大切さについて考え，文などで表現することができる。

≫主体的に学習に取り組む態度　※「主体的に学習に取り組む態度」は方向目標を示しています。

○戦争の広がりや当時の人々のくらしについて，学習の進め方を見直しながら進んで調べたり考えたりしようとする。

○学習をもとに，戦争の悲惨さや平和の大切さについて関心をもって考えようとする。

評価規準

≫知識・技能

○満州事変，日中戦争を起こした理由や，中国との戦争の広がりについて理解している。

○世界で第二次世界大戦が始まった頃，日本がアジアや太平洋に向けて戦争の範囲を広げていったこと（太平洋戦争）を理解している。

○戦争中，国民を戦争に協力させるために，日本政府が戦時体制を強めたことを理解している。

○戦争中の人々のくらしの様子について，聞き取りや資料を活用するなどして調べたことを整理して，ノートにまとめている。

○日本が占領した地域の人々の様子について調べている。

○日本の各地の都市が受けた空襲と，その被害の様子について調べている。

○沖縄戦の様子や，広島と長崎に原子爆弾が落とされたことを理解している。

○戦争によって，日本国民やアジア・太平洋の国々や地域に住む人々など，多くの人々が大きな犠牲を払ったことを理解している。

　　　　　　　　　　　　　　　　　　　　　　　　　　　●対応する学習指導要領の項目：(2) ア（サ)(シ)

≫思考・判断・表現

○満州事変や日中戦争を昭和時代の不景気と関連付けて考え，中国各地への戦争の広がりと人々の被害について話し合っている。

○戦争の長期化や戦場の拡大による人々のくらしへの影響について考え，話し合っている。

○戦争中の写真や標語から，戦時体制下の人々のくらしの様子について考え，文などにまとめている。

○戦争の実態や戦争が人々にあたえた影響などから平和の大切さについて考え，発表している。

　　　　　　　　　　　　　　　　　　　　　　　　　　　●対応する学習指導要領の項目：(2) イ（ア)

》》主体的に学習に取り組む態度

○第一次世界大戦の後の日本の様子について，調べたいことを考え，自分で学習問題をつくっている。

○戦争の広がりや当時の人々のくらしについて，調べたり考えたりしたことをわかりやすく発言しようとしている。

○「アジア・太平洋に広がる戦争」の学習をして，わかったことを自分でふり返ってまとめている。

○学習してきたことや話し合ってきたことをもとに，戦争の悲惨さや平和の大切さについて考えようとしている。

学習活動

小単元名	時数	学習活動	社会的な見方・考え方の例
11. アジア・太平洋に広がる戦争①	1	○資料から，第一次世界大戦の後の日本の社会の様子の変化について，気づいたことを話し合う。 ・グラフや写真から，景気の変化を読み取って話し合う。 ○1929年にアメリカから始まった不景気による日本の人々のくらしについて話し合い，学習問題をつくる。	時間　空間　相互関係
11. アジア・太平洋に広がる戦争②	1	○資料をもとに，満州事変とその後の国際連盟脱退や日本の国内の様子について調べる。	時間　空間　相互関係
11. アジア・太平洋に広がる戦争③	1	○日中戦争と第二次世界大戦，太平洋戦争について調べる。 ・地図などの資料をもとに，中国との戦争の広がりと長期化について調べる。 ・日本が中国と戦争をしていた頃の世界の様子について調べる。 ・戦争がアジア・太平洋に広がっていったことについて調べる。	時間　空間　相互関係
11. アジア・太平洋に広がる戦争④	1	○戦争中の占領した地域や国内の人々のくらしについて調べる。 ・当時の写真や地図をもとに，占領した地域の社会の様子や人々のくらしについて調べる。 ・資料をもとに，国内の人々のくらしが苦しくなっていったことについて調べる。	時間　相互関係
11. アジア・太平洋に広がる戦争⑤	1	○戦争が不利になってきた頃の子どもや女性のくらしについて調べる。 ・写真や戦争体験をした人の話から，当時の子どもや女性のくらしについて調べる。	時間　空間　相互関係
11. アジア・太平洋に広がる戦争⑥	1	○戦争による日本国内の被害の様子について調べる。 ・空襲に関する写真や地図などの資料をもとに，日本各地の被害について調べる。 ・沖縄戦について調べる。 ・身近な地域での空襲や被害の様子について調べる。	時間　空間　相互関係
11. アジア・太平洋に広がる戦争⑦	1	○広島・長崎の原爆投下による被害と敗戦について調べる。 ・日本が敗戦の日をむかえるまでの経緯について調べる。	時間　空間　相互関係
		○学習問題について，調べたことをまとめる。 ・戦争について学習してきたことを新聞にまとめて，学習問題について話し合う。	時間　空間　相互関係 総合　関連付け

| 6年 | 日文 |

教科書：p.210〜227　配当時数：8時間　配当月：1〜2月

2. 日本のあゆみ

12. 新しい日本へのあゆみ

関連する道徳の内容項目　C 伝統と文化の尊重，国や郷土を愛する態度　D 生命の尊さ

到達目標

≫知識・技能

○第二次世界大戦後，日本が民主主義国家として出発し，人々のくらしが向上するとともに，国際社会において重要な役割を果たしてきたことがわかる。

○戦後改革や日本国憲法の制定，オリンピック・パラリンピック開催などについて，聞き取り調査や地図・写真などの資料で調べ，わかったことをまとめることができる。

≫思考・判断・表現

○第二次世界大戦後，日本の政治や人々のくらしが大きく変わったことや，国際社会に復帰し，国際社会において果たしてきた役割を考え，文などで表現することができる。

≫主体的に学習に取り組む態度　※「主体的に学習に取り組む態度」は方向目標を示しています。

○日本の戦後の歩みについて，学習の進め方を見直しながら進んで調べたり考えたりしようとする。

○学習をもとに，これからの日本の課題や果たすべき役割について，関心をもって考えようとする。

評価規準

≫知識・技能

○写真や想像図などの資料から，終戦直後のまちの様子や人々のくらしの様子について理解している。

○戦後の改革が進められ，平和で民主的な国家をめざしたことを理解している。

○日本国憲法の制定について調べ，大日本帝国憲法との違いを表などに整理している。

○国際社会への復帰や産業の発展など，日本の復興の経過について調べ，年表などに整理している。

○日本の復興は，国民の努力によって進められてきたことを理解している。

○日本は，アジアで初めてオリンピック・パラリンピックを開催し，国際社会に復興を示したことを理解している。

○戦後から現在までにおいて，国内外で様々な課題が起きていることを理解している。

●対応する学習指導要領の項目：(2) ア (サ)(シ)

≫思考・判断・表現

○終戦直後の写真を見て，当時の人々のくらしの様子について考え，話し合っている。

○戦後の改革と日本国憲法を関連付けて考え，日本の民主化について文などにまとめている。

○平和条約締結やアジアで初めてのオリンピック・パラリンピック開催などから，日本と世界の関係の変化や日本の役割について考えている。

○日本の産業の発展と公害などの環境問題を関連付けて考え，戦後の人々のくらしの向上と変化について話し合っている。

●対応する学習指導要領の項目：(2) イ (ア)

≫主体的に学習に取り組む態度

○日本の戦後の歩みについて，調べたいことを考え，自分で学習問題をつくっている。

○終戦直後の写真を見て，当時の人々の気持ちを考えようとしている。

○日本や世界の現状と課題について考え，自分のことばで説明しようとしている。

○「新しい日本へのあゆみ」の学習をして，わかったことを自分でふり返ってまとめている。

○歴史の学習をふり返り，現在やこれからの生き方にどのように役立てたらよいか，自分のことばでノートにまとめている。

学習活動

小単元名	時数	学習活動	社会的な見方・考え方の例
12. 新しい日本へのあゆみ①	1	○敗戦直後の大阪市の様子と現在の大阪市の様子の写真を比較して，気づいたことや感想を話し合う。	時間　空間　比較・分類
		○資料から，終戦直後のまちや人々のくらしの様子について調べて，学習問題をつくる。	時間　空間　相互関係
12. 新しい日本へのあゆみ②	1	○戦後の改革や日本国憲法について調べる。 ・資料を見て，戦前と異なる日本の変化について話し合う。 ・日本国憲法の特色について調べる。	時間　相互関係 比較・分類
12. 新しい日本へのあゆみ③	1	○戦後の日本と外国との関係について調べる。 ・第二次世界大戦後の世界の様子と日本が国際社会に復帰するまでの経緯について調べる。	時間　空間　相互関係
12. 新しい日本へのあゆみ④	1	○戦後の日本の経済の発展について調べる。 ・高度経済成長期の日本について調べる。 ・公害問題や石油危機について調べる。	時間　空間　相互関係
12. 新しい日本へのあゆみ⑤	1	○経済の発展による人々のくらしの変化について調べる。 ・資料から，家庭電化製品や自動車の普及によるくらしの変化について話し合う。 ・社会保障制度について調べる。	時間　空間　相互関係
12. 新しい日本へのあゆみ⑥	1	○戦後の復興を果たし，経済成長をした日本と国際社会との関わりについて調べる。 ・写真などから，日本と国際社会との関わりについての歩みを調べる。 ・写真や年表などから，先進国の仲間入りを果たした日本の，国際社会への貢献について調べる。	時間　空間　相互関係
12. 新しい日本へのあゆみ⑦	1	○国際社会における日本に残された問題について調べる。 ・アメリカ軍基地問題について調べる。 ・日本の領土や国境をめぐる問題について調べる。	時間　空間　相互関係
12. 新しい日本へのあゆみ⑧	1	○未来の日本に向けて，解決すべき様々な課題を調べ，自分たちに期待されている役割を考える。 ・日本における少子高齢化，人権問題などについて調べる。 ・これからの日本について，自分たちに期待されている役割を考える。 ○学習問題について，調べたことをまとめる。 ・戦後の日本についてまとめたことを話し合う。 ○歴史の学習を終え，自分の考えをふり返りシートにまとめる。	時間　空間　相互関係 比較・分類　総合 関連付け

6年

| 6年 | 日文 |

教科書：p.230〜253　配当時数：7時間　配当月：2月

3. 世界のなかの日本とわたしたち

（選択単元）1. つながりの深い国々のくらし

関連する道徳の内容項目　C 公正，公平，社会正義/伝統と文化の尊重，国や郷土を愛する態度/国際理解，国際親善

到達目標

≫知識・技能
○日本と経済や文化などでつながりが深い国の人々のくらしは多様であることがわかる。

○スポーツや文化などを通して他国と交流し，異なる文化や習慣を尊重し合うことが大切であることがわかる。

○日本と経済や文化などでつながりが深い国や地域の名称と位置，人々のくらしの様子について，地図帳や地球儀などの資料で調べたり，調査したりして，わかったことをまとめることができる。

≫思考・判断・表現
○外国の人々のくらしの様子などから日本の文化や習慣との違いについて考え，文などで表現することができる。

○世界の国々の文化や習慣の相互理解のために，国際交流の果たす役割について多角的に考えたり，自分にできることを選択・判断したりして，根拠や理由を明確にして話し合うことができる。

≫主体的に学習に取り組む態度　※「主体的に学習に取り組む態度」は方向目標を示しています。
○日本と経済や文化などでつながりの深い国について，学習の進め方を見直しながら進んで調べたり考えたりしようとする。

○学習をもとに，日本や諸外国の伝統や文化を尊重し，外国の人々とともに生きるうえで大切なことについて考えようとする。

評価規準

≫知識・技能
○身の回りにある外国産のものや，外国との交流について調べている。

○日本とつながりの深い国について，今まで学習してきたことや知っていることなどをノートに整理している。

○地図や地球儀を使って，日本とつながりの深い国について調べている。

○日本とつながりの深い国の人々のくらしの様子，文化，産業，気候，宗教などについて調べ，ノートに整理している。

○外国の人々のくらしは多様であることを理解している。

○異なる文化や習慣を尊重し合うことの大切さを理解している。

●対応する学習指導要領の項目：(3) ア (ア)(ウ)

≫思考・判断・表現
○日本とつながりの深い国の人々のくらしの様子や文化にはどのような特色があるのか考え，文などにまとめている。

○日本とつながりの深い国について，日本と比較して共通点や相違点について考え，表などにまとめている。

○スポーツや文化を通した国際交流の事例から，国際交流の果たす役割について考え，話し合っている。

○世界の人々とともに生きていくために，相互理解について，自分にできることを考えたり，選択・判断したりしてノートにまとめている。

●対応する学習指導要領の項目：(3) イ (ア)

≫主体的に学習に取り組む態度

○日本とつながりの深い国について，調べたいことを考え，自分で学習問題をつくっている。

○自分が選択した国について，調べたり考えたりしたことをわかりやすく発言しようとしている。

○日本と異なる文化や習慣を尊重し合うことの大切さについて，自分のことばでノートにまとめている。

○「つながりの深い国々のくらし」の学習をして，わかったことを自分でふり返ってまとめている。

学習活動

小単元名	時数	学習活動	社会的な見方・考え方の例
大単元の導入	1	○写真などから，世界で活躍する日本人について調べ，外国との関係や交流について気づいたことを話し合う。	空間　相互関係
日本とつながりの深い国々	1	○日本とつながりの深い国について知っていることなどを話し合い，学習問題をつくる。 ・日本の中にある外国とのつながりを表した写真などを手がかりに，気づいたことなどについて話し合う。	空間　相互関係 比較・分類
(選択) アメリカ合衆国のくらし	2	○アメリカの人々のくらしと日本とのつながりについて調べる。 ・基本情報 (人口・言語・首都・面積・国旗など) や日本との貿易，産業，学校の様子などについて調べる。	時間　空間　相互関係 比較・分類
(選択) 中華人民共和国のくらし (2時間)		○中国の人々のくらしと日本とのつながりについて調べる。 ・基本情報 (人口・言語・首都・面積・国旗など) や日本との貿易，産業，学校の様子などについて調べる。	時間　空間　相互関係 比較・分類
(選択) ブラジル連邦共和国のくらし (2時間)		○ブラジルの人々のくらしと日本とのつながりについて調べる。 ・基本情報 (人口・言語・首都・面積・国旗など) や日本人移住者，学校の様子，娯楽などについて調べる。	時間　空間　相互関係 比較・分類
調べてきた国々のようす	1	○学習問題について，調べたことをまとめる。 ・調べた国について整理し，考えたことを話し合う。 ○国どうしの交流について，知っていることを出し合って話し合い，「さらに考えたい問題」をつくる。	時間　空間　比較・分類 総合　関連付け
スポーツによる国際交流	1	○スポーツによる国際交流について調べる。 ・オリンピック・パラリンピックによる交流について調べる。 ・国旗・国歌について調べる。	相互関係
文化による国際交流	1	○文化による国際交流について調べる。 ・国どうしの文化交流事業にはどのようなものがあるのか調べる。	相互関係
		○「さらに考えたい問題」について，調べたことをまとめる。 ・国どうしの交流についてまとめたことをもとに，考えたことを話し合う。	相互関係　総合 関連付け

| 6年 | 日文 |

教科書：p.254〜265　配当時数：6時間　配当月：3月

3. 世界のなかの日本とわたしたち

2. 国際連合と日本の役割

関連する道徳の内容項目　C 公正，公平，社会正義/伝統と文化の尊重，国や郷土を愛する態度/国際理解，国際親善

到達目標

≫知識・技能

○日本は，平和な世界の実現のために国際連合の一員として重要な役割を果たしたり，諸外国の発展のために援助や協力を行ったりしていることがわかる。

○日本が国際協力をしている国や地域の名称と位置，人々のくらしの様子について，地図帳や地球儀などの資料で調べたり，調査したりして，わかったことをまとめることができる。

≫思考・判断・表現

○地球規模で発生している課題の解決に向けた連携や協力などから，グローバル化する世界で日本が果たしている役割について多角的に考えることができる。

○世界の人々とともに生きていくために大切なことについて，自分にできることを考えたり，選択・判断したりして，世界の平和に向けた自分の考えを文などで表現することができる。

≫主体的に学習に取り組む態度　　※「主体的に学習に取り組む態度」は方向目標を示しています。

○グローバル化する世界で日本が果たしている役割について，学習の進め方を見直しながら進んで調べたり考えたりしようとする。

○学習をもとに，世界で日本が果たす役割や世界の人々とともに生きていくために大切なことについて，関心をもって考えようとする。

評価規準

≫知識・技能

○世界には，災害や戦争，環境問題などの様々な課題があることを理解している。

○国際連合は，世界の平和と安全を守り，人々のくらしをよりよいものにするために活動していることを理解している。

○国際連合の組織とそれぞれの組織の働きについて理解している。

○環境問題についてどのような課題があるか調べている。

○持続可能な社会を実現するための国際連合を中心とした国際的な取り組みについて調べている。

○日本が国際連合の一員として，世界の国々と協力して大きな役割を果たしてきたことを理解している。

○多くの日本人が国際協力の分野で活躍していることを理解している。

　　　　　　　　　　　　　　　　　　　　　　　●対応する学習指導要領の項目：(3) ア (イ)(ウ)

≫思考・判断・表現

○ユニセフの活動について，第二次世界大戦後に日本がユニセフの支援を受けていたことと関連付けて考えている。

○環境問題の原因や取り組みを自分のくらしと関連付けて考え，自分にできることを考えたり，選択・判断したりして話し合っている。

○国際連合の働きや日本の国際協力などから，平和な世界の実現に向けた今後の日本の役割について多角的に考え，発表している。

　　　　　　　　　　　　　　　　　　　　　　　●対応する学習指導要領の項目：(3) イ (イ)

≫主体的に学習に取り組む態度

○平和な世界の実現に向けた日本の役割について，調べたいことを考え，自分で学習問題をつくっている。

○地球規模で発生している様々な課題と取り組みについて，調べたり考えたりしたことをわかりやすく発言しようとしている。

○「国際連合と日本の役割」の学習をして，わかったことを自分でふり返ってまとめている。

○学習してきたことや話し合ってきたことをもとに，自分にできる国際協力の活動を考えようとしている。

学習活動

小単元名	時数	学習活動	社会的な見方・考え方の例
2. 国際連合と日本の役割①	1	○写真をもとに，世界で起きている問題にはどのようなものがあるのか調べて話し合い，学習問題をつくる。	空間　相互関係
2. 国際連合と日本の役割②	1	○国連の活動について調べる。 ・国連について，知っていることや疑問点などを話し合う。 ・国連の目的や働き，成り立ちや組織について調べる。	時間　空間　相互関係
2. 国際連合と日本の役割③	1	○国連が世界の平和や人々の幸せのためにどのような活動をしているのか調べる。 ・世界で起きている戦争や紛争と，それに対する国連の取り組みについて調べる。 ・ユニセフの活動や子どもの権利条約について調べる。	時間　空間　相互関係
2. 国際連合と日本の役割④	1	○世界で起きている様々な環境問題と，それに対する国連の取り組みについて調べる。	空間　相互関係
		○学習問題について，調べたことをまとめる。 ○国連の活動についてまとめ，考えたことを話し合い，「さらに考えたい問題」をつくる。	空間　相互関係 比較・分類　総合 関連付け
2. 国際連合と日本の役割⑤	1	○日本の国際協力について調べる。 ・青年海外協力隊について調べる。 ・国境なき医師団について調べる。	空間　相互関係
2. 国際連合と日本の役割⑥	1	○「さらに考えたい問題」について，調べたことをまとめる。 ・日本の国際協力についてまとめ，考えたことを話し合う。 ・「SDGs」について調べる。 ○国連の「SDGs」の中から自分が達成したいものを一つ選び，それについて自分ができることを発表する。	空間　相互関係 比較・分類　総合 関連付け

学習指導要領

第2節　社　会

第1　目　標

社会的な見方・考え方を働かせ，課題を追究したり解決したりする活動を通して，グローバル化する国際社会に主体的に生きる平和で民主的な国家及び社会の形成者に必要な公民としての資質・能力の基礎を次のとおり育成することを目指す。

(1)　地域や我が国の国土の地理的環境，現代社会の仕組みや働き，地域や我が国の歴史や伝統と文化を通して社会生活について理解するとともに，様々な資料や調査活動を通して情報を適切に調べまとめる技能を身に付けるようにする。

(2)　社会的事象の特色や相互の関連，意味を多角的に考えたり，社会に見られる課題を把握して，その解決に向けて社会への関わり方を選択・判断したりする力，考えたことや選択・判断したことを適切に表現する力を養う。

(3)　社会的事象について，よりよい社会を考え主体的に問題解決しようとする態度を養うとともに，多角的な思考や理解を通して，地域社会に対する誇りと愛情，地域社会の一員としての自覚，我が国の国土と歴史に対する愛情，我が国の将来を担う国民としての自覚，世界の国々の人々と共に生きていくことの大切さについての自覚などを養う。

第2　各学年の目標及び内容

〔第3学年〕

1　目　標

社会的事象の見方・考え方を働かせ，学習の問題を追究・解決する活動を通して，次のとおり資質・能力を育成することを目指す。

(1)　身近な地域や市区町村の地理的環境，地域の安全を守るための諸活動や地域の産業と消費生活の様子，地域の様子の移り変わりについて，人々の生活との関連を踏まえて理解するとともに，調査活動，地図帳や各種の具体的資料を通して，必要な情報を調べまとめる技能を身に付けるようにする。

(2)　社会的事象の特色や相互の関連，意味を考える力，社会に見られる課題を把握して，その解決に向けて社会への関わり方を選択・判断する力，考えたことや選択・判断したことを表現する力を養う。

(3)　社会的事象について，主体的に学習の問題を解決しようとする態度や，よりよい社会を考え学習したことを社会生活に生かそうとする態度を養うとともに，思考や理解を通して，地域社会に対する誇りと愛情，地域社会の一員としての自覚を養う。

2　内　容

(1) 身近な地域や市区町村（以下第2章第2節において「市」という。)の様子について，学習の問題を追究・解決する活動を通して，次の事項を身に付けることができるよう指導する。

ア　次のような知識及び技能を身に付けること。

(ア) 身近な地域や自分たちの市の様子を大まかに理解すること。

(イ) 観察・調査したり地図などの資料で調べたりして，白地図などにまとめること。

イ　次のような思考力，判断力，表現力等を身に付けること。

(ア) 都道府県内における市の位置，市の地形や土地利用，交通の広がり，市役所など主な公共施設の場所と働き，古くから残る建造物の分布などに着目して，身近な地域や市の様子を捉え，場所による違いを考え，表現すること。

(2) 地域に見られる生産や販売の仕事について，学習の問題を追究・解決する活動を通して，次の事項を身に付けることができるよう指導する。

ア　次のような知識及び技能を身に付けること。

(ア) 生産の仕事は，地域の人々の生活と密接な関わりをもって行われていることを理解すること。

(イ) 販売の仕事は，消費者の多様な願いを踏まえ売り上げを高めるよう，工夫して行われていることを理解すること。

(ウ) 見学・調査したり地図などの資料で調べたりして，白地図などにまとめること。

イ　次のような思考力，判断力，表現力等を身に付けること。

(ア) 仕事の種類や産地の分布，仕事の工程などに着目して，生産に携わっている人々の仕事の様子を捉え，地域の人々の生活との関連を考え，表現すること。

(イ) 消費者の願い，販売の仕方，他地域や外国との関わりなどに着目して，販売に携わっている人々の仕事の様子を捉え，それらの仕事に見られる工夫を考え，表現すること。

(3) 地域の安全を守る働きについて，学習の問題を追究・解決する活動を通して，次の事項を身に付けることができるよう指導する。

ア　次のような知識及び技能を身に付けること。

(ア) 消防署や警察署などの関係機関は，地域の安全を守るために，相互に連携して緊急時に対処する体制をとっていることや，関係機関が地域の人々と協力して火災や事故などの防止に努めていることを理解すること。

(イ) 見学・調査したり地図などの資料で調べたりして，まとめること。

イ　次のような思考力，判断力，表現力等を身に付けること。

(ア) 施設・設備などの配置，緊急時への備えや対応などに着目して，関係機関や地域の人々の諸活動を捉え，相互の関連や従事する人々の働きを考え，表現すること。

(4) 市の様子の移り変わりについて，学習の問題を追究・解決する活動を通して，次の事項を身に付けることができるよう指導する。

　　ア　次のような知識及び技能を身に付けること。

　　　(ア)　市や人々の生活の様子は，時間の経過に伴い，移り変わってきたことを理解すること。

　　　(イ)　聞き取り調査をしたり地図などの資料で調べたりして，年表などにまとめること。

　　イ　次のような思考力，判断力，表現力等を身に付けること。

　　　(ア)　交通や公共施設，土地利用や人口，生活の道具などの時期による違いに着目して，市や人々の生活の様子を捉え，それらの変化を考え，表現すること。

3　内容の取扱い

(1)　内容の(1)については，次のとおり取り扱うものとする。

　　ア　学年の導入で扱うこととし，アの(ア)については，「自分たちの市」に重点を置くよう配慮すること。

　　イ　アの(イ)については，「白地図などにまとめる」際に，教科用図書「地図」（以下第2章第2節において「地図帳」という。）を参照し，方位や主な地図記号について扱うこと。

(2)　内容の(2)については，次のとおり取り扱うものとする。

　　ア　アの(ア)及びイの(ア)については，事例として農家，工場などの中から選択して取り上げるようにすること。

　　イ　アの(イ)及びイの(イ)については，商店を取り上げ，「他地域や外国との関わり」を扱う際には，地図帳などを使用して都道府県や国の名称と位置などを調べるようにすること。

　　ウ　イの(イ)については，我が国や外国には国旗があることを理解し，それを尊重する態度を養うよう配慮すること。

(3)　内容の(3)については，次のとおり取り扱うものとする。

　　ア　アの(ア)の「緊急時に対処する体制をとっていること」と「防止に努めていること」については，火災と事故はいずれも取り上げること。その際，どちらかに重点を置くなど効果的な指導を工夫すること。

　　イ　イの(ア)については，社会生活を営む上で大切な法やきまりについて扱うとともに，地域や自分自身の安全を守るために自分たちにできることなどを考えたり選択・判断したりできるよう配慮すること。

(4)　内容の(4)については，次のとおり取り扱うものとする。

　　ア　アの(イ)の「年表などにまとめる」際には，時期の区分について，昭和，平成など元号を用いた言い表し方などがあることを取り上げること。

イ　イの(ｱ)の「公共施設」については，市が公共施設の整備を進めてきたことを取り上げること。その際，租税の役割に触れること。

ウ　イの(ｱ)の「人口」を取り上げる際には，少子高齢化，国際化などに触れ，これからの市の発展について考えることができるよう配慮すること。

〔第4学年〕

1　目　標

　社会的事象の見方・考え方を働かせ，学習の問題を追究・解決する活動を通して，次のとおり資質・能力を育成することを目指す。

(1)　自分たちの都道府県の地理的環境の特色，地域の人々の健康と生活環境を支える働きや自然災害から地域の安全を守るための諸活動，地域の伝統と文化や地域の発展に尽くした先人の働きなどについて，人々の生活との関連を踏まえて理解するとともに，調査活動，地図帳や各種の具体的資料を通して，必要な情報を調べまとめる技能を身に付けるようにする。

(2)　社会的事象の特色や相互の関連，意味を考える力，社会に見られる課題を把握して，その解決に向けて社会への関わり方を選択・判断する力，考えたことや選択・判断したことを表現する力を養う。

(3)　社会的事象について，主体的に学習の問題を解決しようとする態度や，よりよい社会を考え学習したことを社会生活に生かそうとする態度を養うとともに，思考や理解を通して，地域社会に対する誇りと愛情，地域社会の一員としての自覚を養う。

2　内　容

(1)　都道府県（以下第2章第2節において「県」という。）の様子について，学習の問題を追究・解決する活動を通して，次の事項を身に付けることができるよう指導する。

　ア　次のような知識及び技能を身に付けること。

　　(ｱ)　自分たちの県の地理的環境の概要を理解すること。また，47都道府県の名称と位置を理解すること。

　　(ｲ)　地図帳や各種の資料で調べ，白地図などにまとめること。

　イ　次のような思考力，判断力，表現力等を身に付けること。

　　(ｱ)　我が国における自分たちの県の位置，県全体の地形や主な産業の分布，交通網や主な都市の位置などに着目して，県の様子を捉え，地理的環境の特色を考え，表現すること。

(2)　人々の健康や生活環境を支える事業について，学習の問題を追究・解決する活動を通して，次の事項を身に付けることができるよう指導する。

　ア　次のような知識及び技能を身に付けること。

(ア)　飲料水，電気，ガスを供給する事業は，安全で安定的に供給できるよう進められていることや，地域の人々の健康な生活の維持と向上に役立っていることを理解すること。

(イ)　廃棄物を処理する事業は，衛生的な処理や資源の有効利用ができるよう進められていることや，生活環境の維持と向上に役立っていることを理解すること。

(ウ)　見学・調査したり地図などの資料で調べたりして，まとめること。

イ　次のような思考力，判断力，表現力等を身に付けること。

(ア)　供給の仕組みや経路，県内外の人々の協力などに着目して，飲料水，電気，ガスの供給のための事業の様子を捉え，それらの事業が果たす役割を考え，表現すること。

(イ)　処理の仕組みや再利用，県内外の人々の協力などに着目して，廃棄物の処理のための事業の様子を捉え，その事業が果たす役割を考え，表現すること。

(3)　自然災害から人々を守る活動について，学習の問題を追究・解決する活動を通して，次の事項を身に付けることができるよう指導する。

ア　次のような知識及び技能を身に付けること。

(ア)　地域の関係機関や人々は，自然災害に対し，様々な協力をして対処してきたことや，今後想定される災害に対し，様々な備えをしていることを理解すること。

(イ)　聞き取り調査をしたり地図や年表などの資料で調べたりして，まとめること。

イ　次のような思考力，判断力，表現力等を身に付けること。

(ア)　過去に発生した地域の自然災害，関係機関の協力などに着目して，災害から人々を守る活動を捉え，その働きを考え，表現すること。

(4)　県内の伝統や文化，先人の働きについて，学習の問題を追究・解決する活動を通して，次の事項を身に付けることができるよう指導する。

ア　次のような知識及び技能を身に付けること。

(ア)　県内の文化財や年中行事は，地域の人々が受け継いできたことや，それらには地域の発展など人々の様々な願いが込められていることを理解すること。

(イ)　地域の発展に尽くした先人は，様々な苦心や努力により当時の生活の向上に貢献したことを理解すること。

(ウ)　見学・調査したり地図などの資料で調べたりして，年表などにまとめること。

イ　次のような思考力，判断力，表現力等を身に付けること。

(ア)　歴史的背景や現在に至る経過，保存や継承のための取組などに着目して，県内の文化財や年中行事の様子を捉え，人々の願いや努力を考え，表現すること。

(イ)　当時の世の中の課題や人々の願いなどに着目して，地域の発展に尽くした先人の具体的事例を

捉え，先人の働きを考え，表現すること。

(5) 県内の特色ある地域の様子について，学習の問題を追究・解決する活動を通して，次の事項を身に付けることができるよう指導する。

ア　次のような知識及び技能を身に付けること。

(ア) 県内の特色ある地域では，人々が協力し，特色あるまちづくりや観光などの産業の発展に努めていることを理解すること。

(イ) 地図帳や各種の資料で調べ，白地図などにまとめること。

イ　次のような思考力，判断力，表現力等を身に付けること。

(ア) 特色ある地域の位置や自然環境，人々の活動や産業の歴史的背景，人々の協力関係などに着目して，地域の様子を捉え，それらの特色を考え，表現すること。

3　内容の取扱い

(1) 内容の(2)については，次のとおり取り扱うものとする。

ア　アの(ア)及びイの(イ)については，現在に至るまでに仕組みが計画的に改善され公衆衛生が向上してきたことに触れること。

イ　アの(ア)及びイの(ア)については，飲料水，電気，ガスの中から選択して取り上げること。

ウ　アの(イ)及びイの(イ)については，ごみ，下水のいずれかを選択して取り上げること。

エ　イの(ア)については，節水や節電など自分たちにできることを考えたり選択・判断したりできるよう配慮すること。

オ　イの(イ)については，社会生活を営む上で大切な法やきまりについて扱うとともに，ごみの減量や水を汚さない工夫など，自分たちにできることを考えたり選択・判断したりできるよう配慮すること。

(2) 内容の(3)については，次のとおり取り扱うものとする。

ア　アの(ア)については，地震災害，津波災害，風水害，火山災害，雪害などの中から，過去に県内で発生したものを選択して取り上げること。

イ　アの(ア)及びイの(ア)の「関係機関」については，県庁や市役所の働きなどを中心に取り上げ，防災情報の発信，避難体制の確保などの働き，自衛隊など国の機関との関わりを取り上げること。

ウ　イの(ア)については，地域で起こり得る災害を想定し，日頃から必要な備えをするなど，自分たちにできることなどを考えたり選択・判断したりできるよう配慮すること。

(3) 内容の(4)については，次のとおり取り扱うものとする。

ア　アの(ア)については，県内の主な文化財や年中行事が大まかに分かるようにするとともに，イの(ア)については，それらの中から具体的事例を取り上げること。

イ　アの(イ)及びイの(イ)については，開発，教育，医療，文化，産業などの地域の発展に尽くした先人の中から選択して取り上げること。

ウ　イの(ア)については，地域の伝統や文化の保存や継承に関わって，自分たちにできることなどを考えたり選択・判断したりできるよう配慮すること。

(4)　内容の(5)については，次のとおり取り扱うものとする。

ア　県内の特色ある地域が大まかに分かるようにするとともに，伝統的な技術を生かした地場産業が盛んな地域，国際交流に取り組んでいる地域及び地域の資源を保護・活用している地域を取り上げること。その際，地域の資源を保護・活用している地域については，自然環境，伝統的な文化のいずれかを選択して取り上げること。

イ　国際交流に取り組んでいる地域を取り上げる際には，我が国や外国には国旗があることを理解し，それを尊重する態度を養うよう配慮すること。

〔第5学年〕

1　目　標

社会的事象の見方・考え方を働かせ，学習の問題を追究・解決する活動を通して，次のとおり資質・能力を育成することを目指す。

(1)　我が国の国土の地理的環境の特色や産業の現状，社会の情報化と産業の関わりについて，国民生活との関連を踏まえて理解するとともに，地図帳や地球儀，統計などの各種の基礎的資料を通して，情報を適切に調べまとめる技能を身に付けるようにする。

(2)　社会的事象の特色や相互の関連，意味を多角的に考える力，社会に見られる課題を把握して，その解決に向けて社会への関わり方を選択・判断する力，考えたことや選択・判断したことを説明したり，それらを基に議論したりする力を養う。

(3)　社会的事象について，主体的に学習の問題を解決しようとする態度や，よりよい社会を考え学習したことを社会生活に生かそうとする態度を養うとともに，多角的な思考や理解を通して，我が国の国土に対する愛情，我が国の産業の発展を願い我が国の将来を担う国民としての自覚を養う。

2　内　容

(1)　我が国の国土の様子と国民生活について，学習の問題を追究・解決する活動を通して，次の事項を身に付けることができるよう指導する。

ア　次のような知識及び技能を身に付けること。

(ア)　世界における我が国の国土の位置，国土の構成，領土の範囲などを大まかに理解すること。

(イ)　我が国の国土の地形や気候の概要を理解するとともに，人々は自然環境に適応して生活してい

ることを理解すること。

(ウ) 地図帳や地球儀，各種の資料で調べ，まとめること。

イ 次のような思考力，判断力，表現力等を身に付けること。

(ア) 世界の大陸と主な海洋，主な国の位置，海洋に囲まれ多数の島からなる国土の構成などに着目して，我が国の国土の様子を捉え，その特色を考え，表現すること。

(イ) 地形や気候などに着目して，国土の自然などの様子や自然条件から見て特色ある地域の人々の生活を捉え，国土の自然環境の特色やそれらと国民生活との関連を考え，表現すること。

(2) 我が国の農業や水産業における食料生産について，学習の問題を追究・解決する活動を通して，次の事項を身に付けることができるよう指導する。

ア 次のような知識及び技能を身に付けること。

(ア) 我が国の食料生産は，自然条件を生かして営まれていることや，国民の食料を確保する重要な役割を果たしていることを理解すること。

(イ) 食料生産に関わる人々は，生産性や品質を高めるよう努力したり輸送方法や販売方法を工夫したりして，良質な食料を消費地に届けるなど，食料生産を支えていることを理解すること。

(ウ) 地図帳や地球儀，各種の資料で調べ，まとめること。

イ 次のような思考力，判断力，表現力等を身に付けること。

(ア) 生産物の種類や分布，生産量の変化，輸入など外国との関わりなどに着目して，食料生産の概要を捉え，食料生産が国民生活に果たす役割を考え，表現すること。

(イ) 生産の工程，人々の協力関係，技術の向上，輸送，価格や費用などに着目して，食料生産に関わる人々の工夫や努力を捉え，その働きを考え，表現すること。

(3) 我が国の工業生産について，学習の問題を追究・解決する活動を通して，次の事項を身に付けることができるよう指導する。

ア 次のような知識及び技能を身に付けること。

(ア) 我が国では様々な工業生産が行われていることや，国土には工業の盛んな地域が広がっていること及び工業製品は国民生活の向上に重要な役割を果たしていることを理解すること。

(イ) 工業生産に関わる人々は，消費者の需要や社会の変化に対応し，優れた製品を生産するよう様々な工夫や努力をして，工業生産を支えていることを理解すること。

(ウ) 貿易や運輸は，原材料の確保や製品の販売などにおいて，工業生産を支える重要な役割を果たしていることを理解すること。

(エ) 地図帳や地球儀，各種の資料で調べ，まとめること。

イ 次のような思考力，判断力，表現力等を身に付けること。

(ア) 工業の種類，工業の盛んな地域の分布，工業製品の改良などに着目して，工業生産の概要を捉え，工業生産が国民生活に果たす役割を考え，表現すること。

(イ) 製造の工程，工場相互の協力関係，優れた技術などに着目して，工業生産に関わる人々の工夫や努力を捉え，その働きを考え，表現すること。

(ウ) 交通網の広がり，外国との関わりなどに着目して，貿易や運輸の様子を捉え，それらの役割を考え，表現すること。

(4) 我が国の産業と情報との関わりについて，学習の問題を追究・解決する活動を通して，次の事項を身に付けることができるよう指導する。

ア 次のような知識及び技能を身に付けること。

(ア) 放送，新聞などの産業は，国民生活に大きな影響を及ぼしていることを理解すること。

(イ) 大量の情報や情報通信技術の活用は，様々な産業を発展させ，国民生活を向上させていることを理解すること。

(ウ) 聞き取り調査をしたり映像や新聞などの各種資料で調べたりして，まとめること。

イ 次のような思考力，判断力，表現力等を身に付けること。

(ア) 情報を集め発信するまでの工夫や努力などに着目して，放送，新聞などの産業の様子を捉え，それらの産業が国民生活に果たす役割を考え，表現すること。

(イ) 情報の種類，情報の活用の仕方などに着目して，産業における情報活用の現状を捉え，情報を生かして発展する産業が国民生活に果たす役割を考え，表現すること。

(5) 我が国の国土の自然環境と国民生活との関連について，学習の問題を追究・解決する活動を通して，次の事項を身に付けることができるよう指導する。

ア 次のような知識及び技能を身に付けること。

(ア) 自然災害は国土の自然条件などと関連して発生していることや，自然災害から国土を保全し国民生活を守るために国や県などが様々な対策や事業を進めていることを理解すること。

(イ) 森林は，その育成や保護に従事している人々の様々な工夫と努力により国土の保全など重要な役割を果たしていることを理解すること。

(ウ) 関係機関や地域の人々の様々な努力により公害の防止や生活環境の改善が図られてきたことを理解するとともに，公害から国土の環境や国民の健康な生活を守ることの大切さを理解すること。

(エ) 地図帳や各種の資料で調べ，まとめること。

イ 次のような思考力，判断力，表現力等を身に付けること。

(ア) 災害の種類や発生の位置や時期，防災対策などに着目して，国土の自然災害の状況を捉え，自

然条件との関連を考え，表現すること。

　　㋑　森林資源の分布や働きなどに着目して，国土の環境を捉え，森林資源が果たす役割を考え，表
　　　現すること。

　　㋒　公害の発生時期や経過，人々の協力や努力などに着目して，公害防止の取組を捉え，その働き
　　　を考え，表現すること。

3　内容の取扱い

(1)　内容の(1)については，次のとおり取り扱うものとする。

　ア　アの㋐の「領土の範囲」については，竹島や北方領土，尖閣諸島が我が国の固有の領土であるこ
　　とに触れること。

　イ　アの㋒については，地図帳や地球儀を用いて，方位，緯度や経度などによる位置の表し方につい
　　て取り扱うこと。

　ウ　イの㋐の「主な国」については，名称についても扱うようにし，近隣の諸国を含めて取り上げる
　　こと。その際，我が国や諸外国には国旗があることを理解し，それを尊重する態度を養うよう配慮
　　すること。

　エ　イの㋑の「自然条件から見て特色ある地域」については，地形条件や気候条件から見て特色ある
　　地域を取り上げること。

(2)　内容の(2)については，次のとおり取り扱うものとする。

　ア　アの㋑及びイの㋑については，食料生産の盛んな地域の具体的事例を通して調べることとし，稲
　　作のほか，野菜，果物，畜産物，水産物などの中から一つを取り上げること。

　イ　イの㋐及び㋑については，消費者や生産者の立場などから多角的に考えて，これからの農業など
　　の発展について，自分の考えをまとめることができるよう配慮すること。

(3)　内容の(3)については，次のとおり取り扱うものとする。

　ア　アの㋑及びイの㋑については，工業の盛んな地域の具体的事例を通して調べることとし，金属工
　　業，機械工業，化学工業，食料品工業などの中から一つを取り上げること。

　イ　イの㋐及び㋑については，消費者や生産者の立場などから多角的に考えて，これからの工業の発
　　展について，自分の考えをまとめることができるよう配慮すること。

(4)　内容の(4)については，次のとおり取り扱うものとする。

　ア　アの㋐の「放送，新聞などの産業」については，それらの中から選択して取り上げること。その
　　際，情報を有効に活用することについて，情報の送り手と受け手の立場から多角的に考え，受け手
　　として正しく判断することや送り手として責任をもつことが大切であることに気付くようにする
　　こと。

イ　アの(イ)及びイの(イ)については，情報や情報技術を活用して発展している販売，運輸，観光，医療，福祉などに関わる産業の中から選択して取り上げること。その際，産業と国民の立場から多角的に考えて，情報化の進展に伴う産業の発展や国民生活の向上について，自分の考えをまとめることができるよう配慮すること。

(5)　内容の(5)については，次のとおり取り扱うものとする。

ア　アの(ア)については，地震災害，津波災害，風水害，火山災害，雪害などを取り上げること。

イ　アの(ウ)及びイの(ウ)については，大気の汚染，水質の汚濁などの中から具体的事例を選択して取り上げること。

ウ　イの(イ)及び(ウ)については，国土の環境保全について，自分たちにできることなどを考えたり選択・判断したりできるよう配慮すること。

〔第6学年〕

1　目　標

　社会的事象の見方・考え方を働かせ，学習の問題を追究・解決する活動を通して，次のとおり資質・能力を育成することを目指す。

(1)　我が国の政治の考え方と仕組みや働き，国家及び社会の発展に大きな働きをした先人の業績や優れた文化遺産，我が国と関係の深い国の生活やグローバル化する国際社会における我が国の役割について理解するとともに，地図帳や地球儀，統計や年表などの各種の基礎的資料を通して，情報を適切に調べまとめる技能を身に付けるようにする。

(2)　社会的事象の特色や相互の関連，意味を多角的に考える力，社会に見られる課題を把握して，その解決に向けて社会への関わり方を選択・判断する力，考えたことや選択・判断したことを説明したり，それらを基に議論したりする力を養う。

(3)　社会的事象について，主体的に学習の問題を解決しようとする態度や，よりよい社会を考え学習したことを社会生活に生かそうとする態度を養うとともに，多角的な思考や理解を通して，我が国の歴史や伝統を大切にして国を愛する心情，我が国の将来を担う国民としての自覚や平和を願う日本人として世界の国々の人々と共に生きることの大切さについての自覚を養う。

2　内　容

(1)　我が国の政治の働きについて，学習の問題を追究・解決する活動を通して，次の事項を身に付けることができるよう指導する。

ア　次のような知識及び技能を身に付けること。

(ア)　日本国憲法は国家の理想，天皇の地位，国民としての権利及び義務など国家や国民生活の基本

を定めていることや，現在の我が国の民主政治は日本国憲法の基本的な考え方に基づいていることを理解するとともに，立法，行政，司法の三権がそれぞれの役割を果たしていることを理解すること。

(イ) 国や地方公共団体の政治は，国民主権の考え方の下，国民生活の安定と向上を図る大切な働きをしていることを理解すること。

(ウ) 見学・調査したり各種の資料で調べたりして，まとめること。

イ 次のような思考力，判断力，表現力等を身に付けること。

(ア) 日本国憲法の基本的な考え方に着目して，我が国の民主政治を捉え，日本国憲法が国民生活に果たす役割や，国会，内閣，裁判所と国民との関わりを考え，表現すること。

(イ) 政策の内容や計画から実施までの過程，法令や予算との関わりなどに着目して，国や地方公共団体の政治の取組を捉え，国民生活における政治の働きを考え，表現すること。

(2) 我が国の歴史上の主な事象について，学習の問題を追究・解決する活動を通して，次の事項を身に付けることができるよう指導する。

ア 次のような知識及び技能を身に付けること。その際，我が国の歴史上の主な事象を手掛かりに，大まかな歴史を理解するとともに，関連する先人の業績，優れた文化遺産を理解すること。

(ア) 狩猟・採集や農耕の生活，古墳，大和朝廷（大和政権）による統一の様子を手掛かりに，むらからくにへと変化したことを理解すること。その際，神話・伝承を手掛かりに，国の形成に関する考え方などに関心をもつこと。

(イ) 大陸文化の摂取，大化の改新，大仏造営の様子を手掛かりに，天皇を中心とした政治が確立されたことを理解すること。

(ウ) 貴族の生活や文化を手掛かりに，日本風の文化が生まれたことを理解すること。

(エ) 源平の戦い，鎌倉幕府の始まり，元との戦いを手掛かりに，武士による政治が始まったことを理解すること。

(オ) 京都の室町に幕府が置かれた頃の代表的な建造物や絵画を手掛かりに，今日の生活文化につながる室町文化が生まれたことを理解すること。

(カ) キリスト教の伝来，織田・豊臣の天下統一を手掛かりに，戦国の世が統一されたことを理解すること。

(キ) 江戸幕府の始まり，参勤交代や鎖国などの幕府の政策，身分制を手掛かりに，武士による政治が安定したことを理解すること。

(ク) 歌舞伎や浮世絵，国学や蘭学を手掛かりに，町人の文化が栄え新しい学問がおこったことを理解すること。

(ケ) 黒船の来航，廃藩置県や四民平等などの改革，文明開化などを手掛かりに，我が国が明治維新を機に欧米の文化を取り入れつつ近代化を進めたことを理解すること。

(コ) 大日本帝国憲法の発布，日清・日露の戦争，条約改正，科学の発展などを手掛かりに，我が国の国力が充実し国際的地位が向上したことを理解すること。

(サ) 日中戦争や我が国に関わる第二次世界大戦，日本国憲法の制定，オリンピック・パラリンピックの開催などを手掛かりに，戦後我が国は民主的な国家として出発し，国民生活が向上し，国際社会の中で重要な役割を果たしてきたことを理解すること。

(シ) 遺跡や文化財，地図や年表などの資料で調べ，まとめること。

イ 次のような思考力，判断力，表現力等を身に付けること。

(ア) 世の中の様子，人物の働きや代表的な文化遺産などに着目して，我が国の歴史上の主な事象を捉え，我が国の歴史の展開を考えるとともに，歴史を学ぶ意味を考え，表現すること。

(3) グローバル化する世界と日本の役割について，学習の問題を追究・解決する活動を通して，次の事項を身に付けることができるよう指導する。

ア 次のような知識及び技能を身に付けること。

(ア) 我が国と経済や文化などの面でつながりが深い国の人々の生活は，多様であることを理解するとともに，スポーツや文化などを通して他国と交流し，異なる文化や習慣を尊重し合うことが大切であることを理解すること。

(イ) 我が国は，平和な世界の実現のために国際連合の一員として重要な役割を果たしたり，諸外国の発展のために援助や協力を行ったりしていることを理解すること。

(ウ) 地図帳や地球儀，各種の資料で調べ，まとめること。

イ 次のような思考力，判断力，表現力等を身に付けること。

(ア) 外国の人々の生活の様子などに着目して，日本の文化や習慣との違いを捉え，国際交流の果たす役割を考え，表現すること。

(イ) 地球規模で発生している課題の解決に向けた連携・協力などに着目して，国際連合の働きや我が国の国際協力の様子を捉え，国際社会において我が国が果たしている役割を考え，表現すること。

3 内容の取扱い

(1) 内容の(1)については，次のとおり取り扱うものとする。

ア アの(ア)については，国会などの議会政治や選挙の意味，国会と内閣と裁判所の三権相互の関連，裁判員制度や租税の役割などについて扱うこと。その際，イの(ア)に関わって，国民としての政治への関わり方について多角的に考えて，自分の考えをまとめることができるよう配慮すること。

イ　アの(ア)の「天皇の地位」については，日本国憲法に定める天皇の国事に関する行為など児童に理解しやすい事項を取り上げ，歴史に関する学習との関連も図りながら，天皇についての理解と敬愛の念を深めるようにすること。また，「国民としての権利及び義務」については，参政権，納税の義務などを取り上げること。

ウ　アの(イ)の「国や地方公共団体の政治」については，社会保障，自然災害からの復旧や復興，地域の開発や活性化などの取組の中から選択して取り上げること。

エ　イの(ア)の「国会」について，国民との関わりを指導する際には，各々の国民の祝日に関心をもち，我が国の社会や文化における意義を考えることができるよう配慮すること。

(2)　内容の(2)については，次のとおり取り扱うものとする。

ア　アの(ア)から(サ)までについては，児童の興味・関心を重視し，取り上げる人物や文化遺産の重点の置き方に工夫を加えるなど，精選して具体的に理解できるようにすること。その際，アの(サ)の指導に当たっては，児童の発達の段階を考慮すること。

イ　アの(ア)から(サ)までについては，例えば，国宝，重要文化財に指定されているものや，世界文化遺産に登録されているものなどを取り上げ，我が国の代表的な文化遺産を通して学習できるように配慮すること。

ウ　アの(ア)から(コ)までについては，例えば，次に掲げる人物を取り上げ，人物の働きを通して学習できるよう指導すること。

卑弥呼，聖徳太子，小野妹子，中大兄皇子，中臣鎌足，聖武天皇，行基，鑑真，藤原道長，
紫式部，清少納言，平清盛，源頼朝，源義経，北条時宗，足利義満，足利義政，雪舟，
ザビエル，織田信長，豊臣秀吉，徳川家康，徳川家光，近松門左衛門，歌川広重，本居宣長，
杉田玄白，伊能忠敬，ペリー，勝海舟，西郷隆盛，大久保利通，木戸孝允，明治天皇，福沢諭吉，
大隈重信，板垣退助，伊藤博文，陸奥宗光，東郷平八郎，小村寿太郎，野口英世

エ　アの(ア)の「神話・伝承」については，古事記，日本書紀，風土記などの中から適切なものを取り上げること。

オ　アの(イ)から(サ)までについては，当時の世界との関わりにも目を向け，我が国の歴史を広い視野から捉えられるよう配慮すること。

カ　アの(シ)については，年表や絵画など資料の特性に留意した読み取り方についても指導すること。

キ　イの(ア)については，歴史学習全体を通して，我が国は長い歴史をもち伝統や文化を育んできたこと，我が国の歴史は政治の中心地や世の中の様子などによって幾つかの時期に分けられることに気付くようにするとともに，現在の自分たちの生活と過去の出来事との関わりを考えたり，過去の出来事を基に現在及び将来の発展を考えたりするなど，歴史を学ぶ意味を考えるようにすること。

(3) 内容の(3)については，次のとおり取り扱うものとする。

ア　アについては，我が国の国旗と国歌の意義を理解し，これを尊重する態度を養うとともに，諸外国の国旗と国歌も同様に尊重する態度を養うよう配慮すること。

イ　アの(ア)については，我が国とつながりが深い国から数か国を取り上げること。その際，児童が1か国を選択して調べるよう配慮すること。

ウ　アの(ア)については，我が国や諸外国の伝統や文化を尊重しようとする態度を養うよう配慮すること。

エ　イについては，世界の人々と共に生きていくために大切なことや，今後，我が国が国際社会において果たすべき役割などを多角的に考えたり選択・判断したりできるよう配慮すること。

オ　イの(イ)については，網羅的，抽象的な扱いを避けるため，「国際連合の働き」については，ユニセフやユネスコの身近な活動を取り上げること。また，「我が国の国際協力の様子」については，教育，医療，農業などの分野で世界に貢献している事例の中から選択して取り上げること。

第3　指導計画の作成と内容の取扱い

1　指導計画の作成に当たっては，次の事項に配慮するものとする。

(1) 単元など内容や時間のまとまりを見通して，その中で育む資質・能力の育成に向けて，児童の主体的・対話的で深い学びの実現を図るようにすること。その際，問題解決への見通しをもつこと，社会的事象の見方・考え方を働かせ，事象の特色や意味などを考え概念などに関する知識を獲得すること，学習の過程や成果を振り返り学んだことを活用することなど，学習の問題を追究・解決する活動の充実を図ること。

(2) 各学年の目標や内容を踏まえて，事例の取り上げ方を工夫して，内容の配列や授業時数の配分などに留意して効果的な年間指導計画を作成すること。

(3) 我が国の47都道府県の名称と位置，世界の大陸と主な海洋の名称と位置については，学習内容と関連付けながら，その都度，地図帳や地球儀などを使って確認するなどして，小学校卒業までに身に付け活用できるように工夫して指導すること。

(4) 障害のある児童などについては，学習活動を行う場合に生じる困難さに応じた指導内容や指導方法の工夫を計画的，組織的に行うこと。

(5) 第1章総則の第1の2の(2)に示す道徳教育の目標に基づき，道徳科などとの関連を考慮しながら，第3章特別の教科道徳の第2に示す内容について，社会科の特質に応じて適切な指導をすること。

2　第2の内容の取扱いについては，次の事項に配慮するものとする。

(1) 各学校においては，地域の実態を生かし，児童が興味・関心をもって学習に取り組めるようにする

とともに，観察や見学，聞き取りなどの調査活動を含む具体的な体験を伴う学習やそれに基づく表現活動の一層の充実を図ること。また，社会的事象の特色や意味，社会に見られる課題などについて，多角的に考えたことや選択・判断したことを論理的に説明したり，立場や根拠を明確にして議論したりするなど言語活動に関わる学習を一層重視すること。

(2) 学校図書館や公共図書館，コンピュータなどを活用して，情報の収集やまとめなどを行うようにすること。また，全ての学年において，地図帳を活用すること。

(3) 博物館や資料館などの施設の活用を図るとともに，身近な地域及び国土の遺跡や文化財などについての調査活動を取り入れるようにすること。また，内容に関わる専門家や関係者，関係の諸機関との連携を図るようにすること。

(4) 児童の発達の段階を考慮し，社会的事象については，児童の考えが深まるよう様々な見解を提示するよう配慮し，多様な見解のある事柄，未確定な事柄を取り上げる場合には，有益適切な教材に基づいて指導するとともに，特定の事柄を強調し過ぎたり，一面的な見解を十分な配慮なく取り上げたりするなどの偏った取扱いにより，児童が多角的に考えたり，事実を客観的に捉え，公正に判断したりすることを妨げることのないよう留意すること。

小学校　教科書単元別

到達目標と評価規準 〈社会〉旼 3-6年
2020年度新教科書対応

2019年10月30日　初版第1版発行

企画・編集　　日本標準教育研究所
発　行　所　　株式会社　日本標準
発　行　者　　伊藤　潔
　　　　　　　〒167-0052　東京都杉並区南荻窪3-31-18
　　　　　　　TEL　03-3334-2630　FAX　03-3334-2635
　　　　　　　URL　https://www.nipponhyojun.co.jp/
デザイン・編集協力　株式会社リーブルテック
印刷・製本　株式会社リーブルテック

ISBN　978-4-8208-0681-3　C3037　Printed in Japan
乱丁・落丁の場合はお取り替えいたします。